HH

Bibliografische Information der Deutschen Nationalbibliothek
Die Deutsche Nationalbibliothek verzeichnet diese Publikation in der
Deutschen Nationalbibliografie; detaillierte bibliografische Daten sind im
Internet über http://dnb.ddb.de abrufbar.

Marie Lampert / Rolf Wespe
Storytelling für Journalisten.
Wie baue ich eine gute Geschichte?
Praktischer Journalismus, 89
Köln: Halem, 2017

Alle Rechte, insbesondere das Recht der Vervielfältigung und Verbreitung sowie der Übersetzung, vorbehalten. Kein Teil des Werkes darf in irgendeiner Form (durch Fotokopie, Mikrofilm oder ein anderes Verfahren) ohne schriftliche Genehmigung des Verlages reproduziert oder unter Verwendung elektronischer Systeme (inkl. Online-Netzwerken) gespeichert, verarbeitet, vervielfältigt oder verbreitet werden.

1. Auflage: 2011
2. Auflage: 2012
3. Auflage: 2013
4. Auflage: 2017

© 2017 by Herbert von Halem Verlag, Köln

ISBN (Print):   978-3-7445-0991-6
ISBN (PDF):   978-3-7445-0993-0
ISSN: 1617-3570

Umschlaggestaltung und Satz: Full Moon Communication, Stuttgart
Umschlagfoto: © Enrique Munoz Garcia
Lektorat: Rüdiger Steiner
Druck: FINIDR, S.R.O., Tschechische Republik

STORYTELLING FÜR JOURNALISTEN

Wie baue ich eine gute Geschichte?

Marie Lampert, Rolf Wespe
4., völlig überarbeitete Auflage

HERBERT VON HALEM VERLAG | Köln

INHALT

Einleitung	10
A WERKZEUGE DES STORYTELLING	**15**
A1 praktische Tipps	**16**
A2 Die Leiter der Erzählerin und des Erzählers	**17**
» Erzählen und berichten	20
» Erzählen versus Berichten	25
» Schnelles und langsames Denken	26
A3 Die Storykurve	**28**
» Höhepunkte	28
A4 Der Storypunkt	**31**
» Körpertest	32
» Ausleitung statt Einleitung	33
A5 Die Minigeschichte	**35**
» Kennedys Meisterleistung	38
» Der Küchenzuruf	38
» Storytelling und Empirie – Carlo Imboden	39
A6 Inseln der Verständlichkeit im Meer der Abstraktion	**42**
» Kristallisationskeime	44
A7 Die Gerümpeltotale und das Detail	**45**
» Checkliste fürs Beobachten	45
» Sozialarbeiterinnenprosa	48

» Drama um die Schuhsohle	50
» Die Schrotflintenregel	53
A8 In Szenen denken – mit Szenen lenken	**54**
» Szenen zeichnen	55
» Kleine Texte, große Wirkung – Detlef Esslinger	56

B WIE FINDE ICH EINE GESCHICHTE?   59

B1 Vom Thema zur Story	**60**
B2 Der Fokus	**62**
B3 Die Kernaussage	**65**
B4 Vom Thema zur Story zur Form	**68**

C WAS BRAUCHE ICH?   73

C1 Der Held	**74**
» Wer ist ein wahrer Held?	77
» Was bringt eine Heldin, ein Held?	80
» Wie finde ich die Richtige?	84
» Müssen Helden Menschen sein?	87
» Wie beschreibe ich meine Helden?	89
» Wie viele Menschen verträgt eine Geschichte?	91
» Darf die Autorin die Heldin ihrer Geschichte sein?	94
» Die sieben Boulevardkriterien – Peter Züllig	97
C2 Die Handlung	**100**
» Wofür brauche ich eine Handlung?	101
» Wie finde ich eine Handlung?	101
» Welche Handlung trägt die Geschichte?	102
» Wie inszeniere ich eine Handlung?	103
» Geht es auch ohne Handlung?	104
C3 Der Ort	**105**
» Was bringt der Ort?	107
» Wie wähle oder inszeniere ich den Ort?	108

C4 Das Medium und die Kanäle — **111**
» Multimedia Storytelling – Beat Rüdt und Alexandra Stark — 112
» Wie der Spiegel seine Leser überrascht – Jens Radü — 118

D WIE FANGE ICH AN, WIE STEIGERE UND WIE ENDE ICH? — 125

D1 Anfang — **126**
» Der Sog der Leerstelle — 126
» Sinnsucher — 130
» Andocken — 131

D2 Mitte — **135**
» Eine andere Seite des Helden — 135
» Die Schlüsselszene — 136
» Eine neue Figur — 138
» Ein neuer Ton, eine neue Richtung — 139
» Das Geheimnis — 140
» Die Wende — 142

D3 Ende — **144**
» Das Ende der Handlung — 146
» Die Quintessenz — 147
» Das zentrale oder sprechende Detail — 150
» Pointe und Paukenschlag — 150
» Zurück zum Anfang — 152
» Ausblick — 153
» Service oder Appell — 154
» Verdichtet enden — 154

D4 Verdorbene Enden — **156**
» Der Nebenschauplatz — 156
» Nährwert Null — 157
» Der Allgemeinplatz — 157

D5 Übergänge	**159**
» Bezüge ausdrücklich benennen	159
» Die Kontrastbrücke	160
» Erwartungen aufbauen und bedienen	160
» Das passende Requisit	161
» Einen Handlungsstrang weiterführen	162
D6 Schluss jetzt	**164**

E WELCHE FORM WÄHLE ICH? — 167

E1 Ein Bauplan für die Handlung	**168**
E2 Chronologische Story	**170**
» Was eine Infografik erzählen kann – Martin Beils	171
E3 Rahmengeschichte	**174**
E4 Gondelbahngeschichte	**177**
E5 Episodenerzählung	**181**
E6 Parallelstruktur	**182**
E7 Rückblenden	**185**

F WELCHEN PLOT WÄHLE ICH? — 189

F1 Die Heldenreise als Urgeschichte	**190**
» Eine gute Geschichte ist wie eine Droge – Simone Schmid	199
F2 Der Schwellen-Plot	**201**
F3 Der Konflikt-Lösungs-Plot	**203**
» Der Konflikt mit sich selbst	203
» Konflikt mit einem Gegner oder Feind	206
» Konflikt mit der Gesellschaft	208
» Konflikt mit der Natur	209
» Dramaturgie für Anfänger – Heike Faller	215

F4 Der Oxymoron-Plot — 217
» Widerspruch als Motor der Dramaturgie — 219

F5 Die Kraft des Mythos — 222

G WIE ARBEITE ICH? — 227

G1 Den Arbeitsprozess steuern — 228

G2 Suchen und Finden — 229

G3 Der kreative Prozess — 231

G4 Methoden kreativen Arbeitens — 233
» Die Mind-Map des Aristoteles — 233
» Clustern — 237
» Brainstorming — 240
» Darüber reden — 240
» Zettelwirtschaft oder „copy and paste" — 241
» Bilderspaziergang — 243
» Schlafen und andere Inkubationshandlungen — 243

G5 Wie komme ich zur Aussage? — 248

G6 Wie komme ich zur Form? — 251

G7 Die Rolle der Erzählerin — 253
» Ich, die verlassene Autorin – Marianne Pletscher — 256

G8 Wie prüfe ich? — 259
» Die Checkliste — 259

X ANHANG 263

X1 Glossar 264

X2 Dank 272

X3 Literatur 273

X4 Links 277

X5 Bildnachweis 278

X6 Personenindex 279

X7 Sachindex 282

EINLEITUNG

Was ist und was kann Storytelling?
Aufmerksamkeit ist die Leitwährung im Journalismus. Journalisten müssen den Leuten Lebenszeit stehlen, damit sie sich für ihre Botschaft interessieren. Wie lenken Sie die Aufmerksamkeit des Publikums auf Ihre Botschaft? Mit Storytelling. Storytelling heißt, eine Sprache zu finden, die Hirn und Herz gleichzeitig anspricht. Lernen Sie die Grammatik der Gefühle und des Gehirns. Darin besteht die Herausforderung. Der Verstand ist berechenbar logisch. Emotionen haben ihre eigenen Rhythmen. Meister der Erzählung beherrschen diese Kunst. Bob Dylan sagt: „It makes you feel and think at the same time." Dylans Satz bezieht sich auf den Schreibstil von Barack Obama. Man kann die Aussage verallgemeinern: Storytelling wirkt auf zwei Ebenen – das Publikum denkt mit und fühlt mit. Storytelling ist eine Basistechnik. Die Grundstruktur kann sich auf allen Kanälen entfalten: Print, Radio, TV, Online. Jedes Medium lenkt mit seinen eigenen Mitteln, dem Ton, dem Bild, dem Text, die Aufmerksamkeit auf sich. „Es gibt keine neuen und alten Medien, nur Werkzeuge, um Geschichten besser zu erzählen." (Bruno Giussani, Upload – Magazin für digitales Publizieren)
Geschichten erzählen – wer diese beiden Wörter liest, denkt an Kindermärchen oder ans Weitergeben von erfundenen Geschichten. Story und Storytelling sind Fachbegriffe. Darum steht im Titel des Buches dieses englische Wort. Und was bedeutet Storytelling? Nichts anderes als Aufmerksamkeit holen, halten und dafür sorgen, dass Informationen ankommen und erinnert werden.
Storytelling greift auf bekannte Muster zurück. Diese machen Information verständlich. Die Arbeit der Erzählerin kann mit der Funktion von Sternbildern verglichen werden. Diese verbinden isoliert leuchtende Punkte am Himmel und machen sie in Anlehnung an Bekanntes fassbar. Wie finden Sie den Polarstern am Himmel? Astronomen suchen ihn mit den Koordinaten. Laien hilft der Verweis auf bekannte Muster. Suche den kleinen Wagen. Am Ende der Deichsel steht der Polarstern. Die Geschichte, mit der die Botschaft vermittelt wird, entscheidet darüber,

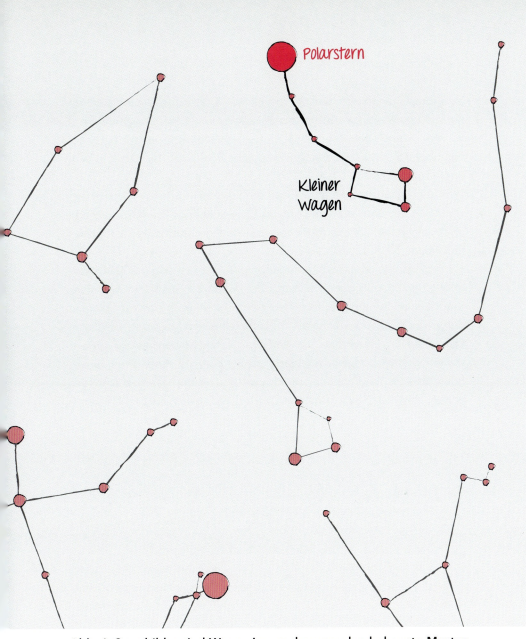

Abb. 1: Sternbilder sind Wegweiser und verwenden bekannte Muster.

ob die Information ankommt und wie sie aufgenommen wird. Die Story ist die Botschaft. „The story is the message." Wir formulieren das in Anlehnung an Marshall McLuhan's (1964: 15 ff.) „the medium ist the message". Wir erlauben uns einen Kalauer mit dem Satz des kanadischen Medienphilosophen. „The medium is the massage" (McLuhan 1967). Die Geschichte wirkt wie eine Massage. Die Geschichte massiert die Seele der Adressaten und fördert die Aufnahmebereitschaft. Die modifizierte Formel von McLuhan erhöht das Bewusstsein für den Zusammenhang von Form und Inhalt, Story und Information. Die Autorin muss sich genau überlegen: Welche Geschichte eignet sich für die Vermittlung meiner Information?

Wir Autoren dieses Buches unterrichten Storytelling. In der Praxis haben wir Methoden entwickelt und getestet, wie Sie lernen können, Geschichten zu erzählen. Unsere Einsichten, Erfahrungen und Tipps geben wir hier weiter.

Das Buch enthält viele Auszüge von gutem und weniger gutem Storytelling, die im Text farbig gesetzt sind. Außerdem verlinken wir immer wieder auf externe Beispiele mit vollständigen Artikeln, die den Rahmen dieses Buches gesprengt hätten. Begriffe mit einem Sternchen werden im Glossar erklärt. Statements von Medienexperten, zahlreiche Abbildungen sowie Tipps und Checklisten begleiten Sie auf Ihrer Reise durch dieses Buch. Es kann Ihnen helfen, überzeugende Geschichten zu bauen. Wir hoffen, dass sich der Einsatz Ihrer Lesezeit und Lebenszeit lohnt.

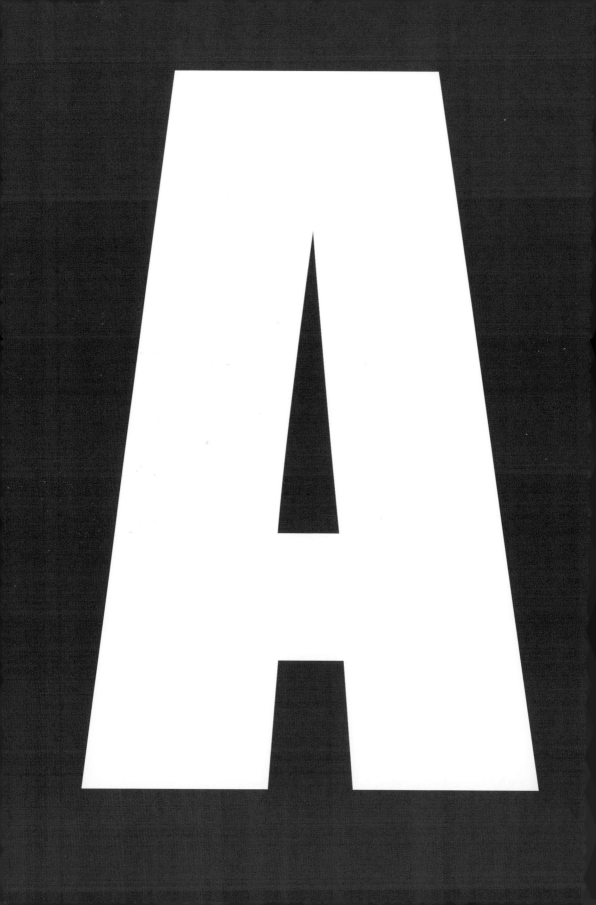

WERKZEUGE DES STORYTELLING

A1   **16**
Praktische Tipps

A2   **17**
Die Leiter der Erzählerin und des Erzählers

A3   **28**
Die Storykurve

A4   **31**
Der Storypunkt

A5   **35**
Die Minigeschichte

A6   **42**
Inseln der Verständlichkeit im Meer der Abstraktion

A7   **45**
Die Gerümpeltotale und das Detail

A8   **54**
In Szenen denken – mit Szenen lenken

A Werkzeuge des Storytelling

A1 PRAKTISCHE TIPPS

„Die journalistischen Grundformen (Bericht, Feature, Porträt, Reportage etc.) in Ehren – aber die Zukunft gehört der Innovation. Überlegt euch am Anfang stets, ohne aufs Korsett der Formen zu achten, wie eure Geschichte adäquat und packend/überraschend erzählt werden kann; und dann entwickelt eure eigene Erzählweise. Es kann ein wilder Mix sein – das freut und erfrischt den Leser, solange er euch folgen und die Form nachvollziehen kann. Und nie, nie vergessen: Die recherchierten Fakten sind bloß Bausteine – erst wenn ihr daraus eine Geschichte baut, ist es eine Geschichte." Das schreibt Andreas Dietrich in den Arbeitsunterlagen für den Kurs Magazinjournalismus an der Schweizer Journalistenschule. Dietrich war Magazinjournalist und ist heute stellvertretender Chefredakteur beim *Blick*, der Schweizer Boulevardzeitung. Storytelling meint eine Metastruktur, die von den Farben und Formen der einzelnen journalistischen Formen durchaus profitieren kann. Storytelling findet überall, auch beim Interview und in der Glosse statt. Auch da sollen Sie fulminant einsteigen und zu einem klaren Schluss kommen.

Wir haben vom Hirnforscher Manfred Spitzer (2002) gelernt, dass der Mensch nicht durch theoretische Konzepte, sondern mit Beispielen lernt. Als Einführung bieten wir sieben praktische Tipps (siehe Kapitel A2-A8).

A2 DIE LEITER DER ERZÄHLERIN UND DES ERZÄHLERS

Wie kommt man auf Geschichten? Gibt es ein Verfahren, eine Anleitung, wie man Geschichten entwickeln kann? Wir haben in der Aus- und Weiterbildung von Journalistinnen und Journalisten verschiedene Modelle ausprobiert. Sofort verstanden und erfolgreich umgesetzt wird die *Leiter des Erzählers*.

Wenn ich „Bett, Teppich, See, Berg" sage, dann produzieren wir alle Bilder im Kopf. Abstrakte oder komplexe Begriffe wie „Subprime-Papiere", „Bereich", „Konzept", „onomatopoetisch", „Philosophie" lösen in der Regel keine Bilder aus. Sie gehen zum einen Ohr hinein und zum andern wieder heraus.

Wie können wir abstrakte Themen mit bildhaften Wörtern vermitteln? Dazu bietet sich die Leiter des *Erzählers** an. Sie ordnet die Begriffe: Die abstrakten Wörter sind oben auf der Leiter. Je weiter wir heruntersteigen, umso konkreter und verständlicher werden sie. In der Mitte sind halbabstrakte, nichtsinnliche Fakten. Es handelt sich um die Gefahrenzone, in der sich Journalisten gerne aufhalten.

Nehmen wir das Thema Landwirtschaftspolitik. Auf der untersten Sprosse finden wir die konkreten Elemente: die Bäuerin, der Misthaufen, die Kuh, die Milch und der Käse. Wenn ich so einsteige, entwickeln die Leser Bilder im Kopf und können leicht folgen. Jetzt kann ich aufsteigen zu mittleren Sprossen, wo ich Themen wie Fruchtflächen und Subventionen finde, und den Leser zu den immer abstrakteren Problemen der Agrarpolitik führen.

Spreche ich abstrakt über Agrarwirtschaft, steige ich für viele Leser zu hoch ein. Ich lasse die unterste Sprosse weg und zwinge die Leserin zu einem großen Schritt. Steige ich gar mehrere Sprossen weiter oben ein, verlange ich vom Leser gewissermaßen einen Klimmzug hinauf zum Thema.

A Werkzeuge des Storytelling

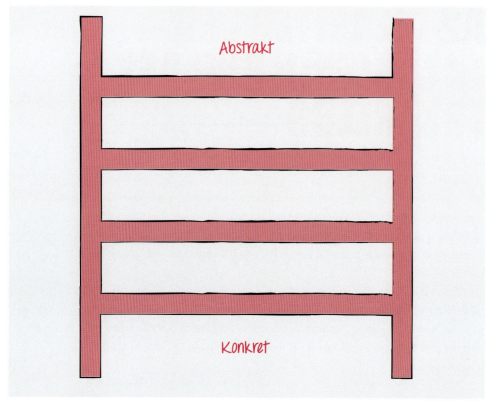

Abb. 2: Leiter der Erzählerin und des Erzählers – vom Konkreten zum Abstrakten

Viele verzichten auf diesen Kraftakt und wenden sich ab. Die *Einschaltquote** sinkt. Je mehr ich auf den Sprossen hinuntersteige, umso anschaulicher wird das Thema. Umso besser kann ich Leser auf die Leiter locken. Beim Fernsehen ist dieses Verfahren üblich. Ich kann keinen abstrakten Beitrag über *die Landwirtschaft* filmen. Ich brauche Bilder und muss auf den Bauernhof, ich filme Bauern, Kühe, Felder. Auch die Boulevardpresse geht vor Ort. Als Printjournalist kann ich über das Thema schreiben, ohne das Büro zu verlassen. Der Preis der Bequemlichkeit ist oft eine langweilige Story.

Schon eine Sprosse kann das Interesse steigern. Eine Frau sagt: „Wenn ich heirate, schenkt mir mein Vater eine Aussteuer." Wenn sie eine Sprosse tiefer einsteigt, sagt sie: „Ein Spinnrad und eine Bettstatt und eine gescheckte Kuh schenkt mir mein Vater zur Hochzeit." Die Zeile stammt aus einem Schweizer Volkslied. Sie vermittelt eine farbige Ministory. Wir begreifen sofort, dass wir es mit einer Bauerstochter zu tun haben.

2 Die Leiter der Erzählerin und des Erzählers

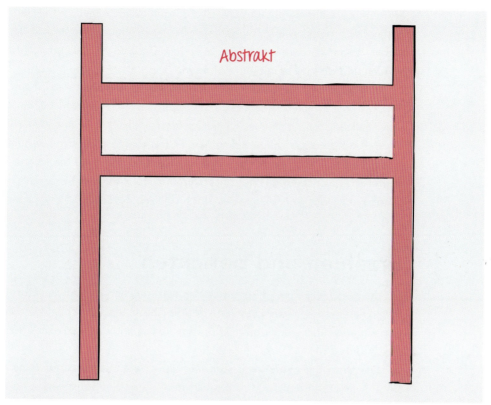

Abb. 3: Fehlende Sprossen – Klimmzug ins Abstrakte

Gewiefte Kommunikatoren nutzen dieses Verfahren, wenn Sie ein breites Publikum erreichen wollen. Barack Obama, ehemaliger Präsident der Vereinigten Staaten, gilt als einer der besten Redner der Welt. Er wechselt bewusst die Ebenen. So können wir ihm folgen, auch wenn er über die Ökonomie der USA spricht (Leanne 2009: 200; übersetzt vom Verfasser): „Wir messen die Stärke unserer Wirtschaft nicht daran, wie viele Milliardäre wir haben. […] Sondern daran, dass Leute mit guten Ideen ein Risiko eingehen und ein eigenes Geschäft aufbauen können. Oder daran, ob eine Kellnerin, die vom Trinkgeld lebt, einen Tag frei machen kann, wenn ihr Kind krank ist, ohne dass sie ihren Job verliert. Wir wollen eine Wirtschaft, welche die Würde der Arbeit respektiert."

Man kann Obama zusehen, wie er sich elegant auf der Leiter bewegt, er steigt ab zu innovativen Geschäftsleuten auf den mittleren Sprossen und holt dann mit der Kellnerin und dem kranken Kind die Zuhörer ab.

Mit der Skizze aus dem Alltag und den Sorgen einer Kellnerin ist er ganz unten. Dann geht's wieder hinauf mit einer Abstraktion: „die Würde der Arbeit". Er hat klargemacht, wovon er spricht. Das Bild der Kellnerin bleibt hängen und wir sind bereit ihm zu folgen.

Eine gute Geschichte enthält beides: konkrete und abstrakte Inhalte. Ein perfektes Beispiel dafür lieferte der Astronaut Neil Armstrong: „That's one small step for a man, one giant leap for mankind."

Bei Armstrong schwingt mit seinem ersten konkreten Schritt auf dem Mond die ganze abstrakte Perspektive der Raumfahrt und der Menschheit mit. Er ist gleichzeitig auf der untersten und der obersten Sprosse der Leiter. Er formuliert eine konkrete Geschichte mit *Echoraum**.

Erzählen und berichten

Mit der gleichen Leiter können wir einen wesentlichen Aspekt des Storytelling veranschaulichen: Erzählen statt Berichten. Szenen sehen, Details beobachten und sie schildern. Diese Fähigkeiten sind das Markenzeichen des *Erzählers**.

Das Wort Barmherzigkeit steht auf der oberen Sprosse der Leiter. Unten wartet der heilige Martin, der einen frierenden Bettler sieht, mit dem Schwert seinen Mantel teilt und die Hälfte seines Kleides dem Bettler schenkt. Die kleine Szene geht ins Gedächtnis und verankert die Bedeutung von Barmherzigkeit. Der Mensch lernt nicht abstrakt, sondern durch Beispiele. „Schauen, schauen, schauen. Und nie das ›Erstaunen‹ vergessen. Wir sind nicht da zu richten. Wir sind da zu erzählen." Das Motto stammt von Friedrich Glauser. Die erzählende Journalistin sucht eine Szene, die genau das zum Ausdruck bringt, was sie vermitteln will. Szenisches Schreiben präzisiert die Botschaft. Berichten verwischt sie ins Unscharfe. Berichten ist wie ein Bildausfall am Fernsehen. Die englischen Begriffe bringen das klar zum Ausdruck. „Showing" (für Erzählen) heißt „zeigen". „Telling" (für Berichten) heißt bloß „sagen". Eine Szene spricht den Leser mit allen fünf Sinnen an. Sie macht ihn zum kokreativen Beteiligten. Er kann das Ereignis rekonstruieren und fühlt sich ernst genommen, weil der Autor es ihm überlässt, Schlüsse zu ziehen.

Ein Beispiel aus dem Lokalen. Sina Wilke porträtiert einen Amtsrichter im *Schleswig-Holstein Journal* vom 18. Juli 2015. Im ersten Absatz ihres

„Die Leute zahlen nicht für Inhalte, sie zahlen für eine Erfahrung."

CHRIS AHEARN, EHEMALIGER VORSTANDSVORSITZENDER DER NACHRICHTENAGENTUR THOMSON REUTER

Textes schreibt sie szenisch, also auf der untersten Sprosse. Im zweiten Absatz ihres Textes springt sie auf die oberste Sprosse mit „Rechtsprechung" und „Instanz" und steigt dann Sprosse für Sprosse wieder hinunter zum Angeklagten Aron. Das ist maximal anschaulich:

Von Mensch zu Mensch
Kann ein Richter immer gerecht sein? Er kann, glaubt Otto Witt. Er verhandelt seit 30 Jahren Strafsachen am Eutiner Amtsgericht und sagt: „Wir dürfen einen Menschen nicht ausmustern."

Der Angeklagte heißt Aron, ist 21 Jahre alt und hat ein ehrliches Gesicht. Aber was bedeutet das schon? Er soll ein paar Mal schwarzgefahren sein und jemanden im Streit zu Boden gestoßen haben. Lappalien, einerseits. Andererseits steht Aron nicht zum ersten Mal vor Gericht. Schräg vor ihm sitzt der Mann, der gleich entscheiden wird, wie es für Aron weitergeht. Bekommt er eine Bewährungsstrafe? Eine Geldstrafe? Überhaupt eine Strafe? Otto Witt (62) ist seit 30 Jahren Amtsrichter in Eutin. Das Amtsgericht ist die erste Instanz der Rechtsprechung: Hier wird alles verhandelt, was nicht schlimm genug ist für das Landgericht, genauer gesagt: bei dem eine Freiheitsstrafe von weniger als vier Jahren zu erwarten ist. Diebstahl, Betrug, Körperverletzung, Beleidigung, Straßenverkehrsgefährdung, Untreue, Sachbeschädigung, sexuelle Nötigung – ein Querschnitt durch die Kriminalität. Vor dem Amtsgericht landet der Kokainabhängige, der für Tausende Euro Waren im Internet bestellt, ohne sie zu bezahlen. Der Autofahrer, der einen Radler anfährt. Der Jugendliche, der eine Bushaltestelle kaputttritt. Der Familienvater, der versucht, eine 19-Jährige zu vergewaltigen. Der Alkoholiker, der seine Frau krankenhausreif schlägt. Die Rentnerin, die ihre Vermieterin beklaut. Der 16-Jährige, der an seiner Schule Hasch verkauft. Die Frau, die ihrem Bekannten ein Küchenmesser in den Rücken rammt.

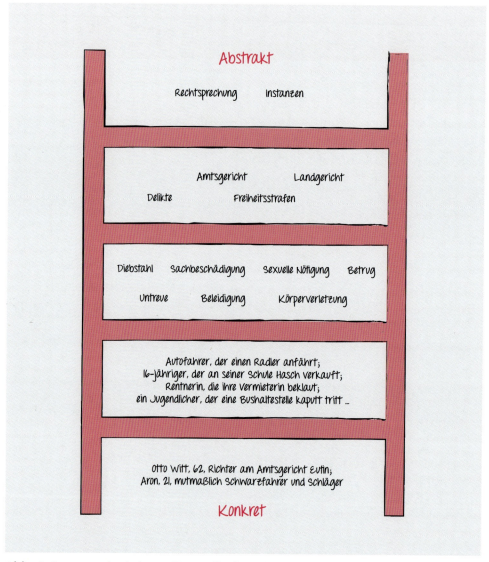

Abb. 4: Angewandte Leiter – Sina Wilke lässt keine Sprosse aus.

Von Mensch zu Mensch

Kann ein Richter immer gerecht sein? Er kann, glaubt Otto Witt.
Er verhandelt seit 30 Jahren Strafsachen am Eutiner Amtsgericht und sagt:
„Wir dürfen einen Menschen nicht ausmustern."

VON SINA WILKE

Der Angeklagte heißt Aron*, ist 21 Jahre alt und hat ein ehrliches Gesicht. Aber was bedeutet das schon? Er soll ein paar Mal schwarz gefahren sein und jemanden im Streit zu Boden gestoßen haben. Lappalien, einerseits. Andererseits steht Aron nicht zum ersten Mal vor Gericht. Schräg vor ihm sitzt der Mann, der gleich entscheiden wird, wie es für Aron weitergeht. Bekommt er eine Bewährungsstrafe? Eine Geldstrafe? Überhaupt eine Strafe?

Otto Witt (62) ist seit 30 Jahren Amtsrichter in Eutin. Das Amtsgericht ist die erste Instanz der Rechtsprechung: Hier wird alles verhandelt, was nicht schlimm genug ist für das Landgericht, genauer gesagt: Bei dem eine Freiheitsstrafe von weniger als vier Jahren zu erwarten ist. Diebstahl, Betrug, Körperverletzung, Beleidigung, Straßenverkehrsgefährdung, Untreue, Sachbeschädigung, sexuelle Nötigung – ein Querschnitt durch die Kriminalität. Vor dem Amtsgericht landet der Kokainabhängige, der für Tausende Euro Waren im Internet bestellt, ohne sie zu bezahlen. Der Autofahrer, der einen Radler anfährt. Der Jugendliche, der eine Bushaltestelle kaputt tritt. Der Familienvater, der versucht, eine 19-Jährige zu vergewaltigen. Der Alkoholiker, der seine Frau krankenhausreif schlägt. Die Rentnerin, die ihre Vermieterin beklaut. Der 16-Jährige, der an seiner Schule Hasch verkauft. Die Frau, die ihrem Bekannten ein Küchenmesser in den Rücken rammt.

Es sind Angeklagte darunter, die wegen eines Fehltritts zum ersten Mal im Gericht sitzen, weil irgendetwas dumm gelaufen ist. Bei den meisten aber ist sehr viel in ihrem Leben dumm gelaufen. Sie sind drogenabhängig oder gewalttätig oder psychisch krank oder alles zusammen. Es sind Verlierer der Gesellschaft, Abgehängte. Meistens kommen sie wieder.

Wie geht das, über diese Menschen zu urteilen? Was tut ein Richter mit der Macht, die er hat? Wie geht er damit um, dass er das Leben von Menschen mit seinem Urteil ändern kann? Und wenn Zweifel bleiben?

Otto Witt sitzt in seinem Büro im dritten Stock des Amtsgerichts und trinkt eine Tasse Kaffee. Hier oben habe er Ruhe, sagt er. Durch das Fenster sieht man die Kreisverwaltung und das Polizeigebäude, nicht weit von hier liegt der beschauliche Große Euti-

Nachklapp: Richter Otto Witt bespricht mit Staatsanwalt Bernd Kruse die zurückliegende Verhandlung.
FOTOS: MICHAEL RUFF

Abb. 5: Faksimile des im Text besprochenen Porträts eines Amtsrichters

A Werkzeuge des Storytelling

> 🌐 **SINA WILKE – VON MENSCH ZU MENSCH**
> » Schleswig-Holstein Journal, 18.07.2015
> » www.marielampert.de/praxisbeispiele (siehe Folge 44)
> » Sina Wilke porträtiert den Amtsrichter Otto Witt.
>   Der Angeklagte Aron kann von Glück reden.

Das Miterleben der Leser wird erst durch konkrete Beschreibungen möglich. Wie das funktioniert, erklärt der Kognitionsforscher Roel Williams so: „Wenn wir etwas lesen oder hören, das konkret geschrieben ist, werden dieselben sensomotorischen Areale aktiviert, wie wenn wir die Sache in der Realität erleben." (Reiter 2012: 231).

> **Tipp:**
>
> Turnen Sie auf der Leiter herum. Entdecken Sie die Leichtigkeit der Schreibgymnastik. Wechseln Sie vom Konkreten zum Abstrakten und umgekehrt.

Zurück zur Leiter des Erzählens. *Leserführung* bekommt einen konkreten Sinn. Wir führen den Leser buchstäblich: Wir begleiten ihn die Sprossen hinauf und führen ihn vom Konkreten zum Abstrakten. Die gleiche Technik verwenden wir beim Interview. Wenn sich das Gegenüber in abstrakten Wolkengebirgen verliert, fordern wir ein Beispiel ein. „Step down" heißt das in der Interviewtechnik. Wenn wir prüfen wollen, ob der Interviewte mehr weiß, oder ob er nur ein gutes Beispiel auswendig gelernt hat, dann gilt die Devise „step up", vom Konkreten zum Allgemeinen.

> **Tipp:**
>
> Mit „Können Sie mir ein Beispiel geben?" steigen wir die Leiter hinunter. Mit „Was bedeutet das?" steigen wir sie hinauf.

Die Idee der Leiter stammt von Roy Peter Clark (2009). Er verwendet die „Leiter der Abstraktion", um den Erzählprozess sichtbar zu machen. Dazu greift er zurück auf das Konzept der „ladder of abstraction" des US-Linguisten S. I. Hayakawa (Kramer/Call 2007: 70). Gibt man den Begriff bei Google ein, zeigt sich, dass die „ladder of abstraction" im englischen

Sprachraum weit verbreitet ist. Erst mit der deutschen Übersetzung von Roy Peter Clarks Buch (2009: 153 ff.) wird die Leiter der Abstraktion in den deutschen Sprachraum gebracht.

Bewegen Sie sich auf den Sprossen, wenn Sie beim Erzählen stocken. Die Leiter hilft, Blockaden zu überwinden. Darum haben wir sie umgetauft in: die Leiter der Erzählerin und des Erzählers. Wir fassen die Unterschiede zwischen Berichten und Erzählen in einer Tabelle zusammen. Die Idee stammt von Jack Hart (in: Kramer/Call 2007: 112). Wir haben sie erweitert.

Erzählen versus Berichten

Tabelle 1: Erzählen versus Berichten

	Erzählen	Berichten
Absicht	eine Entwicklung, einen Prozess, einen Zusammenhang nachvollziehbar und verständlich zu machen	ein Resultat, ein Ergebnis, eine Nachricht mitteilen Zahlen und Fakten darstellen
Aufbau	personalisiert, szenisch	nachrichtlich vom Thema, der Sache her
Standpunkt	spezielle, besondere, eigene Perspektive	„objektiv", sachlich, unangreifbar
Sprecherin/Sprecher und Gegenstand	Sprecherin/Sprecher ist Teil der Szene/des Themas	Sprecherin/Sprecher schwebt über der Szene/dem Thema
Haltung zum Thema	Nähe; Blick auf Details, die für das Ganze stehen	Distanz; Blick aufs Ganze
Sprecherin/Sprecher und Publikum	dem Publikum zugewandt; Sprecherin/Sprecher als Stellvertreter des Publikums, als (Mit-)Betroffener, als eine/einer von ihnen; nah	neutrale Haltung der Sprecherin/des Sprechers; Sprecher als neutrale Instanz; distanziert

	Erzählen	Berichten
Handlung	dynamisch, etwas entwickelt, verändert sich	statisch, faktisch
Sprache	konkrete, sinnliche, anschauliche Begriffe; unten auf der Leiter des Erzählens (Milch, Kuh, Bäuerin)	abstrakte Termini; oben auf der Leiter des Erzählers (Agrarpolitik)
Stil	persönlich, dramatisierend, emotionalisierend, werbend	kühl, sachlich
Faktengehalt	exemplarisch ausgewählte Elemente (pars pro toto)	möglichst vollständig
Halbwertszeit	Wenn sie gut erzählt ist, überdauert die Geschichte unabhängig vom ursprünglichen Anlass.	Wenn die Neuigkeit überholt ist, erlischt das Interesse.
Zitat Walter Benjamin	„Die Erzählung bewahrt ihre Kraft gesammelt und ist noch nach langer Zeit der Entfaltung fähig."	„Information hat ihren Lohn mit dem Augenblick dahin, in dem sie neu war."

Schnelles und langsames Denken

Eine Analogie zur Leiter des Erzählers bietet der Psychologe Daniel Kahneman (2012) an. Er unterscheidet zwischen „schnellem und langsamem Denken" und spricht dabei von „System 1" und „System 2".

Schnelles Denken erkennt die Botschaft sofort. Wir sehen ein verzerrtes Gesicht. System 1 liefert intuitiv und automatisch die Information: der Mensch ist wütend. Wenn wir mit der Rechenaufgabe „17 mal 24" konfrontiert werden, schalten wir das langsame Denken ein und lösen das Problem mit System 2.

17 mal 24 ist demnach auf der obersten Stufe der Leiter, während die Sofort-Wahrnehmung von Wut auf die unterste Sprosse gehört.

> „Der Erzähler nimmt, was er erzählt, aus der Erfahrung; aus der eigenen oder berichteten. Und er macht es wiederum zur Erfahrung derer, die seiner Geschichte zuhören."

WALTER BENJAMIN

Wenden wir Kahnemans Terminologie auf das Storytelling an: Als Köder für die Aufmerksamkeit eignet sich das schnelle Denken. Wenn wir das Publikum gepackt haben, können wir es mit langsamem Denken herausfordern. Bevor wir dem Leser zuviel zumuten, schalten wir wieder auf „schnell". Merkmal einer guten Geschichte ist ein steter Rhythmuswechsel zwischen schnellem und langsamem Denken. Oder zwischen abstrakt und konkret.

A Werkzeuge des Storytelling

A3 DIE STORYKURVE

Folgen Sie der Linie auf der Grafik der *Storykurve**. So erzählt man eine Geschichte: Sie steigen mit einem Höhepunkt ein, mit Weck-Worten oder Weck-Sätzen. Erst nachher liefern Sie die Informationen, die es zum Verständnis des Geschehens braucht. Jetzt steigern Sie die Geschichte auf einen – zweiten – Höhepunkt hin.

Mit der Storykurve holen und halten Sie Aufmerksamkeit. Die horizontale Achse stellt den zeitlichen Ablauf dar. Die vertikale Achse bildet die Stärke des emotionalen Appells einer Geschichte ab. Sie misst, wie stark die Amygdala oder der Mandelkern, das emotionale Zentrum des Gehirns, angesprochen wird.

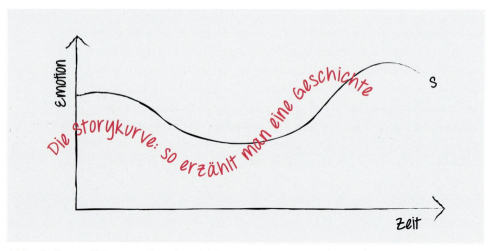

Abb. 6: So erzählt man eine Geschichte – mit einem Höhepunkt einsteigen .

Höhepunkte

Das Grundmuster ist alt. *Aristoteles** hat es am Beispiel der antiken Dramen erläutert. Sie sind auf einen Höhepunkt hingeschrieben. Die Zuschauer werden durch Identifikation und Empathie hineingezogen. Sie durchleben die gleichen Gefühle wie der Protagonist. Sie verfolgen das Geschehen mit Mitleid, Angst und Furcht. Oft wissen die Zuschauer, was auf den Helden zukommt. Sie würden ihn am liebsten warnen, wie die Kinder beim Kasperletheater: Achtung, Kasperle, der Teufel ist hinter dem Vorhang! So entsteht die Spannung, diese merkwürdige Mischung aus Schmerz, Angst und Lust.

Auf dem Höhepunkt des Stücks werden die angestauten Emotionen befreit. Es herrscht Freude und Jubel, das Publikum wird geläutert. Aristoteles spricht von *Katharsis**. Wenn der Höhepunkt mit einem Umschwung, einem *Wendepunkt**, einem Wechsel der Glücksumstände (Peripetie) oder einem Wandel des Helden verbunden ist, wird die emotionale Wirkung verstärkt. Aristoteles liefert eine brauchbare Vorlage für den Bau von Geschichten. Es gilt in unseren Stoffen, die kleinen Höhepunkte zu suchen und die Story darauf hinzubauen. Auch wenn wir es nicht jeden Tag mit einer Medea zu tun haben, die ihre eigenen Kinder tötet. TV-Journalisten bauen ihre Beiträge nach diesem Muster. Wenn eine Geschichte mehrere Höhepunkte anbietet, werden die Höhepunkte über den ganzen Beitrag verteilt.

Ein Problem hatte Aristoteles nicht. Wenn das Publikum mal im Theater saß, war es bereit, sich auf ein Stück einzulassen. Das Gleiche gilt heute für Kinofilme. Das Publikum wartet im Dunkeln. Da genügt ein sanfter Einstieg. Das Publikum rennt nicht so schnell davon. Anders beim TV-Zuschauer oder beim Onlinepublikum. Da zeigen die Einschaltquoten, dass die Ansprüche an den Einstieg hoch sind. Dieses Publikum will Subito-Satisfaction. Sonst zappt es weg oder klickt weiter.

Direkt hinein in die Materie, mit der Tür ins Haus fallen, lautet die Devise. Debby Galka geht auf der Newsplattform *20 Minuten* direkt an den Start bei ihrem ersten langen Flug mit dem Gleitschirm:

Wie die Jesus-Statue auf dem Corcovado in Rio stehe ich da. Ausgestreckte Arme, Hände zu Fäusten geballt, sie sind nass, kalter Schweiß. Bremsschlaufen und A-Leinen fest umklammert, Herzklopfen. Startplatz „Kleiner Sternen" auf dem Hoch-Ybrig, 1.856 Meter über Meer, 821 Meter Höhendifferenz zum Landeplatz Weglosen. Ein weißer Windsack auf der Krete hebt und senkt sich, schwacher Südwestwind. Dazwischen knistert der Funkverkehr der anwesenden Flugschüler und Starthelfer, begleitet von bimmelnden Kuhglocken.

A Werkzeuge des Storytelling

> **⊕ DEBBIE GALKA – „MEIN ERSTES MAL: „F..."**
> » 20minuten.ch, 10/2012
> » www.halem-verlag.de/storytelling-fuer-journalisten/
> » Ab in die Luft. Debbie Galka erzählt von ihrem ersten Flug mit dem Gleitschirm. Erst in der Luft erwähnt sie die Details von den Vorbereitungen. Wir bleiben dran, weil wir wissen wollen, ob sie die Landung schafft.

Die Vorgeschichte, die Vorbereitungen, die Versuche am Übungshang, erzählt Debby Galka erst später. Sie baut Spannung auf, holt die Aufmerksamkeit des Users. Erst dann liefert sie die Details. Im folgenden Kapitel nennen wir das einen Einstieg mit einem Storypunkt, der weit oben auf der Emotionsachse liegt.

A4 DER STORYPUNKT

Werfen Sie nochmals einen Blick auf die Storykurve. Der Einstieg auf der Emotionsachse soll möglichst hoch oben sein. Er soll dem Leser Lust machen weiterzulesen. Wir nennen das den *Storypunkt**. Wer eine Botschaft in die Welt setzen will, muss erst die Aufmerksamkeit des Publikums wecken: Weckworte, Wecksätze sind gefragt.

Jahre waren das, da ging einer abends ins Bett und wusste nicht, ob er am Morgen aufwachen würde. Da ging er morgens aus dem Haus und wusste nicht, ob er abends heimkehren würde.

So beginnt Kai Strittmatter in der *Süddeutschen Zeitung* einen Artikel über „den schmutzigen Krieg der Türkei gegen die PKK" und zieht die Leser förmlich in den Text hinein. Oder nehmen Sie diesen Einstieg:

„Mama, soll ich dir Unterhosen bringen?" Mein Sohn lehnte am Türrahmen und schenkte mir ein John-Wayne-Lächeln.

Die Autorin Angelika Overath spielt mit der Fantasie des Lesers. Sie schildert, dass ihr kleiner Sohn beobachtet hat, wie sie – in der schwierigsten Phase des kreativen Prozesses (siehe *Inkubation**), wenn sie nicht mehr weiterschreiben konnte – aus dem Wäschehaufen Unterhosen nahm und sie bügelte und zusammenlegte. Mit dem skurrilen Angebot wollte der Sohn seiner Mutter über die Kreativitätskrise hinweghelfen. Storypunkt hoch (in: Herrmann 2006: 21)!

Wir sehen täglich viele Beispiele in der Fernsehwerbung. Ein Elefant legt mit seinem Rüssel Blumen ins Grab eines Verstorbenen. Mit dem Spektakel wird Aufmerksamkeit geschaffen. Dann kommt die Botschaft: „Denken Sie in Ihrem Testament an wohltätige Organisationen."

Entwickelt hat die Storykurve Peter Züllig (siehe Kapitel C1). Der Grundgedanke: Ein emotionales Erlebnis schafft die Bereitschaft, Information aufzunehmen. Es entsteht ein sogenannter Nachhall. Die meisten Werbevideos sind so angelegt. Mit dem Erlebnis wird eine Tür geöffnet.

Und jetzt öffnet sich ein Raum, um die Einleitung, die notwendigen Informationen für die Charakterisierung und Orientierung unterzubringen. Der erste Höhepunkt stammt aus der Erlebnisdramaturgie, der zweite aus der Erzähldramaturgie. Züllig hat die beiden kombiniert. Im Rahmen der klassischen Erzähltheorie haben Franz Lang (1654– 1725) und Gustav Freytag (1816 – 1895) Dramaturgiekurven gezeichnet. Der Begriff Weckworte stammt vom Slampoeten Lars Ruppel.

Körpertest

Wie kann ich wissen, ob ein Einstieg emotional wirkt? Die israelische Firma „weCU" (we see you) will einen Detektor entwickeln, der Gefühle scannen kann. Er soll an Flughäfen eingesetzt werden und Terroristen erkennen. Ein solcher Gefühlsscanner wäre praktisch, um Anfänge zu testen. Der weCU-Detektor soll laut Tagesanzeiger auf kleine Veränderungen reagieren: Die Temperatur der Haut steigt um Hundertstel Grad Celsius. Die Atemfrequenz steigt, die Pupillen weiten sich, die Stimme vibriert in einer andern Frequenz. Stellen Sie sich vor, Sie lesen den Einstiegsentwurf einem Kollegen vor. Der Detektor meldet sofort: Storypunkt hoch, Storypunkt tief. Das ist leider eine Utopie. Wir müssen selber eine Sensibilität für die Stärke der Anfänge entwickeln. Christopher Vogler, Drehbuchberater in Hollywood, achtet bei der Lektüre eines Drehbuches auf seine eigene emotionale Reaktion. Er nennt das Körpertest: „Eine wirksame Geschichte packt deine Eingeweide, schnürt dir die Kehle zu, beschleunigt den Puls, bringt dich zum Schnaufen" (Vogler 2007: Vorwort, übersetzt vom Verf.). Vogler hört auf seinen Körper und wenn er nicht mit mehreren Körperorganen auf ein Drehbuch reagiert, rät er davon ab, es zu verfilmen.

Mit geringem Appell an die Emotionen, mit tiefem Storypunkt, beginnen oft Berichte auf den Kultur- oder Feuilletonseiten der Zeitungen. Zum Beispiel in einem Artikel der *Süddeutschen Zeitung* über die Briefe Sigmund Freuds an seine Kinder:

Der Briefeschreiber Sigmund Freud ist dem Publikum erstmals durch die Auswahl bekannt geworden, die sein Sohn Ernst und seine Schwiegertochter Lucie 1960 herausgegeben haben.

Wen will dieser Text als Leser gewinnen? Insider oder neugierige Leser, die er mit dem Einstieg abholt? Das Potenzial wäre vorhanden: Was war Freud für ein Vater? Das interessiert nicht nur die Psychoanalytiker. Mit der engen Einleitung für Insider wird diese Chance vertan.

Zugegeben, es gibt Kulturthemen, die kaum mehrheitsfähig sind. Wer liest einen Artikel über Madame de Staël in der *Neuen Zürcher Zeitung*? Aber wenn da gleich am Anfang stünde: Napoleon fürchtete sich vor dieser reichen Bankierstochter. Oder: Madame de Staël hatte fünf Kinder von vier Vätern. Das weckt Interesse. Dem entgegen steht offenbar die Angst der Akademiker vor dem Boulevard. Aber auch den Akademikern ist gedient, wenn sie auf einen interessanten Text auf Anhieb aufmerksam werden und ihn verstehen. So lockt eine Buchkritik im *Tagesanzeiger* den Leser:

„Liebe Mom ich bin im Seh [See, Anm. d. Verf.] viele Grüse Andy": Der kleine Lausbub legt den Zettel auf den Tisch, schleicht sich aus dem Haus, springt ins Wasser – und ertrinkt.

Mit diesem Zitat aus dem Roman Unsichtbar von Paul Auster steigt Alexandra Kedves fulminant ein. Die Minigeschichte aus dem Roman reißt die Leser mit. Das Beispiel markiert einen neuen Trend. Die Kultur- und Feuilletonseiten waren lange Friedhöfe der abstrakten Kommunikation. Zaghaft hält auch das journalistische Storytelling in die Kulturberichterstattung Einzug.

Ausleitung statt Einleitung

Das ist gut so, denn lange einleitende Erklärungen schläfern das Publikum ein. Kurt Tucholsky hat das auf humoristische Weise auf den Punkt gebracht (1985: 290): „Fang nie mit dem Anfang an, sondern immer drei Meilen vor dem Anfang!" Das schreibt er in „Ratschläge für einen schlechten Redner". Ebenso gilt dies auch für Schreiber/Radiomacher und Online- und TV-Journalisten. Einleitungen provozieren, dass das Publikum weiterblättert oder abschaltet. Es zappt weg. Dramatisieren Sie also den Anfang. Schildern Sie eine Szene. Wenn Sie die Aufmerksamkeit haben, dann können Sie jene Informationen über die Charakterisierung und Orientierung bringen, die für die Entwicklung der Geschichte wichtig sind.

A Werkzeuge des Storytelling

> **Tipp:**
> Vergessen Sie die Einleitung. Damit vertreiben Sie das Publikum. Wenn Sie es nicht lassen können: Langweilen Sie Leser in der Ausleitung.

Falls es notwendig ist, mehr zu erklären, machen Sie das später. Dann haben Sie die wichtige Botschaft bereits untergebracht. Die treuesten Fans bleiben vielleicht bis zum Schluss. Am Ende der Romane von Stendhal stand jeweils: „to the happy few".

Woher kommt der unwiderstehliche und fatale Drang zur Einleitung? Er kommt aus der privaten Kommunikation. Dort ist sie sinnvoll. Wenn Sie ohne Gruß und ohne Kontakt oder Aufwärmsatz auf eine Mitarbeiterin zugehen und sagen „Frau Martinez, geben Sie mir bitte die Unterlagen", dann zeugt das von einem Mangel an privater Kommunikationskompetenz. In der öffentlichen Medienkommunikation ist ein starker Auftritt gefragt. Da fallen Sie mit der Tür ins Haus.

A5 DIE MINI-GESCHICHTE

Storytelling ist nichts für mich, sagen manchmal Studierende. Junge Zeitungsleute meinen, Storytelling sei etwas für Dokumentarfilmer und helfe nicht beim Artikelschreiben. Manche Radioleute finden, es bringe nichts, kurze Meldungen als Storys aufzumachen.

Wir sind überzeugt, dass auch kurze Beiträge mit Elementen des Storytelling mehr Aufmerksamkeit erzielen können. Storytelling ist Kleinarbeit, wir denken vorerst nicht an jene Kolleginnen, die einen Monat lang an einer Magazingeschichte schreiben. Schon mit wenig Storyarbeit können Sie Texte, Radiobeiträge und Videoarbeiten klarer und verständlicher machen. Gehen wir ans Werk. Wie finden Sie diesen Medientext des Schweizer Bundesamtes für Umwelt?

Die Internationale Rheinschutzkommission (IKSR) führt ihre jährliche Plenarversammlung in der Schweiz durch. Die IKSR, die sich aus Behördenvertretern der Rheinanliegerstaaten Schweiz, Deutschland, Frankreich, Luxemburg und den Niederlanden sowie der EU zusammensetzt, behandelt die grenzüberschreitenden Probleme auf der Rheinstrecke zwischen dem Bodensee und der Mündung in die Nordsee. Aktuelle Themen an der 70. Plenarversammlung der IKSR sind die Belastung des Rheins mit chemischen Stoffen, die Wiederherstellung der Durchgängigkeit des Rheins für Wanderfische.

Fakt ist: Die Anrainerstaaten haben mit großen Anstrengungen die Wasserqualität des Rheins verbessert. Sie haben den verschmutzten, fast toten Fluss in ein lebendiges Gewässer verwandelt. Die Kaligruben im Elsass und die Chemie in Basel leiten ihre Abwässer nicht mehr ungeklärt in den Strom. Dieser politische Erfolg ist schwer zu vermitteln, wenn er so abstrakt daherkommt. Wenn ein Journalist mit den zuständigen Leuten spricht und nach zusätzlichen Fakten fischt, stößt er auf lebendige Informationen: Der Lachs schwimmt wieder bis nach Basel. Jetzt können wir eine Ministory erzählen:

A Werkzeuge des Storytelling

Der Lachs schwimmt und springt im Rhein stromaufwärts fast bis nach Basel. Mehrere hundert Lachse leben wieder im Rhein.

Die Leser sehen den Lachs vor ihrem inneren Auge springen und interessieren sich für die Zusammenhänge. Wir haben aus einer amtlichen Mitteilung eine Geschichte herausgefischt. Wir nennen das eine Minigeschichte. Sie bringt ein abstraktes Thema in eine konkrete Form. Wir haben die Story gewissermaßen „animal-ifiziert". Das Wort haben wir in Anlehnung an die Formulierung „person-ifiziert" gebildet.

Kurze Meldungen kommen manchmal auch online schwerfällig daher. Beispiel aus *tagesanzeiger.ch*. Es meldet unter dem Titel:

Diese Lebensmittel kommen neu in die Schweiz
Ab kommender Woche können die ersten sechs Lebensmittel nach dem Cassis-de-Dijon-Prinzip in die Schweiz eingeführt werden. Diverse Produkte wurden auch abgelehnt. Das Bundesamt für Gesundheit (BAG) hat erste Gesuche gutgeheißen, z. B. für Fruchtsirup mit geringerem Fruchtsaftanteil. Das Cassis-de-Dijon-Prinzip gilt seit dem 1. Juli.

Die Meldung wurde aus der Perspektive des Amtes, nicht aus der Sicht des Konsumenten geschrieben. Die sofort verständliche Minigeschichte lautet:

Dünner Fruchtsaft und dünner Obstwein dürfen seit Kurzem in der Schweiz verkauft werden.

Die Ministory öffnet die Pforten der Wahrnehmung. Der Autor hat das Interesse geweckt. Jetzt kann er die Leser mit den komplizierteren Verästelungen des Problems bekannt machen. Erst jetzt sollten Sie erklären, warum die Schweiz verdünnte Säfte und andere Ware aus Europa wegen des Cassis-de-Dijon-Prinzips neu über die Grenzen lassen muss. Nebenbei gesagt: Cassis-de-Dijon ist ein Johannisbeerlikör, über den der Europäischen Gerichtshof 1979 einen Präzedenzentscheid gefällt hat. Produkte, die in einem Mitgliedsland vorschriftsgemäß hergestellt wurden, dürfen überall in der EU verkauft werden.

Leser mögen Geschichten. Das hat Carlo Imboden mit seiner *Readerscan**-Methode herausgefunden: „Wir können feststellen, dass ein Leser jene Beiträge am besten nutzt, die er als Geschichten weitererzählen kann.

[...] Dort, wo ein Journalist aus einem Wirtschaftsstoff, aus einem Politikstoff eine Geschichte macht, hat er eine hohe Chance, dass er auch gelesen wird. Demgegenüber sind die klassischen Agenturmeldungen geradezu leserfeindlich" (Jahrbuch 2009: 20).

Interessanterweise sieht auch der frühere Chef der *Deutschen Presse-Agentur*, Wilm Herlyn, dass sich die Presselandschaft stark verändert. Dem *Medium Magazin* sagte er: „Zeitungen sind dabei, sich von der klassischen Nachricht zu trennen. Sie sind täglich erscheinende Magazine, welche die News vom Vorabend noch aufnehmen, aber veredeln, dem Leser erklären, was sie bedeuten." Wie sehr auch Agenturen auf die Verständlichkeit ihrer Meldungen achten, zeigt die Meldung der Agentur AP in der *Neuen Luzerner Zeitung* zum Tod des Aldi-Mitbegründers Theo Albrecht:

Billige Butter, preiswerte Konserven und kostengünstiger Sekt haben Theo Albrecht zu einem der drei reichsten Deutschen gemacht.

Die Agentur *ap* erklärt das erfolgreiche Geschäftsmodell des Discounters in einem Satz. Eine Wirtschaftsmeldung, die jeder Viertklässler versteht. Und das auf der Wirtschaftsseite, wo die Autoren oft erwarten, dass die Leser einige Semester Ökonomie studieren, damit sie mithalten können. Der Einstieg macht Lust zum Weiterlesen. Und gleich wird eine weitere Minigeschichte angeboten: Die Aldi-Erfolgsstory begann in Mutters Lebensmittelladen.

Wie wirkt eine Minigeschichte? Das ist schwer einzuschätzen. Es sei denn, sie wird vor einem Publikum vorgetragen. Die deutsche Journalistin und Schriftstellerin Angelika Overath hielt am 1. August 2010 die Ansprache zum Schweizer Nationalfeiertag in ihrer Wahlheimat, dem Unterengadiner Bergdorf Sent. Dabei schilderte sie eine Begegnung zwischen den eingewanderten Intellektuellen und den einheimischen Bauern:

Mein Mann und ich leben hier als Schreibende, wir arbeiten mit Büchern, die wir lesen und aus denen wir Artikel oder andere Bücher machen. [...] Kurz nach unserm Umzug brachte unser Sohn eine Schulkameradin mit, ein Mädchen mit blauen Augen und braunen Locken. Das Kind betrat unsere Wohnung und sah sich um. Es sah langsam über die hohen Wände mit den sehr vielen Büchern, und ich sah, dass es vielleicht noch nie so viele Bücher auf einmal gesehen hatte. Aber das Mädchen sah, dass ich das sah. Da schlug es die großen Augen auf und sagte: Und mein Vater hat 200 Schafe! (Quelle: Manuskript der Rede)

Das Publikum unterbrach die Rednerin und applaudierte spontan. Hier zeigt sich ein weiterer Aspekt der Minigeschichte: Mit dem kindlichen Schafe-Bücher-Kultur-*Vergleich* ist ein Funke von der Rednerin zum Publikum übergesprungen. Sie führt zu einer Verbrüderung der Autorin mit dem Publikum. Erfahrene Redner oder Erzähler versuchen aktiv, diese Brücke zum Publikum zu schlagen. Ob's gelingt, lässt sich im direkten Kontakt sofort feststellen. Der Effekt ist vergleichbar mit der Verschmelzung der Gedanken oder sogenannten Hirnkoppelung, die Hirnforscher beobachten, wenn Menschen sich wirklich verstehen. Dann passiert in deren Gehirnen etwas Erstaunliches: Die Denkorgane zeigen nahezu deckungsgleiche Aktivitätsmuster.

Kennedys Meisterleistung

Das ist John F. Kennedy gelungen. Er hat die wohl erfolgreichste Minigeschichte kreiert. „Ich bin ein Berliner", sagte der US-Präsident am 26. Juni 1963 in West-Berlin. Der Satz ist ins kollektive Gedächtnis eingegangen. Warum? Die Stadt war im Kalten Krieg von der DDR umgeben und rundherum durch eine Mauer isoliert. Kennedy bzw. sein Redenschreiber, Ted Sorensen, hat die Erzählperspektive und die Sprache gewechselt. Am Ende einer abstrakten, in seiner Muttersprache gehaltenen Rede hat sich der amerikanische Präsident mit dem Publikum identifiziert und sich rhetorisch eingebürgert: „Ich bin einer von Euch." Er hat mit einer emotionalen Ministory – mit nur vier Wörtern! – die amerikanische Berlin-Politik erklärt.

Der Küchenzuruf

Kennedy hat die Kernaussage seiner Rede auf populäre Weise formuliert. Henri Nannen, der ehemalige Chefredakteur des Magazins *Stern* hat seinen Journalisten eingebläut, dass jeder Text eine Kernaussage haben müsse. Nannen verwendete dafür ein patriarchalisch geprägtes Rollenbild. Der Mann sitzt in der Stube und liest den *Stern*; die Frau arbeitet in der Küche.

„Mensch Grete, die in Bonn wollen schon wieder die Steuern erhöhen", fasst der Patriarch den Artikel zusammen. Nannen prägte dafür den Begriff „Küchenzuruf". Nannen will damit unterstreichen, dass Artikel eine Kernaussage brauchen (siehe Kapitel B3). Der Küchenzuruf ist das boulevardisierte Konzentrat der Geschichte. Die Minigeschichte ist etwas anderes. Sie ist der Versuch, aus einer komplexen Geschichte etwas Erzählbares herauszuholen. Das kann – muss aber nicht – die Kernaussage sein. „Die USA wird Berlin unterstützen", lautet die Kernaussage von Kennedys Rede. Die Minigeschichte ist: „Ich bin einer von Euch." „Das Wasser des Rheins ist wieder sauber", lautet die Kernaussage des Berichts über die Rheinkonferenz. Die Minigeschichte mit dem Lachs ist der Beleg dafür.

Storytelling und Empirie – Carlo Imboden

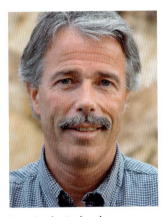

Dr. Carlo Imboden

Dr. Carlo Imboden ist der Erfinder von Readerscan – einem elektronischen System zum tagesaktuellen und zeilengenauen Erfassen des Leseverhaltens bei Zeitungen, Zeitschriften und anderen Printprodukten. Er berät so unterschiedliche Verlage wie FAZ, NZZ, Die Zeit, Die Welt und Bild. Er doziert Journalismus europaweit an mehreren Universitäten und Journalismus-Schulen. Studiert und promoviert hat Imboden auf dem Gebiet der Betriebswirtschaft.

STATEMENT

Je besser die Geschichte erzählt ist, umso länger lesen die Leser. Klar. Je länger sie lesen, umso mehr Blattbindung bauen sie auf. Auch klar. Und je mehr Blattbindung – umso mehr sind die Leser bereit, das Blatt wieder zu kaufen. Soweit so gut.

Aber was ist denn nun eine gut erzählte Geschichte? Wir beurteilen diese Frage aus Sicht der Leserschaft. Mittels Readerscan zeichnen wir während des Lesevorgangs elektronisch auf, wo die Leser mit der Lektüre beginnen und bei welcher Zeile im Artikel sie wieder aussteigen. Bereits nach der Überschrift? Nach dem Vorspann? Nach dem ersten Satz im Fließtext? Nach der zehnten Zeile im Text oder gar erst am Ende des Artikels?

Wehe, sie tun es bereits am Anfang der Geschichte. Dann ist die ganze Schreibarbeit für die Katz. Aber es gibt einen noch früheren Tod für die Geschichte – gleichsam den „pränatalen" Exitus. Wenn die Leser schon gar nicht in den Artikel einsteigen. Und dies tun die Leser im Schnitt zu 80% beim Lesen einer Tageszeitung. Vier von fünf Lesern lassen den Artikel unbeachtet außen vor.

Was kann und muss der Autor tun, damit der Leser nicht vorzeitig aus der angelesenen Geschichte aussteigt? In den Journalismus-Handbüchern gibt es dazu eine Reihe von Empfehlungen. Stimmen diese oder führen sie in Wirklichkeit ins Verderben? Aus Platzgründen beschränken wir uns auf drei gängige Empfehlungen – empirisch getestet anhand von 1,5 Millionen Zeitungsartikeln, erschienen in 75 Zeitungen in Europa.

Empfehlung Nr. 1 in den Handbüchern:
Beantworte im Vorspann die W-Fragen: Wer hat was wann wo wie ... getan? Beispiel: *Nach den Bombenanschlägen im ägyptischen Scharm el Sheikh mit 88 Toten haben die Sicherheitskräfte bei Razzien knapp 90 Verdächtige festgenommen. Dem Auswärtigen Amt lagen keine Hinweise vor, dass sich Deutsche unter den Toten und Schwerverletzten befanden.*

Was ist die Folge? Die Geschichte ist in groben Zügen erzählt, die Spannung ist draußen, 65% der Artikelleser haben sich unmittelbar nach dem Vorspann verabschiedet, bevor die Geschichte überhaupt beginnt. Die Regel muss vielmehr heißen: „Mit dem Vorspann Spannung auf- und nicht abbauen." Wie? Durch einen *Cliffhanger**.

Beispiel: *Lehrer sind faul, sie haben unendlich lange Ferien und sind oft krank. So oder ähnlich denken viele über diesen Beruf. Doch wie ist es wirklich als Junglehrer?* Nur 3% der Artikelleser sind nach diesem Vorspann ausgestiegen. Alle anderen wollten wissen, wie es wirklich ist, ob das Klischee stimmt, und sind in den Lauftext eingestiegen.

Empfehlung Nr. 2 in den Handbüchern:
Beginne mit dem Wichtigsten, der Neuigkeit, dem Ergebnis und schiebe die Details hinterher! Beispiel: *Islamabad – Der pakistanische Militärmachthaber Pervez Musharraf hat sich nach Angaben seines Anwaltes zum*

Verzicht auf das Amt als Armeechef bereiterklärt ... Ebenfalls Fehlanzeige. Wenn der erste Satz im Fließtext die Pointe vorwegnimmt, wollen viele Leser den Rest nicht mehr lesen. 93% der Leser haben genau an dieser Stelle die Lektüre abgebrochen. Je länger die Geschichte ist, umso weniger darf sie entlang des klassischen Nachrichtentrichters erzählt werden. Ab einer Länge von mehr als 20 Zeilen verträgt der Leser die Vorwegnahme des Ergebnisses nicht mehr. Er hört gelangweilt auf zu lesen und springt zum nächsten Artikel.

Empfehlung Nr. 3 in den Handbüchern:
Beginne mit dem Einzelfall, dem Konkreten und bringe das Allgemeine, die Abstraktion erst nachher! Beispiel: *Prenzlau. Hinter Helga Richter liegt ein wunderschöner Kroatien-Urlaub. Eigentlich müsste die 75-Jährige immer noch bester Laune sein. Ist sie aber nicht, denn der Prenzlauerin war vorm Start in die Ferien in ihrer Heimatstadt eine dicke Laus über die Leber gelaufen. Mit Sohn und Schwiegertochter hatte sie nämlich versucht, einen Taxitransport zum Bahnhof zu organisieren ...*

Richtig: Der Leser bleibt dran, weil er das Konkrete auf Anhieb versteht. In der Folge erfährt er schrittweise – ausgehend von der alten Frau –, warum in den neuen Bundesländern die Infrastrukturdienste wie Post, Taxi u. a. zunehmend ausgedünnt werden. 95% haben den Artikel zu Ende gelesen.

Der gute Physiklehrer schließlich beginnt den Unterricht auch nicht mit der allgemeingültigen und hochabstrakten Formel, sondern mit dem konkreten, nachvollziehbaren Einzelfall – dem Experiment. Erst nachher führt er schrittweise zur Abstraktion. Genauso verhält es sich mit dem erfolgreichen Vermitteln von Analysen, Erklärstücken und anderen Geschichten in der Tageszeitung.

Viele überlieferte Regeln des Journalismus sind heute immer noch richtig, einige sind aber aufgrund des veränderten Leseverhaltens inzwischen falsch. Bleibt zu hoffen, dass der Journalist in der täglichen Arbeit zwischen den Richtigen und den Falschen zu unterscheiden weiß.

A Werkzeuge des Storytelling

A6 INSELN DER VERSTÄNDLICHKEIT IM MEER DER ABSTRAKTION

Manchmal müssen wir uns als Journalisten mit Themen und Stoffen herumschlagen, die schwer zu vermitteln sind. Bei komplizierten Recherchen, mit denen man eigentlich etwas bewirken möchte, kommt das oft vor.

Das ist eine Chance für den Journalisten, sagt Nicholas Lemann (in: Kramer/Call 2007: 114; übersetzt vom Verfasser): „Vielleicht ist er [der Journalist] der Erste, der etwas Komplexes aus der Welt der Spezialisten in eine breite Öffentlichkeit bringt."

Abb. 7: Inseln der Verständlichkeit ins Meer der Abstraktion setzen.

Wie kann man schwierige Stoffe vermitteln? Unser Tipp: Suchen Sie nach Inseln der Verständlichkeit. Dann setzen Sie diese Rettungsinseln so, dass der Leser von Insel zu Insel schwimmen und sich dort wieder erholen kann. Dann taucht dieser wieder ein ins Meer der Abstraktion. Lassen Sie ihn nicht zu lange schwimmen. Er sollte stets die nächste Insel der Verständlichkeit vor Augen haben. Ärzte beispielsweise pflegen sich abstrakt auszudrücken. Das hat Folgen für die Einschaltquote: In einer Medizinsendung des *Schweizer Fernsehens* sank die Quote, wenn Mediziner lange sprachen. Der Moderator sorgte für eine ausgeglichene Quote, indem er jeweils so bald wie möglich dem Patienten das Wort erteilte. Der Patient übernahm die Rolle der Insel der Verständlichkeit.

Ein Musterbeispiel für die konsequente Produktion von Verständlichkeit liefert der *Spiegel* in einem Artikel über die Machenschaften des US-Versicherungskonzerns AIG mit dem Titel „Die gefährlichste Firma der Welt". Der Leser schwimmt in einem Meer von abstrakten Wörtern aus der Finanzwelt. Der *Spiegel* achtet darauf, dass man immer wieder bei einer Insel der Verständlichkeit landen kann. Zum Beispiel durch Personalisierung: Ermittler und Bösewicht werden klar charakterisiert. Schließlich werden Begriffe wie Collateralized Dept Obligation (CDO) durch Vergleiche veranschaulicht:

CDOs: Es bleibt schwer darüber griffig zu reden, aber es hilft, an eine russische Puppe zu denken, wobei die kleinste Puppe im Kern die eigentlichen Schulden wären. Die nächste Puppe verkörperte die verbrieften Schulden, und die nun jeweils nächstgrößeren Puppen wären ein immer neuer CDO, das […] bedeutet, dass man über die inneren Werte der Puppen immer weniger weiß.

Sitzungen, bei denen über kaum zu vermittelnde Transaktionen zur Rettung des morbiden Konzerns verhandelt wird, werden auf der untersten Sprosse der Erzählleiter beschrieben:

Alles dreht sich um einen großen Konferenztisch. Wasserflaschen und Kaffee in Thermoskannen darauf, Klimaanlagen darüber. Blackberrys liegen da und Sakkos hängen über den Stuhllehnen.

Der *Spiegel*-Artikel ist ein spezielles Lehrstück für den Umgang mit einem schwierigen Stoff. Die Finanzwelt agiert auf der obersten Sprosse der Erzählleiter. Und doch ist es wichtig, dass nicht nur die Finanzexperten begreifen, was da abgeht. Mit der Inseltechnik kann es gelingen, nicht nur Fachleute mitzunehmen. Solange sie nicht im Meer der Abstraktion untergehen, kämpfen sie darum zu verstehen, was da abgeht, und lesen weiter. Das Problem stellt sich bei der Veröffentlichung von Recherchen. Wenn die Ergebnisse vorliegen, lautet die Frage: Wie erzähle ich das? Wenn dieser Schritt vergessen wird, sagt man, der Autor habe seine Recherchen verfilmt. Schon während der Recherchen sollte man überlegen, wie man die Story erzählen kann.

Kristallisationskeime

Man kann das Bauen der Inseln auch mit einem andern Beispiel illustrieren: Wenn ein Forscher eine Flüssigkeit dazu bringen will, Kristalle zu bilden, braucht er *Kristallisationskeime*. Ähnliches geschieht im Prozess des Aufbaus der Aufmerksamkeit. Was können wir tun, damit die Aufmerksamkeit nicht flüchtig (oder eben flüssig) bleibt? Wir müssen dem Publikum einen Keim, einen Aufhänger, einen Punkt, oder eben eine Insel anbieten, um den herum sich das Interesse entwickeln kann. Forscher impfen Flüssigkeiten mit Kristallisationskernen, um den Prozess in Gang zu bringen. Diese Methode kann auf das Storytelling übertragen werden. Impfen Sie abstrakte Botschaften mit konkreten, greifbaren Minigeschichten.

A7 DIE GERÜMPELTOTALE UND DAS DETAIL

Zu den häufigsten Fehlern beim Storytelling gehört das Erzählen aus der Totale, eben der *Gerümpeltotale**. Gerümpel bedeutet: Es liegt zu viel ungeordnetes, nicht brauchbares Material herum. Der gewählte Kameraausschnitt zeigt eine Panoramaaufnahme, die zwar alles zeigt, aber nicht auf das wichtige Thema oder Detail fokussiert. Beispiel Porträtfotografie: Von der Schuhsohle bis zum Scheitel müssen sie aufs Foto – Vater, Mutter, Schwester, Bruder. Und dann muss noch möglichst viel von der Umgebung aufs Bild. So knipsen Amateure Bilder für das Familienalbum. Die Fotos werden in der Totale, der Gerümpeltotale geknipst. Dabei würde eine Nahaufnahme auf die Schuhe mehr von der Situation vermitteln und eine Nahaufnahme aufs Gesicht mehr von der Stimmung wiedergeben. Sten Nadolny macht sich über die Gerümpeltotale lustig: „Mit dem Ruf ‚Hab' ich dich endlich!' drang der aus Rheinland-Pfalz gebürtige, vierzigjährige Familienvater in die mit Gebrauchtmöbeln ausgestattete, bescheidene, aber saubere Wohnung des fünfundzwanzigjährigen ledigen Metallhoblers ein, der, als er das Messer sah, sofort den versteckten Revolver holte und schoß. – Also ich habe übertrieben – so schreibt kein Mensch, nicht einmal auf der Lokalseite." (Nadolny 2001: 136)

Checkliste fürs Beobachten

Worauf gilt es zu achten? Tom Wolfe gibt in seinem Manifest für den New Journalism Hinweise (Wolfe 1973: 32). Man kann seine Tipps als Checkliste für die Schärfung der Wahrnehmung lesen. Gefragt ist der Blick für die symbolischen Details, die über das Lebensmuster, das Verhalten, über Hab und Gut der Protagonisten Auskunft geben. Wolfe nennt solche *Symbole**

A Werkzeuge des Storytelling

"status details", die Beobachtung der Menschen in all ihren Manifestationen. Dazu gehören alltägliche Gesten und Gewohnheiten, Umgangsformen, das Essen, der Reisestil, das Verhalten gegenüber Kindern, Erwachsenen, Untergebenen, Vorgesetzten, Blicke und Gesichtsausdruck, Posen, Laufstile. Wenn es darum geht, Räume zu schildern, empfiehlt er das Vorbild Honoré de Balzac. Der französische Schriftsteller führt den Leser in den Salon der Protagonisten, beschreibt ihn und führt eine "soziale Obduktion" (Wolfe) durch. Geschildert werden die Möbel und die Innendekoration und die Kleiderstile.

> **Tipp:**
>
> Der Amateur schwelgt in der Gerümpeltotale.
> Der Profi zoomt auf das sprechende Detail.

Der Journalist ist auf der Jagd nach der Nahaufnahme, nach dem Detail. Er beobachtet genau wie Sherlock Holmes und überlässt es dem Publikum, seine Schlüsse zu ziehen. Welche Szene, welches Detail bringt das zum Ausdruck, was ich vermitteln will? Das Heranzoomen, der Fokus auf das Charakteristische fehlt oft in Berichten. Induktion ist gefragt. Vergessen Sie als Journalist die Deduktion, die Herleitung aus dem Abstrakten. Wenn Sie eine Person vorstellen wollen, beginnen Sie nicht bei den Andromedanebeln:

Weltall
Sonnensystem
Erde
Europa
Deutschland
Niedersachsen
Hannover
Altstadt
Ballhofplatz
Marie Lampert

Gehen Sie direkt auf die Person und öffnen Sie dann die Perspektive:

7 Die Gerümpeltotale und das Detail

Abb. 8: Was ist hier das Thema? Die Frau? Der Zaun? Der Stall? Häufiger Fehler beim Storytelling: Statt Fokus auf ein bestimmtes Detail – eine Gerümpeltotale.

Rolf
Wespe
Lindengarten
Obergrund
Luzern
Schweiz
Europa
Erde
Sonnensystem
Weltall

Die zentralen Aussagen werden mit Nahaufnahmen vermittelt. Mit Fokus auf den Waschküchenschlüssel beschreibt Hugo Loetscher (1983) die Stimmung in einem Schweizer Mehrfamilienhaus. Die Art und Weise, wie über den Schlüssel zur gemeinsamen Waschküche gestritten wird, bringt uns die enge Welt im Wohnblock näher.

A Werkzeuge des Storytelling

Sozialarbeiterinnenprosa

Peinlich und störend wirkt es, wenn Autoren bei stark emotionalen Ereignissen nicht auf die Fakten fokussieren. Margrit Sprecher hat das bei ihren Reportagen über die Todesstrafe in den USA unter extremen Bedingungen erlebt (Hermann/Sprecher 2001). Begriffe wie „empörend, unvorstellbar, grauenhaft", so Sprecher, „nehmen einem Text jegliche Kraft". Sie verwendet dafür den Begriff „Sozialarbeiterinnenprosa". Wenn sich im Todestrakt „die Willkür derart ungestraft austoben darf", ist anderes gefordert: „Vielmehr muss man die eigenen Mordgelüste, die einen befallen, zum Nutzen der Sache in distanzierte Kälte umwandeln und sachlich darlegen, dass im Todestrakt das Frühstück nachts um drei serviert wird, das Mittagessen um zehn Uhr morgens, und das Nachtessen nachmittags um drei, damit der Tag der Gefangenen recht lang wird. Man muss beschreiben, dass beim Duschen der Strahl bald eiskalt aus der Decke stürzt, bald siedend heiß, ohne dass die Männer die Wassertemperatur regeln können" (ebd.: 99).

> **Tipp:**
>
> Details machen Geschichten. Details können auch Geschichte schreiben.

Wenn Journalisten genau beobachten und recherchieren, bewegen ihre Geschichten die Leser und die Welt. Die Medien haben berichtet, dass die USA Tonnen von Napalmbomben über Vietnam abgeworfen haben. Bewegt hat nicht die allgemeine Meldung, sondern eine Szene. Ein nacktes, vom Napalm verbranntes Mädchen rennt um sein Leben. In einer prägnanten Sekunde des 8. Juni 1972 drückt Fotograf Huynh Cong „Nick" Ut ab. Er zeigt die neunjährige Vietnamesin Kim Phuc mit schmerzverzerrtem Gesicht und vermittelt das Entsetzen. Ein Ausschnitt, ein Moment, ein Augenblick festgehalten, vermittelt eine Story, eine Botschaft explodiert. Fotoreporter Nick Ut fotografiert eine Szene, einen Mikromoment. Daraus wird eine Makrogeschichte über das Grauen des Krieges.

Tausende von Flüchtlingen sind beim Versuch, das Mittelmeer in untauglichen Booten zu überqueren, ums Leben gekommen. Aufgerüttelt hat ein Schicksal, ein Bild der türkischen Fotografin Nilüfer Demir. Sie zeigt den drei Jahre alten syrischen Knaben Aylan. Bekleidet mit einem roten T-Shirt und kurzen blauen Hosen ist er an den Strand nahe Bodrum gespült worden.

7 Die Gerümpeltotale und das Detail

Abb. 9: Der Brunnen, die Kinder, die Wiese, das Dorf, der See, die Berge. Zu viele Informationen auf einmal verderben die Geschichte.

Abb. 10: Vietnam 1972 – Ein Mädchen, den Rücken von einer Napalmbombe verbrannt. Das Bild von Nick Ut erzählt eine Mikrogeschichte über den Krieg.

Der Tod von Aylan hat die Öffentlichkeit aufgewühlt. „Ein Bild, das die Welt zum Schweigen bringt", kommentierte *La Republica*.

Das Detail zieht seine Kreise ähnlich einem Stein, den ich ins Wasser werfe. Sie bewegen sich in alle Richtungen. Ähnlich löst das richtige Detail Assoziationen, Emotionen, Kritik und Empathie aus.

Erstaunlich, wie wenig bisher über die Macht und die Magie der Details geforscht und publiziert wird. Über Details in der Dichtung nachgedacht hat der Schriftsteller Wilhelm Genazino. Er vergleicht die Konzentration auf kleine Dinge mit der Wahrnehmung von Kindern, die lange bei einzelnen Gegenständen verweilen können. Ähnlich nehme der Schriftsteller Kontakt mit Dingen und Details auf. Sie können für Genazino (2006: 21) eine *Epiphanie* auslösen.

Ihr Ergebnis tönt, schwebt, vibriert.

Unter Epiphanie versteht man das Aufscheinen des Göttlichen in alltäglichen Dingen. Säkular formuliert: Das Detail wirkt. Das Banale wird zum Bemerkenswerten im Nebel des Allgemeinen und Abstrakten.

Drama um die Schuhsohle

Details können verschieden eingesetzt werden. Sie können Atmosphäre schaffen, eine bestimmte Szene *pars pro toto** charakterisieren. Zum Beispiel in der Weihnachtsgeschichte. Das Jesuskind liegt in einer Futterkrippe, flankiert von einem Esel und einem Ochsen. So wird die Geburt Christi von vielen Malern dargestellt. Die Details Krippe, Ochs und Esel vermitteln den abstrakten Begriff „Armut" konkret.

Details können auch eine Situation klären. Zum Beispiel die flachen Schuhsohlen von Douglas Hadow. Warum hat der Engländer beim Abstieg vom Matterhorn den Halt verloren? Kurzer Einschub: Das Matterhorn (4.478 m) hat in Europa einen ähnlichen Stellenwert wie der Mount Everest in Asien. Hadow gehört zu den vier Engländern und drei Schweizer Bergführern, die am Freitag, 14. Juli 1865, das Matterhorn als Erste besteigen. Beim Abstieg verliert Hadow den Halt und reißt drei Kollegen in den Tod. Eine Nahaufnahme der Schuhe zeigt eine Sohle mit einigen runden Nägeln. Die Sohle hat beim Abstieg auf Fels und Eis zu wenig Halt geboten.

„**Unmenschlichkeit ist weder durch grausige Beweise noch durch Zahlen schon fühlbar. Sie wird es nur als Geschichte.**"

STEN NADOLNY

Abb. 11: Die Nahaufnahme, das entscheidende Detail der Matterhorn-Geschichte. Die Sohle bot keinen Halt auf Schnee und Eis. Der Alpinist glitt aus und riss drei Erstbesteiger mit in den Tod.

A Werkzeuge des Storytelling

Abb. 12: Das Detail, die Nahaufnahme, wirkt und regt die Fantasie an.
An diesem Seil hing das Leben der Erstbezwinger des Matterhorns. Bis es riss.

Eine andere Funktion des Details: Es kann als roter Faden durch die Geschichte führen (mehr dazu im Kapitel E4 Gondelbahngeschichte). Die Erstbesteigung und den Absturz vom Matterhorn könnte man aus der Perspektive des Seils erzählen. Bergführer Peter Taugwalder packt das Hanfseil ein, seilt seine Kunden an und steigt mit ihnen auf. Taugwalder kann das Seil geistesgegenwärtig an einem Felszacken fixieren, als Douglas Hadow ausrutscht. Das Seil reißt. Vier Alpinisten stürzen in den Tod. Der obere Teil des Seils rettet Edward Whymper und Vater und Sohn Taugwalder das Leben. Das Hanfseil, heute würde man es Rebschnur nennen, hat überlebt und ist im Matterhorn-Museum in Zermatt ausgestellt. Matthias Taugwalder, ein Ur-Ur-Ur-Enkel des Bergführers der Erstbesteiger hat es fotografiert und als entscheidendes Detail im Ausstellungskatalog publiziert. Er ist überzeugt, dass es sich um das historische Unglückseil handelt:

Meine Liebe gehört eigentlich immer dem Detail. Ich fand das auch immer wichtiger als den großen Wurf. Es geht gar nichts ohne Details. Das Detail ist überhaupt das Ein und Alles. Der Gradmesser für Qualität.

So zitiert das Museum für angewandte Kunst in Frankfurt/Main Dieter Rams, Chefdesigner der Firma Braun, Schöpfer zahlreicher Design-Klassiker und Vorbild des Apple-Designers Jonathan Ive.

> **„The most political decision you make is where you direct people's eyes."**
>
> WIM WENDERS

Die Schrotflintenregel

Oft fehlen die Details. Manchmal kommen auch zu viele vor. Zu viele Einzelheiten verstellen die Geschichte, lenken ab, irritieren, führen den Leser auf Nebengleise. Schießen Sie die überflüssigen, von der Kernaussage ablenkenden Informationen ab. Lesen Sie das nicht als verfehlte gewalttätige Metapher, sondern als Anspielung auf die *Schrotflintenregel** von Anton Tschechow (Kramer 2007: 236).

> **Tipp:**
>
> Wenn im ersten Akt eines Theaterstücks eine Schrotflinte über dem Kamin hängt, muss spätestens im dritten Akt damit geschossen werden.

A Werkzeuge des Storytelling

A8 IN SZENEN DENKEN – MIT SZENEN LENKEN

Details wirken stark, wenn es gelingt, sie in Szenen einzubetten. Geschichten erzählen heißt Szenen sehen, in Szenen denken und Szenen skizzieren. Wenn Sie über ein Künstlerpaar berichten, das gemeinsam Bilder malt, dann gibt es eine Kernszene: Sie zeigt, wie Mann und Frau gemeinsam am Werk sind. Wenn Sie über den letzten Wächter der verlassenen Militärfestungen am Gotthard schreiben, dann interviewen Sie den Festungswächter nicht im Büro. Zeigen Sie den Mann im Stollen, wo das Wasser von den Felsen tropft und die Kanonen verrosten.

> **Tipp:**
>
> Geschichten erzählen heißt Szenen sehen, in Szenen denken und Szenen skizzieren.

Zerlegen Sie Ihren Stoff in viele Episoden. Als ob Sie ein Filmer wären oder ein Regisseur, der den Stoff auf die Bühne bringen muss. Autor Rolf Wespe arbeitete 17 Jahre für Printmedien. Dann wechselte er zum Fernsehen. Jetzt reichte es nicht mehr, intuitiv Reportagen zu schreiben. Der TV-Journalist muss Szenen planen. Was er am Morgen nicht gefilmt hat, kann er am Abend nicht auf dem Bildschirm zeigen. Wenn es gelingt, Kernszenen zu schildern oder zu vermitteln, dann leben die Geschichten, auch im Print, Internet und Radio. Szenen sind die Moleküle, die Bausteine einer Geschichte. Eine Szene ist eine dreidimensionale Erzählung. Der Autor ist nah am Ort des Geschehens und damit auch der Leser.

Szenen zeichnen

Ein Journalist besucht eine Schule im abgelegenen Dorf Tabriza in Dolpa im Westen Nepals. Jetzt will er darüber schreiben. Er ist angekommen, wird durch die Schule geführt und geht wieder.

» Was für Szenen hat er gesehen?
    Er lässt ein Dutzend Szenen vor seinem inneren Auge Revue passieren. Und wählt dann Kernszenen für seine Erzählung aus.
» Wie ist er angekommen?
    Mit sieben Maultieren und einer Crew von fünf Begleitern ist er über Täler und Berge des Himalajas getrekkt. So entsteht ein Bild.
» Wenn er noch näher heranzoomt, was sieht er dann für eine Szene?
    „Ein letztes Mal zurrt Rasu, unser Horseman, dem stärksten Muli den Seesack auf den Rücken. Darin sind Schweizer Bilderbücher, Heidi von Johanna Spyri, Schellen-Ursli von Alois Carigiet, Springseile, Basketbälle und Solarlämpchen." Jetzt nimmt die Expedition klare Gestalt an. Weitere Szenen werden hinzugefügt. Zum Beispiel die sechs- bis 15-jährigen Schüler, die am Fluss knien und ihre Kleider und ihre Wäsche auf den Steinen schrubben. Eine weitere Szene taucht sofort auf: Auf dem Schulhof sitzen zwei Betreuerinnen. Sie kämmen die Kinder, welche ihnen die Köpfe auf den Schoß legen. Sie suchen Läuse und töten sie. Und wenn sich der Besuch am andern Tag verabschiedet, spielen die Kinder auf dem Schulhof mit den Springseilen und den Bällen.

Wenige Szenen vermitteln ein lebendiges Bild des Schauplatzes. Joanne Rowling, eine der erfolgreichsten Autorinnen der Gegenwart, hat laut *Newsweek* die Szenen von Harry Potter erst gezeichnet und dann aufgeschrieben. Wer in Szenen denkt und schreibt, der lenkt auch die Aufmerksamkeit des Publikums.

Tipp:

Überlegen Sie: Gibt es Kernszenen in Ihrer Erzählung? Der letzte Hüter der Alpenfestungen im tropfenden Stollen, das Malerpaar beim gemeinsamen Gestalten eines Bildes. Schildern Sie diese Szenen.

STATEMENT

Kleine Texte, große Wirkung – Detlef Esslinger

Detlef Esslinger

Detlef Esslinger ist stellvertretender Ressortleiter Innenpolitik bei der Süddeutschen Zeitung und verantwortlich für die Volontärsausbildung der Zeitung. Er studierte Volkswirtschaft und lernte Schreiben an der Gruner + Jahr-Journalistenschule u. a. bei Wolf Schneider, mit dem er das Standardwerk „Die Überschrift" verfasste. Detlef Esslinger unterrichtet an Journalistenschulen und -akademien u. a. das Thema „Überschriften".

Die meisten Texte sind Kann-Texte: Kann ich lesen, kann ich aber auch sein lassen. Die Qualität der Lauftexte entscheidet, ob die Leser zu Ende lesen oder aussteigen. Die Qualität der Kleintexte hingegen – Überschriften, Bildtexte und Vorspänne – entscheidet über noch viel mehr. Handelt es sich um Kleintexte im Innenteil einer Zeitung oder Zeitschrift, entscheidet sich daran, ob die Leute überhaupt anfangen, den Lauftext zu lesen.

Handelt es sich um Kleintexte auf der Seite 1 einer Boulevardzeitung oder der Coverseite einer Zeitschrift, entscheidet sich daran, wie viele Leute das Blatt kaufen. Handelt es sich um Kleintexte auf der Homepage eines Mediums, entscheidet sich daran, ob die Leute den Artikel anklicken – und damit eine Geschäftsbeziehung zwischen dem Medium und dem Anzeigenkunden im Umfeld des Textes ermöglichen.

Daraus folgt: Die Bedeutung von Kleintexten kann gar nicht überschätzt werden. Die Macher von Boulevardzeitungen, Zeitschriften und Webseiten wussten das natürlich schon immer. Hingegen müssen viele Macher von Abozeitungen nach wie vor lernen, wie man Leser ködert – und dass man die handwerkliche Qualität eines Blattes erhöht, wenn man Wert auf Kleintexte legt: Auf 100 Zeilen präzise und originell zu sein, das mag für einige ja schon anspruchsvoll genug sein – wie wäre es, dasselbe mal zu versuchen, wenn plötzlich nur noch 60 Anschläge zur Verfügung stehen? Wem das gelingt, der wird auch auf 100 Zeilen immer besser.

> **„Es gibt nur eine Kunst: das Weglassen! Oh, wenn ich nur das Weglassen beherrschte, ich würde sonst nichts wissen wollen."**
>
> ROBERT LOUIS STEVENSON

Ganz abgesehen davon, dass es Journalisten grundsätzlich auch nicht anders ergeht als Klempnern, Lehrern oder Anwälten: Jede Kundschaft, jedes Publikum merkt, ob da einer bloß routiniert sein Handwerk erledigt oder aber Ehrgeiz und Inspiration zeigt.

Vielleicht gäbe es ja ein Mittel, die Bedeutung von Kleintexten klarzumachen: indem man einen Journalistenpreis dafür auslobt. Warum eigentlich gibt es hierzulande Preise für Reportagen, Essays, Kommentare, Enthüllungen und so fort, also für Autoren jedweden Genres – kaum aber Preise für Blattmacher? Beim Film werden ja auch nicht bloß die Schauspieler ausgezeichnet, sondern darüber hinaus all jene Schaffenden, ohne die kein Film zustande käme: Kameraleute, Cutter, Tondesigner, Kostümbildner.

In vielen Redaktionen wird es als Fron empfunden, Seiten zu machen. Das liegt auch daran, dass dies eine Arbeit ist, die keiner würdigt. Im *Delmenhorster Kreisblatt* stand über einer Trabi-Geschichte: „Die Kraft der zwei Kerzen", in der *Süddeutschen Zeitung* zum Tod von Günter Schabowski: „Der Mann, der die Mauer niederstammelte" Hat irgendjemand in der Redaktion mal bejubelt, was für wunderbare Zeilen dies waren?

WIE FINDE ICH EINE GESCHICHTE?

B1 **60**
Vom Thema zur Story

B2 **62**
Der Fokus

B3 **65**
Die Kernaussage

B4 **68**
Vom Thema zur Story zur Form

B Wie finde ich eine Geschichte?

B1 VOM THEMA ZUR STORY

Das Thema ist noch nicht die Story.

Völksen. „Der Abend lohnt sich", sagte Eckhart Liss, Geschäftsführer des Vereins Kunst und Begegnung Hermannshof. Mit diesem Versprechen begrüßte er am Mittwochabend vor Konzertbeginn die mehr als 200 Besucher im Haus im Park. Liss behielt recht.

Der Einstieg der Kollegin vom *Deister Anzeiger* verrät kaum mehr als das Thema ihres Artikels: Konzert in Völksen. Jawohl, die Regionalbeilage der *Hannoverschen Allgemeinen Zeitung* hat auch diesen Abendtermin besetzt. Der Veranstalter hat, nicht unerwartet, vor Konzertbeginn seine Gäste begrüßt. Im dritten von neun Absätzen kommt die Story zum Vorschein:

Als die beiden Festivalleiter Gerd Kespohl und Christoph Sure die vier Künstler vom Kölner Flughafen abholten, stellten Maika und Sara Gómez entsetzt fest, dass ihr Instrument versehentlich nicht im Flugzeug mitgekommen war.

Die *Story* dieses Abends: Die Musikerinnen haben eine Megapanne gemeistert. Ihre Txalaparta, eine Art Xylofon, das nur im Baskenland gespielt wird, ist im Flugzeug aus unerfindlichen Gründen nicht mitgekommen. Sie spielten das Konzert trotzdem. Improvisierten auf einem Instrumentenersatz, den sie sich am Nachmittag aus Baumarktholz gebastelt hatten. Eine Superstory. Nur leider wird sie so nicht erzählt.

Die Weisung der Lokalredaktion hieß vermutlich: Mach *was* über das Konzert in Völksen. Das war das *Thema*. Ob eine *Story* drin steckt und welche, kann die Reporterin erst sagen, wenn sie das Konzert besucht hat. Und selbstverständlich gilt es, nach dem Konzert die Eindrücke zu sortieren und zu gewichten. Wer aber in die Redaktion zurückkommt und dann chronologisch vom Blöckchen abschreibt, kann nur immer wieder mit dem „Grüß Gott" des Veranstalters einsteigen.

> **Tipp:**
>
> Lösen Sie sich von Ihrem Anlass, sobald Sie die Story im Thema finden. Folgen Sie dann der Geschichte.

Jede Leserin kann nachfühlen, wie es den Musikerinnen ging, als sie den Verlust entdeckten. Jedem Leser ist schon der Schreck in die Glieder gefahren, wenn er im Ausland bemerkte: Im Geldbeutel steckt die abgelaufene Kreditkarte. Die Neue ist daheimgeblieben. Die Entdeckung des Verlusts wäre ein fabelhafter Einstieg in die Konzertstory. Ein prima Storypunkt mit Angst und Schrecken.

Wir wollen jetzt wissen, wie die Schwestern sich geholfen haben. Wie sie Ersatz gebastelt haben. Wie es war, auf einem improvisierten Xylofon aus Baumarktholz zu musizieren. Und wie der Akkordeonist und der Schlagzeuger damit zurechtkamen, dass diesmal alles anders war. Das wäre die Geschichte gewesen, die die Autorin nicht erzählt. Die obligatorischen Informationen – Zahl der Besucher, Stimmung, musikalische Würdigung des Konzerts – lassen sich in so eine Story mühelos einfügen. Sie bilden aber nicht das Zentrum der Geschichte. Was jetzt niemand mehr lesen will: Es gab CDs zu kaufen, das Wetter war schlecht, die Bratwürste lecker.

B2 DER FOKUS

Die Serie heißt „Mitmenschen" bei der *Oberhessischen Presse*. Oder „Frauengestalten" bei der *Passauer Neuen Presse*. Porträtserien über Menschen, die bekannt sind im Ort oder nicht so bekannt. Die jedenfalls Nähe schaffen sollen im Lokalen. Die Hauptfiguren heißen z. B. „Ursula Müller" oder „Hilde Steinhagen". Die Story und den Fokus im Leben der Protagonistin gilt es zu finden.

Elke Zanner, die Autorin eines pnp-Porträts, findet einen *Wendepunkt** im Leben ihrer Heldin und stellt diesen ins Zentrum ihrer Geschichte. Zanner erzählt, wie die 79 Jahre alte Hilde Steinhagen, früher Wirtin des alteingesessenen Passauer Wirtshauses „Rose", mit ihrem Leben als Pensionärin zurechtkommt.

Etwa zehn Jahre ist es her, dass Hilde Steinhagen das Wirtshaus aufgeben musste, weil das Haus verkauft wurde. Sie hatte drei Monate Zeit zu gehen. Wann der letzte Tag in der „Rose" war, weiß sie nicht mehr genau:

„Da war ich tot, da hat bei mir alles ausgesetzt", sagt sie. Die „Rose" war ihre Heimat, über dem Wirtshaus hat sie auch gewohnt. „Das hätte ich gemacht, bis ich umgefallen wäre", sagt sie. Bis heute hat sie keinen Fuß mehr in die Rosengasse gesetzt.

Das ist Lokalgeschichte vom Feinsten mit Gefühl und Zusammenhang. Die Geschichte von Hilde Steinhagen geht ans Herz. Darüber hinaus zeigt sie die Entwicklung einer Stadt, und nicht nur der Stadt Passau, deren Wirtshäuser immer öfter von amerikanischen Fastfoodketten übernommen werden.

Wer als Geschichtenerzähler recherchiert, fahndet nach Emotionen, sucht das Unterhaltsame, das Menschelnde, das Außergewöhnliche, das gleichzeitig ermöglicht, die relevanten Informationen zu transportieren.

Das Porträt der alten Wirtin hat einen *Subtext**, der heißt „Abschied". Hilde Steinhagen hatte einen Abschied zu verkraften, der fast über ihre Kräfte ging. Aber auch die Passauer hatten und haben einen Abschied zu verschmerzen, den allmählichen Abschied von ihrer Wirtshauskultur.

Die „Rose" ist ja kein Einzelfall, davon können Bewohner von Städten und Dörfern ein Lied singen. Die Wirtin, die Wirtschaft, die spezielle Art von familiärer Gaststätte verabschieden sich stetig und leise aus unserem Leben.

> **Tipp:**
>
> Zeigen Sie das Allgemeingültige im Besonderen.

Wenn das Besondere der Geschichte Ihnen nicht vor die Füße fällt, wenn die Protagonistin Ihrer Lokalgeschichte von sich aus keinen Wendepunkt auf dem Präsentierteller darbietet – suchen Sie danach. Hier sind Fantasie und Einfühlung gefragt.

Ursula Müller spielt eine tragende Rolle im Vereinsleben von Gladenbach. Volkstanz, Trachtengruppe, Heimatmuseum, Denkmalpflege. Ostermarkt, Weihnachtsmarkt-Verlosung, Blockflötenspiel – ohne Ursula Müller geht nichts. Die Aufzählung der Autorin der *Oberhessischen Presse* ist akribisch und vermutlich vollständig. Was ihrem Text fehlt, sind Emotion und Zusammenhang. Was treibt Ursula Müller zu ihrem Engagement? Was bedeutet es ihr? Warum gerade Brauchtumspflege? Emotion erhält die Autorin, wenn sie Ursula Müller bittet, ihr ihren Kleiderschrank zu zeigen und ihre Trachten vorzustellen. Oder sie zum Tanzen begleitet. Oder sich von ihr das Museum zeigen lässt. Wenn sie eine dynamische Handlung inszeniert, kann sie darüber die Leidenschaften der Protagonistin sichtbar machen und erhält gleichzeitig Struktur für ihren Text.

Emotion und Zusammenhang verstecken sich in einem Detail des Lebenslaufs, das die Autorin zwar referiert, aber nicht weiter verfolgt:

Geboren wurde die Kaufmannstochter 1919 in der Ostsee-Hansestadt Colberg, dem heutigen polnischen Badeort Kolberg. Nach den Kriegswirren begegnete ihr 1951 in Gießen auf einem Tennis-Ball ihr Glück in Gestalt des Gladenbacher Kaufmanns Friedrich Wilhelm Müller.

Als Ursula Müller nach Hessen kommt, ist sie fast 30 Jahre alt. Das Brauchtum, dem sie ihr künftiges Leben widmet, ist eben nicht das Brauchtum ihrer Jugend und ihrer Heimat. Vielleicht aber ist es ihr Anker in der neuen Heimat Gladenbach. Der Schmerz über den Verlust der alten Heimat, das darf man vermuten, wird die Keimzelle und der Motor ihrer Integration. Die Frage nach dem Wandel in ihrem Leben hätte dem Text Tiefe verliehen. Und wäre der Zusammenhang zwischen dem Leben in Colberg und Gießen beleuchtet, also vom Vorher und Nachher erzählt, dann stünde Ursula Müllers Porträt vielleicht sogar stellvertretend für das Schicksal einer Generation von Vertriebenen.

> **Tipp:**
> Spüren Sie Emotionen auf. Fahnden Sie nach Zusammenhängen.

Manche Menschen laufen über eine Wiese und finden sofort vierblättrige Kleeblätter. Das sind die geborenen Geschichtenfinder. Die meisten von uns sind das nicht. Wir müssen uns bücken, genauer hinschauen, über Gräser streichen, die Stängel von Nahem prüfen, einen pflücken, wieder wegwerfen und an anderer Stelle wieder mit der Suche beginnen. Manche treten die Vierblättrigen versehentlich um.

B3 DIE KERNAUSSAGE

Der Fokus grenzt das Thema ein. Man kann sich den Fokus als Scheinwerfer vorstellen: Er leuchtet einen bestimmten Ausschnitt des Geschehens oder einer Biografie aus. Ist der Fokus gesetzt, geht es noch immer nicht los mit dem Schreiben. Die entscheidende Frage gilt es noch zu beantworten: Was will uns die Reporterin sagen?

Die Kernaussage in unserem Verständnis umfasst mehr als den nachrichtlichen Kern eines Textes oder Beitrags. Die News – oder der neue Aspekt – sind in der Regel der Anlass, eine Geschichte zu schreiben. Die Story bietet darüber hinaus Hintergrund und Zusammenhang. Sie ermöglicht dem Publikum, die Bedeutung eines Ereignisses, eines Sachverhalts oder eines Datums zu ermessen. Für dieses Herzstück eines Beitrags gibt es verschiedene Begriffe. Sie heißen:

» Botschaft,
» Quintessenz,
» Zielsatz,
» Kernaussage oder
» Aussagewunsch.

Aussage*wunsch* deshalb, weil eine Autorin sich nur wünschen kann, dies oder das auszusagen. Über das Gelingen ihrer Absicht entscheiden die Hörer, Leser, Zuschauer.

Der Küchenruf enthält lediglich den nachrichtlichen Kern. Beispielsweise: „In Ahorn haben sie jetzt einen neuen Schneepflug!" So eine Formulierung hilft nicht beim Bauen einer Geschichte. Eine im Wortsinn konstruktive Fassung des Aussagewunschs, eine Art Storyformel könnte so lauten: „Die Leser sollen miterleben, wie ein Mitarbeiter des Bauhofs das nagelneue Räumfahrzeug in Besitz nimmt, was es alles kann und warum die Gemeinde es angeschafft hat."

Also abstrakt die Kernaussage als *Storyformel* gefasst: **Story = (Zielgruppe + Intention der Autorin) + (Protagonist + Vorher/Nachher)**

Diese Formulierung ist nicht elegant, und man kann sie schlecht in die Küche rufen. Sie hat aber einen großen Vorzug. Sie weist der Autorin den Weg zur Geschichte. Sie enthält die Zielgruppe und die Funktion des Textes. Sie enthält Held, Ort und Handlung. Und sie skizziert, was der Text außerdem an Informationen rüberbringen soll.

Die Storyformel hat einen weiteren Vorzug. Sie gibt das Kriterium dafür, was ein guter Schluss und ein guter Anfang sind, und was eine stimmige Mitte. Wenn Anfang, Mitte und Ende einen klaren Bezug zur zentralen Aussage haben, kommt diese auch an. Und der Text oder der Beitrag haben einen schlüssigen Aufbau.

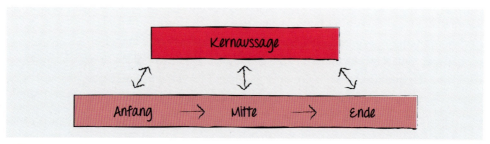

Abb. 13: Die Kernaussage weist den Weg zu Einstieg, Mitte und Schluss des Beitrags

Der Einstieg in das Stück vom Schneepflug geht so: „Das Auto riecht nicht nur neu, es knistert auch neu. Die Sitze sind noch mit Zellophan verhüllt, als Wolfgang Harnauer hinter dem Lenkrad Platz nimmt." In der Mitte macht er sich mit den technischen Details des Fahrzeugs vertraut. Und zum Schluss läuft er „langsam und staunend um den neuen Unimog herum", während der Mensch vom Autohaus das Zellophan vom Sitz zieht.

> **OLIVER SCHMIDT – „DAS WIRD MEINE NEUE HEIMAT!"**
> » Coburger Tagblatt, 28.10.2011
> » www.marielampert.de/praxisbeispiele (siehe Folge 7)
> » Die Gemeinde Ahorn kauft einen Unimog. Oliver Schmidt findet den Dreh für eine feine Lokalgeschichte.

Tipp:

Fixieren Sie Ihre Kernaussage. Entwickeln Sie daraus Einstieg, Mitte und Schluss.

Wer so verfährt, hat einen Leuchtturm, an dem er oder sie sich orientieren kann, auch bei stürmischer See und in der Nacht. Da möchte ich hin!

Übrigens besonders unter Zeitdruck hilft so ein Leuchtturm. Man muss dann nicht immer wieder mit Navigationsgeräten nachmessen. Man steuert einfach dahin, wo es leuchtet. Der Schreibprozessforscher Daniel Perrin empfiehlt dieses Verfahren. Es ist zielführend und es ist ökonomisch.

Zu dem Leuchtturm wollen wir unser Publikum hinführen. Aus der Perspektive dieses Ziels lassen sich wesentliche Entscheidungen treffen. Was ist mein roter Faden? Wer sind Haupt-, wer Nebenpersonen? Welche Reihung ergibt eine organische Abfolge von Anfang, Mitte und Ende? Was kann ich weglassen? Wen und was muss ich herausheben und also detailliert beschreiben? Was ist die angemessene Sprache? Wer seine Aussage nicht präzise kennt, kann sein Ziel nicht erreichen.

Weil die Aussage zentral ist für alles, was Sie gestalten, nehmen wir dieses Thema immer wieder auf. Mehr Tipps für das Finden und Formulieren Ihrer Aussage finden Sie in den Kapiteln C, D und G.

Wenn Sie sie haben, die Zielformulierung, können Sie einen packenden Vorspann damit schreiben.

> **Tipp:**
>
> Formulieren Sie den Vorspann für Ihre Geschichte. Platzieren Sie dort Ihre Kernaussage. Sagen Sie Ihren Lesern damit, warum sie sich jetzt für Ihren Text Zeit nehmen sollen.

B Wie finde ich eine Geschichte?

B4 VOM THEMA ZUR STORY ZUR FORM

Peter Leonhard Braun, Pionier der Radiogeschichte, hat in der Sendung „Zwischentöne" im *Deutschlandfunk* erzählt, wie er systematisch nach vierblättrigen Kleeblättern sucht. Wie er vom *Thema* zur *Story* und zur *Form* findet. Seine Sendung hat Mediengeschichte geschrieben. Sie entstand im Jahr 1970, der Titel: „8:15 Uhr, Operationssaal III, Hüftplastik". Peter Leonhard Braun erzählt vom Making-of:

Ich hatte einen Freund, der war Arzt im Virchow-Krankenhaus Berlin in der Ambulanz, in der Notaufnahme. Und der sagte zu mir: „Mensch, das musst du mal machen: Die Leute kommen ohne Kopf. Notaufnahme, das ist DAS Thema." Naja, das ist ja kein Ansatz für ein Thema. Ich habe mich dann umgehört und habe folgende Information bekommen: Die größte Operation, die man damals durchführen konnte, war das Ersetzen eines Hüftgelenks. Der Geschmäckler oder der Amateur, der sagt: „Mensch, Operation – ich mache eine Herzoperation!" Das ist natürlich völliger Quatsch. Herz, das ist ja was ganz Unhörbares, klick, klick, klick … eine OP mit kleinen feinen Bewegungen.

Braun prüft: Welcher Aspekt des *Themas* ist für mein *Medium* Radio am besten geeignet? Wie *fokussiere* ich das Thema Operation?

Aber eine Hüftplastik: Das ist toll. Da wird gesägt, gehämmert, da wird das ganze Inferno der großen chirurgischen Disziplin entfacht. Und ich habe mich nach einem Tag umentschieden.

Die Entscheidung für den Fokus entsteht hier – wie oft – während der Recherche. Der *Fokus* „Hüftplastik" ist für das Medium Hörfunk am interessantesten, weil dabei schreckliche Geräusche entstehen. Jetzt steht noch die Frage: Wie komme ich vom Fokus zur *Story*? Wo sind Emotionen, wo finde ich eine zusammenhängende Handlung? Braun beantwortet sie so:

4 Vom Thema zur Story zur Form

Ich mache jetzt nicht, wie ich zunächst wollte, einen Operationsvormittag, sondern ich gehe auf eine einzige Operation. Und dazu brauche ich zwei Dinge. Erstens einen Operateur, der spricht, also keinen Schweiger. Zweitens brauche ich einen Patienten, der interessant ist.

Braun entwickelt die Idee für eine Form und *castet* dann seine *Hauptdarsteller*. Der „Operateur, der spricht" soll szenische Elemente in das Stück bringen. Die Patientin bringt ihre Leidensgeschichte mit, den *Zusammenhang*, der einer Hüft-OP vorausgeht.

Sie müssen sich das so vorstellen: In einer Operation liegt eine waagerechte Figur und die wird repariert wie ein Auto. Da werden Ersatzteile gewechselt. Und wie bei einem Auto interessiert, wie viel Kilometer hat der Patient runter, wie alt ist er, wie ist der Allgemeinzustand und so weiter. Und ich mache also Folgendes, dass ich diese stumme, waagerechte – in diesem Fall Patientin – während der Operation zum Leben erwecke. Ich hab das ganze Krankenhaus abgesucht, bis ich Saima Nowak gefunden hatte. Das war eine 70-jährige Berliner Dame, die diese ganze Leidensgeschichte durchlaufen hatte, bis du dir eine Hüftplastik machen lässt: Gehen am Stock, nachts nicht schlafen können vor Schmerz, drehst dich hierhin, drehst dich dahin, Schlaftablette, der Kampf ums Bett, bis du dran bist – diese Operation wurde damals alle 14 Tage gemacht, nur vom Oberarzt. Und dann hatte ich alle Ingredienzien zusammen.

Saima Nowak liefert die *Perspektive* und – ganz wichtig – die *Emotionen* der Patientin. Braun plant also seine Form, seinen Perspektivwechsel zwischen Operation und Patientin, lange bevor er auf den Aufnahmeknopf drückt.

Was wir hier machen, ist Folgendes. Wir machen eine Sendung ohne jeden Text. Nur aus drei Komponenten: Die Patientin, die die Stationen ihres Werdeganges, ihres Leideganges schildert. Die Operation selbst, das sind vier bis fünf Leute, die um das Operationsfeld rumstehen. Ich habe das Mikrophon waagerecht parallel zum Körper geführt und mit Mull abgedeckt, sie müssen also alle in meine Anlage reinsprechen. Und das Dritte ist ein uraltes Diktiergerät, an das während der Operation der Assistenzarzt herangeht und die entsprechend laufende Operationsphase reindiktiert. Und das war der große Geschichtsabschnitt der Radiogeschichte. Das war der erste akustische Film.

B Wie finde ich eine Geschichte?

Beim akustischen Film ist das Drehbuch, wie beim visuellen Film, vor Drehbeginn fertig. Die Recherchen sind abgeschlossen, die Form, die Aussage stehen fest. Braun hat für 55 Radiominuten geplant. Der Prozess seiner Storyfindung ist exemplarisch. Er entwickelt seine *Story* aus dem *Thema* Krankenhaus über den *Fokus* Operation und die *engere Fokussierung* Hüftoperation. Er *castet* Ärzte und Patienten. Er *inszeniert* schließlich die Ebene drei, in der er den Oberarzt die OP-Phasen ins Diktiergerät sprechen läßt.

> **Checkliste: Die Story finden und bauen**
>
> ☐ Fokussieren Sie das Thema mit Blick auf Ihren Ausspielkanal.
> ☐ Suchen Sie die Emotion, den Storypunkt.
> ☐ Entwickeln Sie eine Aussage auf der Basis des Storypunkts.
> ☐ Casten Sie Ihre Protagonisten, sofern sie nicht gegeben sind.
> ☐ Geben Sie der Geschichte eine Form, die Ihr Publikum anspricht und Ihre Aussage transportiert.
> ☐ Wenn nötig, inszenieren Sie die Elemente, die Ihr Publikum zum Verständnis braucht.
> ☐ Beachten Sie: Die Reihenfolge dieser Schritte kann variieren. Mitunter müssen Sie zurück auf Fokussieren. Oder auf Casten (siehe Kapitel C1).

So wie wir den *Storypunkt*, den Punkt der stärksten Emotion im Thema, suchen, so fahndet Peter Leonhard Braun nach dem *Kraftfeld*: „Ich habe mir meine Stoffe immer so gesucht, dass sie ein Kraftfeld haben. Das ist für mich der Kernbegriff. Ein Thema muss eine so starke Kraft bergen, dass ich sie mit verhältnismäßig einfachen Mitteln zu nutzen in der Lage bin. Eine Quelle, die so einen Druck hat, dass sie ausbrechbereit ist" (Zindel/Rein 2007: 86).

WAS BRAUCHE ICH?

C1   **74**
Der Held

C2   **100**
Die Handlung

C3   **105**
Der Ort

C4   **111**
Das Medium und die Kanäle

C Was brauche ich?

C1 DER HELD

Man nehme einen Helden, einen Ort und eine Handlung. Dieses Rezept empfiehlt *Aristoteles** in seiner Schrift „Poetik". Er hat um 300 v. Chr. Tragödien und Dramen seiner Zeit untersucht, um herauszufinden, was das Publikum fasziniert und Stücke zeitlos macht. Sein Rezept für gute Dichtung gilt noch immer. Es wirkt in Print- und Radiostücken, in Online- und Videobeiträgen. Und natürlich auch in Kinofilmen.

Der Untergang der Titanic ist eine technische Angelegenheit und interessiert nur Männer. So sah es Hollywood-Regisseur James Cameron (Vogler 2007). Im Drehbuch des Filmes „Titanic" (1997) bietet er zwei Identifikationsfiguren an. Mit dem tragischen Liebespaar Leonardo di Caprio und Kate Winslet holt Cameron das Publikum an Bord. „Find a face" nennen das die Amerikaner. Wir nennen es Personifizieren.

Das Publikum freut sich, leidet, hofft, bangt und weint mit den Helden. Titanic hat 200 Millionen Dollar in der Produktion gekostet und 1,8 Milliarden Dollar eingespielt. Der Film ist ein gutes Beispiel für das einfachste Mittel, die Zuschauer zu gewinnen: die Identifikation. Eine oder mehrere handelnde Personen müssen so porträtiert werden, dass das Publikum an ihrem Leben teilnehmen kann.

Auf Identifikation mit dem Helden setzt auch BBC-Produzent und Schauspieler Kenneth Branagh in seinen „Wallander"-Filmen. Die Kamera verweilt jeweils lange auf dem Kommissar. „[…] [P]art of what you are offering is the opportunity to watch other people thinking and feeling", erzählte Branagh dem *Guardian*. Die Zuschauer können Wallander über die Schulter und manchmal ins Herz schauen. Sie denken und leiden mit. Er wird als mutiger Kommissar und als Mensch porträtiert, dem seine Probleme zu schaffen machen. Branagh und Cameron liefern zwei Beispiele dafür, wie Helden eingesetzt werden, um Herz und Hirn des Publikums zu erobern.

Ein Held muss nichts Großartiges vollbracht haben, um Protagonist einer Geschichte zu sein. Ein Held im Sinne der Dramaturgie ist ein Mensch, der uns emotional in Verbindung bringt mit einem Thema. „Held" im Sinne der Dramaturgie bezeichnet also die Funktion der Person für unser Stück.

1 Der Held

Der Protagonist bzw. die Hauptfigur spielt eine tragende bzw. dienende Rolle. Es geht nicht immer um die Persönlichkeit oder das Charakteristische dieser Hauptperson, sondern oft auch um ihre Funktion als Vermittlerin. Wenn das Thema heißt „Sexuelle Selbstbestimmung Behinderter", dann bewegt uns das noch nicht unbedingt. Wenn aber die 73 Jahre alte Berlinerin Betty auf die Bühne tritt, wird es interessant:

Betty ist 73 und Jungfrau. Noch nie hat ein Mann ihren nackten Körper gestreichelt. Betty ist fast blind und geistig behindert. Noch nie hat sie gespürt wie das kribbelt im Bauch. „Ick hab Mut", sagt Betty und nickt, „ick hab Mut".

Benjamin Piel hat Bettys Geschichte in der *Elbe-Jeetzel-Zeitung* erzählt. Der Text heißt „Bettys erstes Mal". Betty ist mit ihrem Betreuer für ein Wochenende nach Trebel gefahren, wo das Institut zur Selbstbestimmung Behinderter Sexualbegleiter ausbildet.

Seit Jahrzehnten wohnt sie in einem Behindertenheim in Brandenburg. Früher hat sie in einer Behindertenwerkstatt gearbeitet, hat Haken an Möbel geschraubt. Seit acht Jahren ist Betty Rentnerin, bekommt 300 Euro im Monat. Sie kann kaum laufen. Langsam setzt sie einen Fuß vor den anderen, krümmt den Rücken, tastet sich an Tischen, Stühlen und Wänden entlang. Betty lebt gern und redet viel. Ihre kratzige Stimme ist laut. Elf Ringe trägt sie an den Händen, Ohrringe, um den Hals baumelt eine Kette, an der ein großer Bernstein hängt. Wenn sie ihn ganz nah an ihr Auge hält, kann sie manchmal ein Glitzern sehen. Betty lässt sich von ihrem Betreuer ein zweites Glas Rotwein einschenken. „Ich trinke gerne." Betty wünscht sich einen Mann, der sie streichelt und massiert. „Ich will einen, der stark ist und der sagt dann wahrscheinlich zu mir: Zieh dich aus, kleine Maus", sagt sie.

Der Autor beschreibt Betty als schrille, lustige und mutige Person. Und er weiht uns ein in ihre Wünsche. Beides müssen wir kennen, um mitzufühlen: ihre Ziele und ihre Eigenschaften. Und plötzlich wird das Thema „sexuelle Selbstbestimmung Behinderter" anschaulich und spannend. Es ist uns nicht mehr egal, wie Bettys Begegnung mit dem angehenden Sexualbegleiter Jean verlaufen wird.

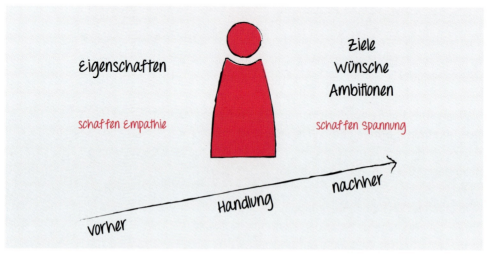

Abb. 14: Die Ausstattung der Helden entscheidet über ihre Wirkung.

Ein klassischer *Held* geht auf Reisen, gerät in Gefahr, besteht Prüfungen, trifft Entscheidungen, erfährt eine Wandlung. Am Ende der Reise ist er ein anderer. Solche *Heldenreisen** begegnen uns in Epen und Sagen, in der Mythologie und im Hollywood-Kino. Drehbuch-Lehrbücher klassifizieren die Varianten von Handlungsmustern, z. B. in „20 Masterplots". In diesen Grundmustern geht es um Themen wie Abenteuer, Rettung, Rivalität, Grenzerfahrung, Aufstieg und Fall etc. Mitunter treffen wir auf die Spuren solcher Storymuster bei journalistischen Recherchen. Dann kommt es darauf an, sie zu identifizieren und entsprechend zu nutzen.

In preisgekrönten Texten stecken häufig Archetypen literarischer Stoffe nach dem Muster der Heldenreise. Heike Faller erhielt 2013 den Henri-Nannen-Preis für ihren Text „Der Getriebene". Sie erzählt darin die Geschichte von Jonas. Jonas ist pädophil. Sein Kampf gegen die eigene Neigung führt ihn in die Charité in Berlin, wo er an einer Gruppentherapie am Institut für Sexualmedizin teilnimmt.

> **🌐 HEIKE FALLER – DER GETRIEBENE**
> » Die Zeit, 25.10.2012
> » http://www.zeit.de/2012/44/Sexualitaet-Paedophilie-Therapie
> » Jonas ist pädophil und kämpft dagegen an.

Wer ist ein wahrer Held?

In journalistischen Stücken gibt es *wahre* und *künstliche* Helden. Die wahren Helden sind diejenigen, deren Geschichte um des Helden willen erzählt wird. Sie verkörpern die Aussage eines Textes. Birk Meinhardt erzählt in der *Süddeutschen Zeitung* eine solche Geschichte. Der afghanische Kosmonaut Abdulahad Momand umkreiste die Erde 1988 im sowjetischen Raumschiff Sojus TM-6. Der Vorspann kündigt an:

Er ist der einzige Afghane, der je ins All fliegen durfte. Von dort oben sah Abdulahad Momand die Erde und war sehr stolz auf sie. Zurück auf dem Boden aber musste er aus seiner Heimat fliehen – und sich durch die deutsche Welt kämpfen.

Eine Heldenstory nach dem Muster Aufstieg und Fall. Die Lebensgeschichte des Helden Momand dient nicht der Illustration eines politischen Datums, auch nicht primär der Darstellung eines bestimmten Zusammenhangs. Wenngleich es nicht ausbleibt, dass man sich beim Lesen Hintergründe aus dem sowjetisch-afghanischen Krieg vergegenwärtigt. Meinhardt folgert schließlich:

Und vielleicht ist dies die Quintessenz aus Momands Geschichte: Dass einem das Beste, was man vollbracht hat, nichts nützt, wenn es am falschen Ort oder unter falscher Flagge geschah, denn die Erde, die ist nun mal kein Ganzes und wird auch nie eines werden.

Diese Heldenstory kann man unter der Rubrik „unverdientes Leid" einordnen, der nach Aristoteles stärksten und erschütterndsten Form des Dramas. Der wahre Held, der Kampfpilot und einzige Kosmonaut seines Landes, verlässt die Heimat und fällt dabei – trotz aller Demut und Tapferkeit – so tief, dass er dem Reporter seine heutige Tätigkeit schamhaft verschweigt.

C Was brauche ich?

> **BIRK MEINHARDT – MISTER UNIVERSUM**
> » Süddeutsche Zeitung, 01./02.04.2010
> » www.marielampert.de/praxisbeispiele (siehe Folge 33)
> » Er ist Afghane. Er war als Kosmonaut im All, er war Minister seines Landes und nun ist er Asylant in Ostfildern.

Künstliche Helden sind diejenigen, die von der Autorin eingeführt werden, um einem Thema *Spannung**, Authentizität und Relevanz zu verleihen. Eigentlich geht es aber nicht um die Person des Helden, sondern um das Thema. Der Held hat eine dienende Funktion. Dienende Helden erkennt man oft daran, dass sie am Ende eines Textes nicht verwandelt sind. Sie haben ein Thema, einen Zusammenhang illustriert, aber sie haben keine Heldenreise absolviert.

Ein solcher künstlicher Held ist Wolfgang Harnauer, Fahrer am Bauhof Ahorn, Oberfranken. Die Gemeinde Ahorn hat einen neuen Unimog angeschafft. Oliver Schmidt schreibt im *Coburger Tageblatt* über das neue Fahrzeug unter dem Titel „Das wird meine zweite Heimat!" Er erzählt, wie der Fahrer sich mit dem Auto vertraut macht – und sich über die Anschaffung freut. Die „Knochenarbeit" an der alten Knüppelschaltung ist nun Geschichte. Der Protagonist bietet den emotionalen Anker für die Leser des Coburger Tageblatts. Er ist ein künstlicher Held, insofern es nicht um ihn als Person geht und er austauschbar ist. Die beiden anderen Fahrer des Bauhofs hätten seine Funktion ebensogut übernehmen können. Harnauer dient dem Thema als roter Faden, der Fakten zum Fahrzeug und Hintergründe über die Investition der Gemeinde verbindet.

Tipp:

Held oder Heldin stehen in möglichst enger Verbindung mit dem Thema. Eng verbunden heißt emotional verbunden. Im Idealfall verkörpern sie das Thema.

Wolfgang Harnauer ist ein künstlicher Held, weil er in seiner Funktion für den Text austauschbar ist. Er illustriert das Thema. Ersetzbar, wenn auch deutlich schwieriger, ist die behinderte Betty. Sie verkörpert das Thema sexuelle Selbstbestimmung Behinderter. Sie ist eine echt gute Heldin. Echt, weil sie uns mit Eigenschaften und Wünschen als Person nahekommt.

„Geschichtenerzählen ist Umgehen mit der Zeit, und dass wir unser Leben als Zeit erleben, hat damit zu tun, dass unser Leben endlich ist und auch damit, dass das Leben unserer Freunde endlich ist. […] Geschichtenerzählen hat etwas damit zu tun, Trauer anzunehmen. Die selbstverständliche Traurigkeit der Menschen macht sie zu Geschichtenerzählern."

PETER BICHSEL

Gut, weil sie dem Thema Leben einhaucht. Nicht austauschbar in seiner Funktion ist der afghanische wahre Held Abdul Ahad Momand. Ohne ihn existierte auch diese Geschichte nicht.

> **OLIVER SCHMIDT – „DAS WIRD MEINE NEUE HEIMAT!"**
> » Coburger Tagblatt 28.10.2011
> » www.marielampert.de/praxisbeispiele (siehe Folge 7)
> » Die Gemeinde Ahorn kauft einen Unimog. Oliver Schmidt findet den Dreh für eine feine Lokalgeschichte.

> **BENJAMIN PIEL – BETTYS ERSTES MAL**
> » Elbe-Jeetzel-Zeitung, 09.11.2013
> » www.marielampert.de/praxisbeispiele (siehe Folge 30)
> » Benjamin Piel katapultiert eine behinderte 73-Jährige ins Herz seiner Leser. Zunächst ist sie Jungfrau.

> **BIRK MEINHARDT – MISTER UNIVERSUM**
> » Süddeutsche Zeitung, 01./02.04.2010
> » www.marielampert.de/praxisbeispiele (siehe Folge 33)
> » Er ist Afghane. Er war als Kosmonaut im All, er war Minister seines Landes und nun ist er Asylant in Ostfildern.

Was bringt eine Heldin, ein Held?

Heldin und Held sind der kürzeste Weg zur Aufmerksamkeit der Leserin und des Hörers. Menschen sind interessanter als Haushaltsdefizite oder Justizvollzugsanstalten. Unsere *Spiegelneuronen** sorgen dafür, dass wir unmittelbar mitfühlen oder mitschwingen, wenn uns Menschen nahekommen. Der Hirnforscher Manfred Spitzer stellt fest:

Wenn wir uns mit Helden identifizieren, sind wir gefangen. Wir sind an ihrer Seite, wenn sie sich mühen, ihr Leben auf die Reihe zu kriegen, zu entscheiden, Konflikte zu klären, wenn sie kämpfen, siegen oder verlieren. Gut gewählte Helden können unser Interesse wecken für Themen, die weit weg sind – oder scheinen.

1 Der Held

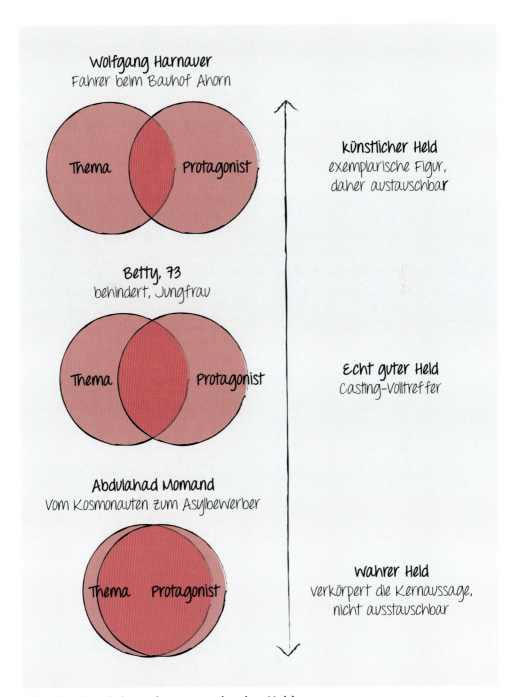

Abb. 15: Künstliche, echt gute und wahre Helden

C Was brauche ich?

> **Tipp:**
> Ein guter Text kommt nicht ohne Helden aus. Lieber ein künstlicher Held als gar keiner!

Ein Held bringt *Perspektive* in mein Stück. Jedes Thema stellt uns vor die Frage: Wie soll mein Zugang aussehen? Aus welcher Perspektive möchte ich erzählen? In Nachricht und Bericht wählen wir den Standpunkt oft nicht bewusst, wir nehmen eine scheinbar neutrale, objektivierende Haltung ein. Wie z. B. Gerd Höhler in der *Hannoverschen Allgemeinen Zeitung*:

Staatsanwalt ermittelt nach Trinkgelage in der Türkei
Istanbul. Fünf Tage nach dem Tod eines 21-jährigen deutschen Schülers bei einem Trinkgelage im südtürkischen Badeort Kemer schweben zwei Mitschüler des Verstorbenen in Antalya immer noch in Lebensgefahr. „Wir könnten sie jeden Moment verlieren", sagte Krankenhausdirektor Irfan Erdogan am Montag. Erdogan sagte, der am Freitag gestorbene 21-Jährige habe etwa sieben Promille Alkohol im Blut gehabt.

Am selben Tag erscheint zum selben Thema ein Text in der *Süddeutschen Zeitung*. Christiane Langrock-Kögel beginnt den Text aus der Perspektive eines Schuldirektors:

Tödliches Komasaufen auf der Klassenfahrt
Hamburg. Das ist der Fall, vor dem sich jeder Schuldirektor fürchtet. Er schickt elf Schüler, drei Mädchen und acht Jungen auf Klassenfahrt in die Türkei. Eine Woche dürfen sie im Urlaubsort Kemer nahe Antalya bleiben. Gebucht sind Zimmer in einem All-inclusive-Hotel am Meer. Vier Tage nach Abflug ist einer der elf Schüler des Berufsbildungszentrums Mortzfeld in Lübeck tot, sechs seiner Mitschüler liegen im Krankenhaus.

Die beiden Texte unterscheiden sich unwesentlich in ihrem Newsgehalt. Sie unterscheiden sich aber wesentlich darin, wie viel Emotion, wie viel Einfühlung sie schon mit dem ersten Satz ermöglichen. Die Perspektive des Schuldirektors ist einladender als der nachrichtliche Einstieg. Durch seine Brille betrachten und erleben die Leser den Fall eindrücklich und neu, obwohl sie die Fakten bereits kennen.

> **„Was den Menschen umtreibt, sind nicht Fakten und Daten, sondern Gefühle, Geschichten und vor allem andere Menschen."**
>
> MANFRED SPITZER

Die Perspektive führt ohne Umschweife ins Thema. Monika Held hat in einer Reportage für *Brigitte* in ihrem ersten Absatz ihre Heldin, deren Schlafplatz und den verhüllten Aussagewunsch untergebracht:

Sechs Gründe sprechen für das Damenklo als Nachtquartier: Das Häuschen ist offen – auch nachts. Es wird täglich geschrubbt und riecht nach Zitrone. In der Nacht brennt weißes Neonlicht. Es gibt ein Waschbecken und Wasser. Die Klotüren lassen sich verriegeln, und – darauf legt Edith Steimker besonderen Wert – das kleine Haus hat Gleisanschluss. Es steht direkt neben der U-Bahn-Station Ostendstraße.

Obdachlose Frauen, das ist ein Ergebnis der Recherche, wollen mit ihrer Obdachlosigkeit am liebsten unsichtbar bleiben – anders als obdachlose Männer, denen in der Regel egal ist, wer was bemerkt. Die Perspektive von Edith Steimker auf das Damenklo bündelt den Aspekt der Not (Damenklo als Nachtasyl) und den Aspekt der weiblichen Sicht (das saubere und geschützte Quartier). Sie enthält die Geschichte „in a nutshell".

> ⊕ **MONIKA HELD – ARMUT, DIE MAN NICHT SIEHT**
> » Brigitte 26/1997
> » www.halem-verlag.de/storytelling-fuer-journalisten/
> » Ein Tag im Leben zweier obdachloser Frauen: Edith Steimker (59) und Jasmin Kruse (17).

C Was brauche ich?

Wie finde ich die Richtige?

Die Journalistin hat die Wahl. Sie kann potenzielle Hauptfiguren casten und sich für diejenige entscheiden, die ihrer Geschichte Tiefe gibt. Wer kann gut erzählen und die eigenen Gefühle und Gedanken direkt mitteilen? Wer ermöglicht einen neuen, originellen Blick auf ein vielleicht schon ausgelutschtes Thema? Edith Steimker, 59 Jahre, und Jasmin Cruse, 17 Jahre, sind Protagonistinnen für das Thema Obdachlosigkeit. Sie geben dem Thema den Fokus: Obdachlosigkeit von Frauen. Sie machen es anschaulich und zeigen – in ihrer Verschiedenheit – die Spannbreite im Thema.

Ein Casting ist immer sinnvoll, wenn das Thema seine Hauptfigur nicht von vornherein mitbringt. Nach der Wahl eines Bundespräsidenten ist ein Porträt fällig, das Casting des Helden erübrigt sich. Allenfalls ist zu fragen, wer dem Bild des Staatsoberhauptes zusätzliche interessante Aspekte anfügen kann, welche Nebenfiguren auftreten sollen.

Oliver Schmidt hat für seinen Text über den neuen Unimog für Ahorn beim Bauhof angerufen und erkundet, wie viele Fahrer dort arbeiten – drei. Schon vor dem Medientermin wusste er, dass Wolfgang Harnauer, der Dienstälteste, sein favorisierter Kandidat sein würde, weil er vermutlich am meisten zu erzählen haben würde.

Beim Thema „Seniorenresidenzen in der Stadt" gibt es jede Menge potenzieller Hauptpersonen. Frauen oder Männer, die den Umzug schon länger hinter sich haben und fidel und aktiv residieren; solche, die mitten im Umzug stecken; solche, die noch auf der Suche nach dem richtigen Wohnheim sind; oder solche, die den Zeitpunkt verpasst haben, an dem sie einen Auszug noch selbstbestimmt hätten bewerkstelligen können; und – eher als Nebenfiguren – Töchter und Söhne, die ihren Eltern dankbar sind, dass sie ins Wohnstift gegangen sind; Bridgedamen oder Kneippianerinnen, die allabendlich ihre Runden im Wasserbecken drehen; Heimleiterinnen natürlich usw.

Ein wesentliches Kriterium für die Wahl meines Helden: Ich muss wissen, was Sinn und Funktion meines Textes sein soll. In der Regel gibt es einen Anlass. Beispielsweise: Der Schweizer Nationalrat berät über eine parlamentarische Initiative zur Schulbildung chronisch kranker Kinder. Die Autorin will deutlich machen, worum es dabei geht. Sie sucht also Kinder, die im Krankenhaus von einer Hospitallehrerin unterrichtet werden. Idealerweise kommt ein Kind aus Zürich, wo die Kosten vom Kanton übernommen werden, und eines aus einem Kanton, der die Kosten nicht bezahlt:

> **Checkliste**
> - ☐ Wer hat/hatte mit dem Thema hautnah zu tun?
> - ☐ Wer ermöglicht einen bisher unbekannten Blick aufs Thema?
> - ☐ Wer kann und will darüber sprechen?
> - ☐ Kann ich die Person plastisch machen, von Eigenschaften und Zielen erzählen?
> - ☐ Hat er oder sie eine Entwicklung durchlaufen?
> - ☐ Ist ein Treffen am Schauplatz/am Ort machbar?
> - ☐ Mit wem können sich Leser identifizieren?
> - ☐ Wer kann notwendige Sachinformationen verständlich darstellen?

Der fünfzehnjährige Luis lebt im Kanton Zürich. Seine Wohngemeinde bezahlt die Kosten der Spitalschule in Form von Versorgertaxen (120 Franken pro Tag). Weil damit nicht alle Kosten gedeckt sind, übernimmt der Kanton das Defizit.

Die Autorin kann über die Auswahl ihrer Hauptfiguren präzise und anschaulich zeigen, worüber das Parlament berät, für wen das wichtig ist und warum. Sie gewinnt zuerst Aufmerksamkeit für ihr Thema, indem sie es anschaulich macht. Sie zeigt, wie gern kranke Kinder die Lehrerin sehen und wie bereitwillig sie Hausaufgaben machen. Offensichtlich sind die Zuwendung der Lehrerin, die Abwechslung und die Perspektive des Lernens im Krankenhaus geradezu gesundheitswirksam. Dann erst erklärt sie die verwaltungstechnischen und finanziellen Hintergründe.

Der oder die richtige Heldin ist die Figur, …
- » die Leser ins Zentrum eines Themas führt und emotional anspricht,
- » die den Aussagewunsch illustriert/verdeutlicht/transportiert/unterstützt,
- » die ermöglicht, die notwendigen Informationen organisch einzuführen und
- » die dem Thema angemessene Stimmung oder Haltung gibt.

Warum lassen junge Frauen ihr entferntes Jungfernhäutchen wieder reparieren? Sie dürfen ihren Verlobten nur heiraten, wenn sie beweisen können, dass sie noch Jungfrau sind. Wer diese Geschichte erzählen will, braucht eine Heldin. Das Casting wird kompliziert, weil die Heldin die Operation ja heimlich durchführen lassen muss. Aber die Autorin hat keine Wahl. Ohne Protagonistin geht die Geschichte nicht unter die Haut. Man kann sie nicht abstrakt erzählen. Nicole Krättli hat 41 Telefonanrufe gemacht. Sie hat Ärzte und Beratungsstellen für Frauen und Ausländerinnen angerufen, um eine Heldin zu finden für ihren Artikel „Die falsche Jungfrau" im *Beobachter*. Krättli praktiziert, was *Spiegel*-Reporter Cordt Schnibben verlangt: „Dramaturgie ist zu 50 Prozent Recherche". Das heißt, man muss oft viel Energie und Zeit investieren, um den richtigen Helden zu finden. Ein Arzt motivierte schließlich eine Patientin. Die junge Kurdin fand es offenbar auch absurd, dass sie ihr Jungfernhäutchen wiederherstellen lassen musste. Sie machte mit.

> **NICOLE KRÄTTLI – DIE FALSCHE JUNGFRAU**
> » Beobachter, 09.12.2011
> » www.halem-verlag.de/storytelling-fuer-journalisten/
> » In dreißig Minuten macht der Operateur eine junge Muslimin wieder heiratsfähig. So lange braucht er, um das Jungfrauen-Häutchen zu rekonstruieren.

Der Held, die Heldin spielen tragende Rollen. Damit ihre Geschichten glaubwürdig und emotional packend werden, müssen wir, die Autoren, sie mögen. Henning Sußebach von der *Zeit* begibt sich mit Vorliebe an die Seite scheinbar unbedeutender Protagonisten. Er sucht die Exotik des Alltäglichen, das Allgemeingültige im Einzelfall. Dem Casten seiner Hauptdarsteller widmet er große Aufmerksamkeit. Sie müssen erzählen können und dürfen nicht zu geltungsbedürftig sein:

„Am wichtigsten aber ist: Der Protagonist sollte mir halbwegs sympathisch sein. [...] Ich bin sicher, ein Reporter hat bei der Recherche einen längeren Atem, wenn er seine Zeit eher gern mit dem Menschen verbringt, über den er später schreiben möchte. Wenn er sich zumindest ehrlich für ihn interessiert, auf ihn einlassen möchte, das Überraschende in seinem Leben entdecken (reporter-forum.de)."

Der Schweizer Journalist Ruedi Leuthold fordert diese Haltung positiver Eingenommenheit auch gegenüber den tollen Helden, den Abenteurern und

1 Der Held

Weltbewegern. Denn ohne unsere Sympathie können wir von der Leistung, dem Heldenweg unserer Protagonisten, nicht glaubhaft erzählen. Nur wenig übertrieben und in Anlehnung an einen Tipp zum Verschlanken unserer Stücke empfehlen wir daher:

> **Tipp:**
>
> Kill your darlings. Love your heroes.

Wobei es eine Differenzierung zu treffen gilt. Es kann sein, dass wir es mit Schurken zu tun bekommen, mit Verbrechern. Die müssen wir nicht mögen. Doch einlassen werden wir uns müssen, wenn wir etwas herausfinden wollen. Auch auf Kriegsverbrecher.

Der verstorbene Filmemacher Eberhard Fechner hat Interviews mit ehemaligen SS-Angehörigen, Aufsehern des nationalsozialistischen Konzentrations- und Vernichtungslagers Majdanek geführt. Ihm ist etwas sehr Besonderes gelungen. Seine Gesprächspartner haben sich ihm geöffnet, haben vor laufender Kamera erzählt, wie sie die Zeit im Lager erlebt und was sie dort getan haben. Fechner hat Geständnisse aufgezeichnet, die die Angeklagten vor Gericht nicht über die Lippen brachten, weil kein Richter sie so gefragt hat, wie Fechner das konnte. Seine Gabe, Menschen aufzuschließen, ließ ihn eine Erfahrung machen, die er so beschreibt: „Das Bedürfnis der Menschen, von ihrem Leben zu erzählen, ist unvorstellbar groß. Wenn sie merken, dass sie nicht benutzt werden, und wenn man sie nicht in eine Richtung drängen will, dann sind sie bereit, ohne Hemmungen zu erzählen" (Lampert 1992: 24).

Müssen Helden Menschen sein?

In menschliche Protagonisten können wir uns einfühlen. Das ist am einfachsten zu schreiben. Wir können auch anders. Peter Borgen hat sich für das *Süddeutsche Zeitung Magazin* in eine Kakerlake versetzt:

Ich bin vier Monate alt. Das heißt, spätestens in zwei Monaten werde ich sterben. Älter als ein halbes Jahr kann ich definitiv nicht werden. Ich weiß, für Menschen ist ein halbes Jahr nichts. Aber für uns ist es normal. […]

C Was brauche ich?

Borgens Erzählung läuft über fast drei Seiten, ist voller biologischer Details über das unbekannte Wesen Kakerlake und bietet reizvolle und kluge Reflexionen über das sonderbare Tier namens Mensch. Eine überraschende Perspektive. Mutig und erhellend:

Vielleicht sollte ich zum besseren Verständnis von mir erzählen. Ich befinde mich zurzeit auf dem ledernen braunen Einband eines alten Buches, das in einem Regal steht, in dem schätzungsweise tausend Bände untergebracht sind. Es ist mein Lieblingsplatz. Ich gelte bei meinem Volk als die Bücherschabe, als intellektueller Sonderling, bei einigen missgünstigen Geistern auch als kleine Klugscheißerin […].

Die alljährlich fällige Geschichte zur Eröffnung des Weihnachtsmarktes könnte etwa aus der Perspektive des Pferdes erzählt werden, das immer dabei ist. Oder weniger radikal: Mit der Perspektive des Pferdes könnte ein Text oder Radiobeitrag beginnen und enden.

Es lohnt sich, über Alternativen zu den erstbesten Hauptpersonen nachzudenken. Die Universitätsbibliothek Basel digitalisiert ihre Bestände. Die Autorin des Textes hat sich für die Leiterin des Digitalisierungszentrums als Hauptfigur entschieden. Die Leiterin kann das Prozedere des Digitalisierens erklären. Das Kollegenteam im Kurs „Storytelling" empfahl der Autorin alternativ ein Buch als Hauptdarsteller. Denn das Buch erlebt die Handlung am eigenen Leib.

Auch dann, wenn die Hauptperson ein Buch ist: das Casten nicht vergessen. Denn natürlich eignet sich das Matrikelbuch der Universität Basel von 1460 besser als ein wissenschaftliches Werk aus dem Jahr 1960, um die Bedeutung des Buchdigitalisierung-Projekts vorzustellen. Die Handschrift ist einzigartig, hat Flair und Patina, die Digitalisierung ist aus konservatorischen Gründen wichtig. Und mit Glück lassen sich Familiennamen von Studierenden des Jahres 1460 entziffern, die in der Stadt Basel noch immer geläufig sind. Charmant und ungewöhnlich wäre die Perspektive eines Folianten, der seit Jahren im Magazin schlummert, nun aber ans Licht geholt und von der Kopiermaschine geblendet wird und seine Geheimnisse preisgeben muss.

Wie beschreibe ich meine Helden?

Die Frage lässt sich nur beantworten, wenn mein Stück eine Kernaussage hat. Nur wenn ich weiß, was ich sagen will, kann ich entscheiden, was hineingehört und was nicht. Es passt ins Bild und verdichtet die Aussage. Über die wohnsitzlose Edith Steimker schreibt Monika Held:

Eine Frau, die niemandem auffällt. Plastiktüte, Jeans und Anorak, Prinz-Eisenherz-Frisur. Nur wer sich ihrem Gang anpasst, merkt das Besondere: Hier geht ein Mensch, der keine Eile hat.

Die Beschreibung trägt bei zur Aussage des Textes: Obdachlose Frauen legen Wert darauf, nicht als obdachlos erkannt zu werden.
Betty, die 73-jährige Behinderte, wird im Text von Benjamin Piel ausführlich beschrieben. Die Art ihrer Behinderung, ihre Lebenslust und ihr Verrücktheitsgrad. Diese Informationen helfen Lesern, ihren Wunsch nach einem sexuellen Kontakt nachzuvollziehen und einzuschätzen, inwiefern sie zu Selbstbestimmung in der Lage ist. Es braucht die Beschreibung auch deshalb, weil Betty und ihr Sexualbegleiter nicht auf einem Foto abgebildet sind.

> **BENJAMIN PIEL – BETTYS ERSTES MAL**
> » Elbe-Jeetzel-Zeitung, 09.11.2013
> » www.marielampert.de/praxisbeispiele (siehe Folge 30)
> » Benjamin Piel katapultiert eine behinderte 73-Jährige ins Herz seiner Leser. Zunächst ist sie Jungfrau.

Heike Faller, die den Pädophilen Jonas porträtiert, verzichtet ganz darauf, ihn zu beschreiben. Die Leserin weiß, dass Jonas nicht so heißt, und der Text so anonymisiert ist, dass Jonas Identität geschützt ist.

Wenn die Personenbeschreibung nichts zur Sache tut, ist sie überflüssig. In einem Text der *Süddeutschen Zeitung* über den Niedergang der Porzellanfirma Rosenthal aus Selb kommt der damalige Bürgermeister der Stadt zu Wort und ins Bild:

Der rundliche 50-jährige Christsoziale mit der akkurat gekämmten Frisur und der randlosen Brille regiert eine Stadt im Umbruch.

C Was brauche ich?

Die randlose Brille eines christsozialen Bürgermeisters ist unspezifisch, die Funktion des Mannes für den Text besteht lediglich darin, Strukturdaten über die Stadt mitzuteilen. Dafür braucht er die Brille, die Leser brauchen sie nicht. Dass er rundlich ist und akkurat gekämmt – wer will das wissen?

Tipp:

Beschreiben Sie typische, charakteristische Merkmale Ihrer Helden nur dann, wenn sie zur Aussage Ihres Textes beitragen.

Wer multimedial arbeitet, hat natürlich besonders schöne Möglichkeiten, Helden in Bildern, O-Tönen und Taten zu zeigen. Dominik Galliker nutzt sie. In der *Berner Zeitung* schreibt er über die Liebesgeschichte eines illegal in die Schweiz eingereisten Senegalesen mit einer Schweizer Lehrerin (siehe auch Kapitel F3). Die Hochzeitsfotos in der Zeitung sprechen für sich. Noch näher kommen uns die Protagonisten in der Multimediareportage, in der der Autor seine Helden Lena und Mamour im Close-Up, aber auch aus dem Off sprechen lässt. Die Multimediareportage wurde ausgezeichnet mit dem Grimme Online Award 2015.

Abb. 16: Mamour, mon amour – Heldin, Held und sehr viel Spannung

> **⊕ DOMINIK GALLIKER – MAMOUR, MON AMOUR**
> » Berner Zeitung, 07./08.02.2015
> » www.marielampert.de/praxisbeispiele (siehe Folge 37)
> » multimediale Fassung: www.mamour.ch
> » Die Schweizerin Lena lernt einen Asylbewerber aus Afrika lieben. Er möchte heiraten.

Wie viele Menschen verträgt eine Geschichte?

Eine Geschichte verträgt einiges Personal. Entscheidend ist, dass der Autor den Überblick behält und seinem Publikum auch dazu verhilft. Im Prinzip dürfen es viele Menschen sein. Man muss nur bedenken, dass eine Geschichte emotional umso dichter und packender wird, je weniger Personen mitspielen und je enger die handelnden Personen aufeinander bezogen sind.

Das Porträt eines Soldaten, der aus Afghanistan mit einer posttraumatischen Belastungsstörung (PBS) zurückkehrt, geht Lesern mehr unter die Haut als ein ordentlich recherchiertes Stück mit drei Soldaten, einem Brigadegeneral, der Oberstabsärztin und einem spezialisierten Psychiater. Das Porträt lässt mich intensiver und detaillierter miterleben, was ich mir unter PBS vorstellen kann. Die personalintensivere Variante hingegen macht eher deutlich, wie die Bundeswehr mit ihren psychisch verwundeten Kämpfern verfährt. Sie, der Autor, müssen wissen, was Sie sagen wollen. Dann können Sie entscheiden, wer in Ihr Stück passt und wer nicht.

In jedem Fall gilt es, Leserinnen und User zu führen. Orientierung schaffen kann heißen, die Protagonisten zu Beginn des Stückes vorzustellen, lange bevor sie auftreten. Es kann heißen, ihre Beziehungen zueinander zu erklären. Es kann heißen, ihnen Attribute zuzuweisen, die leichter auseinanderzuhalten sind als ihre Namen.

> **Tipp:**
>
> Stellen Sie Wegweiser auf. Nutzen und wiederholen Sie Attribute.

Wie operiert man mit zwei Dutzend Protagonisten und aberwitzig vielen Details auf einer Zeitungsseite? Ulrich Wolf und seine Kollegen haben das für die *Sächsische Zeitung* bravourös gelöst. Der Text über die Dresdner rechte Szene heißt: „Pegida – wie alles begann". Der Autor beschreibt drei Gruppen als Katalysatoren der Pegida-Entwicklung. Den engsten Freundeskreis um den Gründer Lutz Bachmann. Außerdem Fans und Unterstützer des Football-Teams Suburbian Foxes aus Radebeul. Und drittens – als Steigerung gegen Ende des Artikels – den Zirkel um die Dresdner FDP. Die Gruppen werden plastisch, weil Ulrich Wolf jeweils an drei bis fünf Mitglieder heranzoomt und seinen Lesern näher vorstellt. In Begriffen des Bildaufbaus könnte man sagen: Bachmann und sein Freundeskreis sind der Vordergrund, die Football-Freunde und der FDP-Kreis der Mittelgrund. Und dann gibt es noch einen blasser beschriebenen Hintergrund, Milieus, die bei Pegida noch vertreten sind. Leute aus der Szene der politischen Rechten sowie Verbands- und Vereinsvorsitzende, „versprengte AfDler", die vermeintlich Honorigen:

Facebook ist wichtig. Ohne dieses soziale Netzwerk wäre der rasante Erfolg von Pegida nicht möglich gewesen. Und Freunde. Auch die sind wichtig. Die auf Facebook, klar, aber auch die im realen Leben. „90 Prozent ist engster Freundeskreis", sagte Bachmann dem Fernsehteam der Jungen Freiheit auf die Frage, wer zum Organisationsteam der Pegida gehört.
Seine Frau Vicky gehört dazu, 31, wie ihr Mann in der Werbebranche unterwegs, erfolgreiche Halbprofi-Tänzerin, eng befreundet mit einer erfolgreichen Friseurin, die im Freitaler Stadtrat sitzt.
Thomas Hiemann, 44, zweifacher Familienvater, Mitglied des Eishockeyfanclubs „Goldkufen", der in der Nordkurve des Dresdner Bundesligateams Eislöwen Stimmung macht. Dort rufen ihn alle nur „Hiemännel".

Wolf schafft Ordnung in einem Wuselbild, indem er Gruppen bildet, an Einzelne heranzoomt, diese einordnet und zusammenfasst.

1 Der Held

> ### ULRICH WOLF, ALEXANDER SCHNEIDER, TOBIAS WOLF – PEGIDA – WIE ALLES BEGANN
> » Sächsische Zeitung, 22.12.2014
> » www.marielampert.de/praxisbeispiele (siehe Folge 35)
> » Pegida. Von null auf 20.000 in nur zwei Monaten. Wie kann das geschehen?

Tipp:

Definieren Sie Haupt- und Nebenfiguren. Wenn möglich, bilden Sie Gruppen.

Der Auftritt einer lokalen Band ist anzukündigen, ein Vorbericht in 90 Zeilen für den *Seetaler Boten*. Fünf Bandmitglieder müssen namentlich erwähnt werden, so ist das im Lokalen:

„Am Anfang hatten wir eine Sängerin, die Fabian Huwyler kannte und ihn anfragte. Und Fabian spielte zusammen mit Keyboarder Andi Troxler in einer Band, und so ergab das eine das andere", so der 22-jährige Andi Koch. Bassist Fritz Hochstettler (20) fanden sie mittels eines Inserats. Und als schließlich die Sängerin die Band wieder verließ, entschloss sich Matt Sägesser, den Gesangspart zu übernehmen.

Zu Hilfe, Autor! Wer soll da noch mitkommen? Bitte Ordnung schaffen. Zur Hauptfigur mache ich entweder den Gründer der Band, der profund zur Historie der Gruppe Auskunft geben kann. Oder den Sänger, der alle Herzen bricht. Oder den Gitarristen, der nach Jahren im Ausland wieder mit seiner Combo vereint spielt. Die Hauptfigur führt durch den Text, oder kommt zumindest mehrfach vor, die Mitspieler kann ich über sie oder mit Bezug zu ihr vorstellen.

Tipp:

Suchen Sie Zusammenhänge und Verbindungen – benennen Sie sie ausdrücklich.

Darf die Autorin die Heldin ihrer Geschichte sein?

Sie darf, wenn es einen guten Grund gibt:

Guter Grund 1: Die Autorin teilt eine persönliche Erfahrung.
Sie ist eine echte Heldin. Sie ist nicht austauschbar. Sie verkörpert ihre Geschichte. So wie Julia Pennigsdorf. Als Angelina Jolie gerade der Weltöffentlichkeit mitgeteilt hat, dass sie sich wegen ihres Krebsrisikos beide Brüste amputieren ließ, bittet die *Hannoversche Allgemeinen Zeitung* die Kollegin um einen Text. Julia Pennigsdorf traut sich. Im Lead schreibt sie:

Wie ist es, wenn die Mutter an Brustkrebs erkrankt und gestorben ist? Wie geht man damit um, wenn man ahnt, dass das eigene Risiko ebenfalls erhöht ist? Ein persönlicher Bericht.

Julia Pennigsdorf erzählt von ihrer Mutter, ihrem Sohn und der tumorgenetischen Beratungsstelle in Hannover. Von ihrer persönlichen Entscheidung, mit medizinischen Daten und Wahrscheinlichkeiten umzugehen. Das ist per se dramatisch, und in der Ich-Form noch mehr. Es ist maximal authentisch:

Als meine Mutter an Brustkrebs erkrankte, war sie so alt wie ich heute. Diese Tatsache ist für mich ebenso unvorstellbar wie traurig. 44 – da steht man mitten im Leben, arbeitet, hat Kinder, Freunde und Freude am Leben. Man fährt in den Urlaub, feiert Weihnachten, man steht im Supermarkt in der Schlange und genervt vor roten Ampeln, man hilft bei den Hausaufgaben, räumt die Wohnung auf. Abends sinkt man müde auf das Sofa und ist glücklich. Das war bei ihr nicht anders als bei mir. Kein Gedanke daran, dass das vorbei sein könnte. Für meine Mutter war es 14 Jahre später vorbei. Sie war 57 Jahre alt und hatte viele Pläne. In ihrem kleinen ledernen Notizbuch fand ich einen Eintrag für einen VHS-Computerkurs, im Bad einen neuen Lippenstift, im Regal einen aktuellen New-York-Reiseführer. Gesprochen haben wir über den Tod nicht. Er war bis zum Schluss unvorstellbar.

Guter Grund 2: Der Weg der Recherche ist der rote Faden

Die Journalistin ist auf der Suche nach Erkenntnis. Sie erzählt von ihrer Recherche und reflektiert darüber. Heike Faller schreibt einen zweiten Text über Jonas und wählt dafür die Ich-Form. Ihr Einstieg:

In diesen Tagen habe ich wieder mit Jonas telefoniert. Jonas ist das Pseudonym eines Mannes, über den ich im Oktober 2012 die Reportage „Der Getriebene" für das *Zeitmagazin* geschrieben hatte. Es ging darin um einen Pädophilen, der in die Therapie geht. Jonas ist nie straffällig geworden. Ein Kind tatsächlich anzufassen ist für ihn nie ein Thema gewesen. In der Therapie wollte er lernen, auch auf sogenannte Kinderpornografie – in seinem Fall: Bilder vom Missbrauch an Jungen vor der Pubertät – zu verzichten.
Am Ende seiner Therapie war Jonas ein Jahr clean geblieben, und ich hatte meine Geschichte. Sie funktionierte nach allen Regeln des klassischen Heldenmythos: Ein Mensch hat ein existenzielles Problem, er versucht, es zu lösen, und akzeptiert es schließlich – und dieses Loslassen wird zum Teil der Lösung. Happy End …

Als Journalistin bleibt man mit den Protagonisten seiner Geschichten normalerweise nicht in Kontakt. In diesem Fall bot ich es von mir aus an: Ich war eine der wenigen Eingeweihten und damit eine mögliche Ansprechpartnerin in kritischen Situationen. Davon abgesehen mochte ich diesen Mann, der sich so anstrengte, ein guter Mensch zu sein. Und so erlebte ich mit, was dem professionellen Beobachter meistens entgeht: nämlich das, was passiert, wenn der Protagonist seine Krise gemeistert hat und das Ende geschrieben ist.

> 🌐 **HEIKE FALLER – SCHLIMMER ALS JEDE SUCHT**
> » Die Zeit, 13.03.2014
> » www.marielampert.de/praxisbeispiele (siehe Folge 34)
> » Heike Faller schreibt über den Rückfall ihres pädophilen Protagonisten. Ein Follow-up zu ihrem preisgekrönten Text.

Guter Grund 3: Der Autor inszeniert einen Selbstversuch

Roland Mitterbauer schreibt für die *Passauer Neue Presse* über ein Firmenseminar zur Mitarbeitermotivation. Mit den Kollegen auf Zeit schwört er sich ein für den Lauf über glühende Kohlen:

C Was brauche ich?

Es wird Vertrauen unter den Teilnehmern aufgebaut. „Die Gruppe soll euch später über das Feuer tragen", erklärt der Seminarleiter. Kurz darauf ist Generalprobe: Ich stehe auf einem 1,5 Meter hohen Podest und soll mich rückwärts fallen lassen. Augen zu und durch – tatsächlich fängt mich die Gruppe. Jeder ist mal dran. Das Adrenalin sorgt für Euphorie, die Teilnehmer sind gut drauf. Der Teamgeist ist geweckt.

Einige Stunden später ist es soweit:

Meine Stimme der Vernunft schweigt, mein Bauchgefühl entscheidet. Jetzt gehe ich für Familie und Beruf über glühende Kohlen. Und ich spüre keinen Schmerz.

Selbstversuche können peinlich werden, wenn die Eitelkeit des Autors größer ist als die Relevanz seiner Erfahrung. Insofern ist ein selbstkritischer Umgang mit der Frage nach dem „Ich" sehr zu wünschen.

Wann das „Ich" die beste Wahl ist
» Ich habe mich intensiv mit dem Thema beschäftigt, gedanklich und emotional.
» Ich habe gründlich recherchiert.
» Ich habe Abstand zum Thema und kann meine Erfahrungen einordnen.
» Ich stehe exemplarisch für einige oder sogar für viele Menschen mit vergleichbaren Erlebnissen.
» Mit der Schilderung meiner Erfahrungen erreiche ich maximale Authentizität.
» Meine Erfahrungen sind nicht inszeniert, sondern mir per Schicksal oder biographisch zugewachsen.

1 Der Held

Die sieben Boulevardkriterien – Peter Züllig

STATEMENT

Peter Züllig

Peter Züllig war Reporter, Redakteur und Sendeleiter beim Schweizer Fernsehen. Er arbeitet als Ausbilder und hat sich mit dem Phänomen Boulevard intensiv auseinandergesetzt, u. a. als Dozent an der Universität Fribourg/Schweiz.

Boulevard wird oft auf die Inhalte reduziert, auf Sex and Crime. Ich verstehe ihn wertfrei als Strategie, um Aufmerksamkeit zu gewinnen. Boulevard bezieht sich auf sensorische und nicht auf kognitive Informationsaufnahme. Anders ausgedrückt: Boulevard aktiviert persönliche Erfahrungen und Gefühle und stellt das Erlebnis vor die Informationsvermittlung. Diese Zieländerung wird heute zunehmend vom Journalismus erwartet. Nicht Weltwissen vermitteln, sondern Erlebniswelten anbieten, um aus ihnen allenfalls lernen zu können.

Die Frage nach dem Charakter eines Themas ist mittlerweile genauso wichtig wie die journalistische Frage nach der gesellschaftlichen, wirtschaftlichen, politischen, sozialen und kulturellen Relevanz. Wenn ich die Aufmerksamkeitsstrategien des Boulevards systematisiere, komme ich auf sieben Kriterien.

1. **Die News oder die Neuigkeit**
   Ihre Wirkung basiert auf der Neugier des Menschen, der fast alles genau wissen will, solange er es noch nicht weiß. Eine News, unabhängig vom Inhalt, ist allerdings nur einen Augenblick wirksam, nämlich bis die Rezipientin/der Rezipient die News kennt. Die Neuigkeit als Boulevardkriterium enthält die Aspekte Aktualität und Exklusivität. Aktuell sind Ereignisse, die soeben stattgefunden haben und denen grundsätzlich öffentliche Aufmerksamkeit zukommt. Dabei geht es immer um die Reduktion der Zeitspanne zwischen dem Ereignis und der Veröffentlichung. Exklusiv heißt: was ich zuerst oder exklusiv weiß,

unabhängig davon, wann es stattgefunden hat. Das Fernsehen hat – zusammen mit dem Radio und den Onlinemedien – im Bereich der Aktualität echte Boulevardchancen. Die Printmedien haben nämlich das Rennen um die zeitliche Aktualität weitgehend aufgegeben und sich der Exklusivität zugewandt.

2. **Der erweiterte Tabubereich**
Das klassischste aller Boulevardkriterien ist der Tabubereich. Alles was in einer Gesellschaft verschwiegen, verheimlicht, nicht öffentlich gemacht wird, stößt auf größtes Interesse. Es ist die Neugierde des Menschen, die auch hier unmittelbar angesprochen wird. Aber auch das Wesen des Tabus selbst ist geheimnisvoll und interessant, weil es im ursprünglichen Sinn etwas Unantastbares darstellt: Geht es um Sexualität, zeigt sich deutlich, wie Tabus in kurzer Zeit aufgebrochen und die Grenzen verschoben werden. Weil Tabus oft mit gesellschaftlichen Konsequenzen verbunden sind, ist ihre Wirkung unmittelbar, fast magisch und meist auf unsere Sinnlichkeit bezogen, indem sie Triebhandlungen, Ängste oder Freuden auslösen. Man spricht vom erweiterten Tabubereich, weil z. B. auch die Darstellung von Kindern und Tieren ähnliche Gefühle, Ängste und Wünsche auslösen können wie die Tabus.

3. **Das Dabeisein**
Das Massenmedium kann stellvertretend dort anwesend sein, wo man als gewöhnlicher Mensch nicht sein kann, nicht sein darf, aber sein möchte. Die Reportage basiert auf diesem Prinzip, indem die Reporterin stellvertretend am Ort des Geschehens ist und darüber berichtet. Unter dieses dritte Boulevardkriterium fällt auch die klassische Schlüsselloch-Situation, die vor allem durch das Fernsehen lebensnah und fast real ermöglicht wird. Dort hinzusehen (und zu gelangen), wo man sonst nie hinkommt und hinsehen kann, dies befriedigt offensichtlich ein Urbedürfnis des Menschen.

4. **Der Nahbereich**
Zu den Boulevardkriterien gehört auch der Nahbereich. Alles was den Rezipienten direkt berührt und betrifft, ist von höchstem Interesse. Dies mag rein geografisch die nächste Umgebung sein. Es ermöglicht, etwas zu erfahren, das dem eigenen Alltag sehr nahekommt. Alles was einem selbst passieren könnte, hat höchste Priorität in der Aufmerksamkeit. Themen, über die man Bescheid

weiß und die man selbst erlebt hat, sind die beliebtesten Gesprächsinhalte jeder Konversation (wie z. B. Militär, Schule etc.).

5. **Die Prominenz**

   Das fünfte Boulevardkriterium richtet sich wieder direkt an die meist unausgesprochenen Träume und Wünsche der Rezipientinnen und Rezipienten: Es ist die Sehnsucht nach Vorbildern, Idolen und Berühmtheiten. Aber auch die Existenz von Feinden, Bösewichten und Schuldigen. Sie alle stehen stellvertretend für Menschen, die nie ins Rampenlicht treten, sich aber an den Figuren des Rampenlichts orientieren. Bewusst oder unbewusst.

6. **Der Pranger (Schandpfahl)**

   Das sechste Boulevardkriterium betrifft die öffentliche Zurschaustellung von Versagen, Verfehlungen, Irrtümern etc. Schon im Mittelalter erreichte der Pranger die höchste Aufmerksamkeit und stellte damit eine der schrecklichsten Strafen dar.

7. **Die Personifizierung**

   Das siebte und letzte Boulevardkriterium besteht in der Personifizierung. Jede Mitteilung und jeder Bericht ist in personifizierter Form besser und unmittelbarer nachzuempfinden als eine abstrakte Faktenaufzählung. Ein Boulevardmedium versucht deshalb immer, die Menschen handeln, erleben und erzählen zu lassen. Die Fakten haben Namen, Altersangaben, Berufsbezeichnungen etc. Es sind Menschen, die jede Art von Identifizierung und Abgrenzung zulassen.

C Was brauche ich?

C2 DIE HANDLUNG

Ein Kammerjäger legt Rattengift im Keller eines Wohnhauses aus. Die Ratte kommt und frisst und liegt zwei Tage später tot im Keller. Das ist eine Handlung. Hinterher ist etwas anders als vorher. Handeln im Sinne der Dramaturgie kann auch heißen, dass ein Mensch im Wohnwagen sitzend Erlebnisse und Erfahrungen ausbreitet. Nur ist das dann im Vergleich zur dynamischen Rattenhandlung eine statische Handlung. Handlung ist gekennzeichnet durch das Nacheinander und den kausalen Zusammenhang einzelner Sequenzen. Der Hochseilartist, der seine Kunststücke und einen lebensgefährlichen Absturz nacherzählt, und die Zuhörerin, die nachvollzieht, wie sich dieses Nacheinander zugetragen hat und welche Zusammenhänge der Protagonist sieht, erleben eine statische Handlung.

*Aristoteles** verlangt von einer Handlung, dass sie aus drei Teilen bestehe, die notwendig aufeinanderfolgen. Eine Handlung hat demnach Anfang, Mitte und Ende, und diese Bestandteile sind nicht untereinander austauschbar: „Ein **Anfang** ist, was nicht mit Notwendigkeit auf etwas anderes folgt, nach dem jedoch natürlicherweise etwas anderes eintritt oder entsteht. Eine **Mitte** ist, was sowohl auf etwas anderes folgt als auch etwas anderes nach sich zieht. Ein **Ende** ist, was natürlicherweise auf etwas anderes folgt, und zwar notwendigerweise, während nach ihm nichts andres mehr eintritt." (Aristoteles, Poetik)

Der Dreiteiler erzählt von einem Zusammenhang. Beim Film heißt der Handlungszusammenhang *Plot*. Auch ein Ereignis oder ein Erlebnis bestehen aus Anfang, Mitte und Ende, oder anders gesagt: Es gibt ein Vorher und ein Nachher. Und das Nachher unterscheidet sich vom Vorher.

Wer beim Stichwort *Handlung* an *Reportage* denkt, liegt richtig. Ereignis und Erlebnis, definitionsgemäß der Gegenstand von Reportagen, sind auch für das Storytelling von zentralem Interesse.

Abb. 17: Anfang, Mitte und Ende eines Ereignisses/Erlebnisses

Wofür brauche ich eine Handlung?

Die Handlung liefert zwei wesentliche Aspekte für die Geschichte. Zum einen entstehen aus dem Vorher-Nachher Bewegung und Spannung. Dieses Muster erzeugt Resonanz beim Publikum. Auf einer tieferen Ebene geht es bei der Handlung um das Herstellen von Sinn. Das Wort Zusammenhang ist nur ein anderes, harmloseres Wort als der große Begriff vom „Sinn", dem immer etwas Metaphysisches anhaftet. Menschen wollen verstehen, in welcher Welt sie leben, und machen sich auf alles ihren Reim. Sie versuchen es jedenfalls. Schon wenn wir an der Supermarktkasse einen gesetzten Herrn und ein Schulkind beobachten, steht kurz die Frage im Raum: Ist das der Opa? Der Vater? Wie gehören die zwei zusammen?

Wenn wir Gespräche mit dem Handy mithören müssen, versuchen wir unwillkürlich, den Zusammenhang zu erfassen. Das ist anders, als wenn wir Tischnachbarn im Lokal miteinander reden hören. Unser Hirn richtet seine Aufmerksamkeit eher auf einen ungeklärten Zusammenhang als auf einen offensichtlichen. Tischnachbarn, die sich über Wanderwege in Südtirol unterhalten, können wir leichter ausblenden.

Menschen sind Sinnsucher. Ehe sie Mehrdeutigkeit ertragen, konstruieren sie Zusammenhänge. Sie denken sich eher unlogische oder unsinnige Zusammenhänge aus, als dass sie auf Zusammenhang verzichten. Die Arbeit von Psychotherapeuten besteht zu einem guten Teil darin, ihren Klienten Zugang zu gesunden Konstruktionen und Überzeugungen zu ermöglichen und einschränkende Sinnkonstruktionen zu ersetzen.

Wenn Sie Ihrem Publikum eine schlüssig gebaute Handlung anbieten, bedienen Sie sein Bedürfnis nach Sinn, nach dem Verstehen der Welt. Das Verständlichmachen von Widersprüchen oder Konflikten ist dabei oft Leistung genug. Auflösen müssen wir sie nicht.

Wie finde ich eine Handlung?

Wenn Sie über ein Ereignis zu berichten haben, ist die Frage: Für wen oder aus welcher Perspektive enthält das Ereignis oder der Termin eine Handlung? Gibt es eine Figur, die durch die Geschichte führen kann, die Anfang, Mitte und Ende trägt? Auch eine Gemeindeversammlung oder eine Verwaltungsratssitzung kann so ihren Reiz haben:

C Was brauche ich?

Um 19.50 Uhr zeigte sich Stephan Vögeli noch siegessicher. Der Verwaltungsratspräsident der Gebnet AG war zusammen mit 356 Stimmberechtigten in der Mehrzweckhalle Lohn-Amannsegg aufgekreuzt. Die Gemeinde sollte über den Verkauf ihres eigenen Stromnetzes befinden.

Die Gemeindeversammlung stimmt ab über den Verkauf ihres Stromnetzes. Ein Pflichtthema für die Lokalredaktion der *Mittelland Zeitung*. Die Handlung ist schon inbegriffen. Denn eine Abstimmung hat selbstverständlich Anfang, Mitte und Ende. Autor Christoph Ramser sucht sich einen Protagonisten, Stephan Vögeli, den Verwaltungspräsidenten eines potenziellen Käufers.

Diese Perspektive verheißt Spannung. Geht das Stromnetz an die Gebnet AG? Tatsächlich verkauft die Gemeinde an einen anderen Interessenten. Die Kopplung der Handlung an einen potenziellen Käufer ist ein gelungener Kunstgriff, der später gescheiterte Held eine wunderbare Dreingabe. Er verleiht der Entscheidungsfindung der Kommune Emotion und Spannung.

> **Tipp:**
>
> Wenn eine **Handlung** gegeben ist: Suchen Sie einen Protagonisten, für den diese Handlung bedeutsam ist. Wenn die **Hauptfigur** gegeben ist: Suchen Sie einen für sie bedeutsamen Handlungsablauf.

Welche Handlung trägt die Geschichte?

Reproduktionsmediziner am Uni-Klinikum Erlangen entnehmen einer krebskranken jungen Frau Eierstockgewebe und frieren es ein. Das tun sie, weil Unfruchtbarkeit zu den größten Risiken einer Chemotherapie gehört. Nach der Behandlung pflanzen sie ihr das Gewebe wieder ein. Der Erfolg dieser Handlung: Sandra G. ist die erste Frau in Deutschland, die nach einer Brustkrebstherapie unfruchtbar wurde und doch noch zwei Kinder bekam.

Die Handlungskette „entnehmen – einfrieren – auftauen – zurückgeben" ermöglicht die Schwangerschaften. Akteur dieser Handlung ist ein

Team von sechs Reproduktionsmedizinern. Für eine Wissenschaftsseite wäre dieser Fokus eine gute Wahl.

Die Süddeutsche Zeitung online macht Sandra G. zur Heldin und ihre Lebensgeschichte zur zentralen Handlung.

2008, da war sie 28 Jahre alt, erkrankte Sandra G. an Brustkrebs. Sie hat es gar nicht glauben wollen, erzählt sie, noch nie habe es in ihrer Familie einen Fall von Brustkrebs gegeben. Doch der Knoten war bösartig, es folgten Chemotherapie, Operation, Bestrahlung. Und die Prognose, dass sie vielleicht nie Kinder haben würde. Unfruchtbarkeit gehört zu den größten Risiken der Therapie.
Die Ärzte im Erlanger Uniklinikum weisen Sandra G. auf die Möglichkeit hin, sich Eierstockgewebe entnehmen und später wieder einsetzen zu lassen. Ohne Garantie freilich. Aber auch ohne größeres Risiko. „Das war der Strohhalm, an den ich mich geklammert habe", sagt sie. Zuvor hatte sie nie von der Möglichkeit gehört, wieso auch, in dem Alter setzt sich kaum eine gesunde Frau mit solchen Fragen auseinander.

Suchen Sie nach derjenigen Handlung im Thema, die Emotion und Relevanz für Ihre Nutzer am besten transportiert.

> **Tipp:**
>
> Wählen Sie eine Zeitspanne, die den Ablauf einer Handlung, das Vorher/Nachher sichtbar macht.

Meiden Sie die *Adam-und-Eva-Falle**. Wenn Sie über Früher sprechen, tun Sie es kurz, pointiert und mit klarem Bezug zum Heute.

Wie inszeniere ich eine Handlung?

Der niedersächsische Landtag hat 2010 den Abriss seines denkmalgeschützten Plenarsaals in Hannover beschlossen. Die *Hannoversche Allgemeine Zeitung* bringt eine Serie zu dem erstaunlichen Umstand, dass ein Landtag sich über die Denkmalbestimmungen – des Gesetzgebers, also seine eigenen Bestimmungen – hinwegsetzt. Conrad von Meding inszeniert eine Handlung. Er fährt an die Hochschule nach Hildesheim und besucht dort ein Seminar des bundesweit einzigen Studiengangs Baudenkmalpflege. Er macht seine Frage zum Gegenstand des Seminars. Was sagen eigentlich Denkmalpfleger in spe zu der Praxis des Gesetzgebers in Niedersachsen?

Geht es auch ohne Handlung?

Ohne Handlung geht es schlecht. Besonders schlecht geht es, wenn eine Handlung sich anbahnt und im Rohr krepiert. *Die Welt,* Ausgabe Hamburg, liefert ein Beispiel. Der Hamburger Dom, ein Volksfest steht bevor. Die Autoren steigen ein mit einem Steilwandfahrer:

Durch eine Wette kam Dabbert 1959 zu seinem Beruf: Ein Fahrgeschäft in Heilbronn bot demjenigen Zuschauer 500 Mark, der zehn Runden an der Wand schafft. Hugo Dabbert lag nach wenigen Metern unter seiner verbeulten Zündapp [eine Marke legendärer Motorräder, die bis 1984 hergestellt wurden, Anm. d. Verf.]. Dennoch engagierte der Betreiber das hoffnungsvolle Talent.
Noch schrauben die Schausteller an den Fahrgeschäften und geben ihren Attraktionen den letzten Feinschliff, bevor morgen der Frühlingsdom von der Zweiten Bürgermeisterin Birgit Schnieber-Jastram (CDU) und dem dänischen Generalkonsul Niels Stehen Hoyer eröffnet wird.

Kaum hat Dabbert sein erstes Engagement, geistern schon Bürgermeisterin und Generalkonsul durch den Text. Später folgen noch Wildwasser- und Achterbahnen, Gondeln und Superlative. Und fertig! Doch der Text stellt keinen Zusammenhang her, erzählt keine Geschichte. Kein Anfang, kein Ende, kein Plot. Der Steilwandfahrer kann nichts dafür. Er hat das Zeug zum Helden. Die Autoren haben nichts aus ihm gemacht.

Dabei hätten sie ihn so schön inszenieren können. Wären sie doch mit Hugo Dabbert über den Platz geschlendert und hätten seine Erinnerungen eingesammelt. Hätten sie ihn gefragt, wie der Dom aussah vor 38 Jahren – solange kennt er nämlich das Volksfest –, welche Schausteller, welche Sensationen, welche Prominenten er schon gesehen hat – sie hätten einen feinen roten Faden gehabt und hätten all ihre schönen Informationen aus dem Pressematerial daran anbinden können.

C3 DER ORT

Von der Theke bis zum Klavier sind es fünf Schritte. Über dem Tresen sitzt ein ausgestopfter Auerhahn, ein Wildschweinkopf wacht über dem Klavier. Dazwischen sitzen 22 Männer mit Notenblättern in der Hand. Lichte Hinterköpfe, karierte Hemden. Strickwesten. Brillen. Sie sind Urgroßväter, Großväter, Väter. Witwer. Geschieden. Verheiratet. Zwei ewige Junggesellen. Der älteste Sänger ist 87, der jüngste 45 Jahre alt. Sitzt man hinter ihnen, scheint es, als könne man ihnen ihr Alter an der Größe der Ohren ablesen.
Der Männergesangsverein Harmonie trifft sich jeden Mittwoch zur Chorprobe im Bierhäusle des Örtchens Schollach im Hochschwarzwald. Seit 1951. Das Gründungsjahr der Harmonie ist das Geburtsjahr ihres heutigen Dirigenten.

> **JESSICA SABASCH – SCHWARZWALDMELODIE**
> » Stuttgarter Zeitung, 03.02.2015
> » www.marielampert.de/praxisbeispiele (siehe Folge 36)
> » Der Männerchor „Harmonie" singt und
> trinkt im Schollacher Bierstüble.

Ein gut gewählter und präzis beschriebener Schauplatz kann ins Zentrum des Textes und zur Aussage führen. Jessica Sabasch schreibt für die *Stuttgarter Zeitung* über den Männergesangsverein, genauer die Bedeutung des Gesangsvereins für die Männer, darüber, wieviel Heimat und Zugehörigkeit und Halt er ihnen gibt. In Verbindung mit dem Foto, das genau die Perspektive der Autorin aufnimmt, enthalten die drei ersten Sätze schon fast alles, was noch folgt. Sie lösen Assoziationen aus, solche wie Geselligkeit, Heimatschnulze, Bier, Tradition oder Männerbund. Und genau darum wird es gehen, und zwar – das verrät die Tonalität dieses ersten Absatzes – nicht nur mit allem Respekt vor dem Kosmos dieser Männer, sondern auch mit Empathie und Poesie.

Der Schauplatz zeigt ein Milieu, eine Atmosphäre, einen Kontext. Orte sind häufig Stiefkinder in Print- oder Audio-Beiträgen. Ihre Kraft und

C Was brauche ich?

Abb. 18: Ein Hingucker-Reinzieher-Foto vom Feinsten. Das Foto von Uli Reinhardt nimmt Jessica Sabasch in ihrem Einstieg auf

Aussage bleiben ungenutzt. Bei visuellen Medien ist das anders. Der Ort ist auf dem Bild. Wenn wir fotografieren oder drehen, achten wir darauf. Wir wählen eine Umgebung, die das Hauptmotiv untermalt, stützt oder ergänzt. Wir suchen das inhaltlich stimmige Bild zu unserer Aussage. Psychoanalytiker haben als Attribut oft eine Couch oder doch zumindest den Ohrensessel. Orchideenzüchter kriegen Pflanztöpfe ins Bild gesetzt.

Tipp:

Prüfen Sie, ob der Schauplatz Ihrer Handlung Ihre Aussage stützt und verdichtet. Falls ja, lenken Sie die Aufmerksamkeit entsprechend.

Was bringt der Ort?

Charlotte Frank hat das Flair von Schauplätzen für ihren Text über verfolgte Homosexuelle genutzt. Ihr Thema sind Asylbewerber in Deutschland, die aufgrund ihrer sexuellen Orientierung in den Heimatländern verfolgt werden. Sie trifft zwei Protagonisten an zwei Treffpunkten, die sie jeweils mit wenigen Merkmalen skizziert. Einer ihrer Gesprächspartner ist Ken aus Nigeria:

Der 31-Jährige wartet in einem Café am Bahnhof einer sehr grauen Stadt im Ruhrgebiet. Obwohl es sehr kalt ist, wählt er einen Tisch auf der Terrasse aus, dort sitzt sonst keiner, niemand kann dem Gespräch zuhören. Ken flüstert trotzdem, sein Wasser rührt er nicht an, seine Augen fahren hektisch nach links und rechts.

Die andere Hauptfigur heißt im Artikel Sanjay:

Er sieht nicht nur gut aus, er ist schön. Über seine mandelförmigen Augen biegen sich lange Wimpern. Die Brauen sind gezupft, die Krawatte ist rosa. So balanciert der 32-Jährige auf dem Barhocker in einem Stuttgarter Schwulencafé und denkt laut über die Sache mit dem Selbstmord nach: „Es ist verrückt. Geben wir nicht zu, dass wir schwul sind, töten wir uns selbst. Geben wir es zu, werden wir getötet."

Charlotte Frank beschreibt die Schauplätze nicht sehr ausführlich. Jeweils drei Attribute genügen ihr, um die Gegensätzlichkeit der Hauptdarsteller über die Orte zu charakterisieren:

» Café am Bahnhof, graue Stadt, kalte Terrasse, abseits sitzen und flüstern
» Schwulencafé, Stuttgart, Barhocker, laut nachdenken

Die Autorin bringt in diesem Bild die Essenz ihres Textes auf den Punkt. Denn Sanjay, der Beau im Schwulencafé, hat seine Anerkennung als Asylbewerber binnen drei Monaten fast schon in der Tasche. Ken, der Mann im Bahnhofscafé, kämpfte jahrelang um Anerkennung und bedurfte der Unterstützung von Amnesty International und eines speziellen Gutachtens, um seine Homosexualität gegenüber den Behörden glaubhaft zu machen.

C Was brauche ich?

Wie wähle oder inszeniere ich den Ort?

Für Dokumentarfilmer ist das Inszenieren von Ort und Handlung eine Selbstverständlichkeit. Eric Bergkraut hat für das *Schweizer Fernsehen* und *3sat* ein Porträt der Dichterin Agota Kristof gedreht, „Kontinent K.". Kristof ist als 21-Jährige mit ihrer Tochter und ihrem damaligen Ehemann aus Ungarn geflohen und ließ sich später in der französischen Schweiz nieder. Bergkraut fährt mit ihr in die alte Heimat, die ungarische Grenzstadt Köszeg. Dort filmt er sie, und Agota Kristof erzählt ihm von der Zeit des ungarischen Volksaufstands 1956:

Wieder übernahmen die Russen die Kontrolle der Grenze und aller strategisch wichtigen Orte. Meine Freundin Klara kannte einen Mann, der mehreren Menschen geholfen hatte, über die Grenze zu kommen. Ihm haben wir uns anvertraut.

Bergkraut *inszeniert* eine Begegnung der beiden Frauen am alten Grenzweg, an einem Schlüsselort im Leben seiner Protagonistin. Gemeinsam gehen Agota Kristof und ihre Jugendfreundin Klara den Grenzweg entlang. Kristof erinnert sich an die Nacht der Flucht:

Wir sind schnell gegangen, aber nicht gerannt, wegen dem Kind. Und zwischendurch musste man sich auch einmal auf den Boden legen, weil sie eine Leuchtrakete abgeschossen hatten, die das ganze Gebiet ausleuchtete, und dann mussten sich alle auf den Boden legen, um von den Russen nicht gesehen zu werden. Nachts haben wir eine Brücke überquert, dahinter waren noch ein paar Häuser, es fielen Schüsse, leicht war das nicht. (Pause.) Schade.

An dieser Stelle stockt ihre Rede. Täuscht man sich, oder ist das Rührung, eine Träne hinter der getönten Brille? Was geht vor in der Frau, die bislang sachlich wie eine Historikerin über ihre Vergangenheit gesprochen hat? Bergkraut lässt die Stille für Sekunden stehen, dann fragt er sie: „Was ist schade?"

> **„Einen Edelstein betrachte in seiner Fassung, einen Menschen in seiner Wohnung. Denn nur dort beginnt er zu funkeln."**
>
> **KAUKASISCHES SPRICHWORT**

Dass ich es gemacht habe. Es ist schade, die Grenze überquert zu haben. Klara war hier bestimmt glücklicher als ich drüben. […] Ich hatte überhaupt nicht die Absicht zu gehen. Das ist wirklich tragisch. Ich will nicht wieder damit anfangen.

Man hat sich nicht getäuscht. Hier hadert eine Frau mit einer Entscheidung, die 40 Jahre zurückliegt und ihr Leben auf den Kopf gestellt hat. Ein Wendepunkt im Leben der Schriftstellerin, ein Höhepunkt des Films. Eine Erinnerung, die Bergkraut so emotional an keinem anderen Ort hätte bekommen können.

Tipp:
Orte bringen Menschen zum Sprechen, weil sie Erinnerungen auslösen.

Als Journalistin inszeniere ich die Begegnung mit meinen Hauptfiguren. Wenn möglich, treffe ich sie an einem Ort, der für sie mit Erinnerungen verknüpft ist. Oder ich begleite sie dorthin. Mit der Wahl eines bedeutsamen Schauplatzes bringe ich Protagonisten in Bewegung, äußerlich und innerlich. Sie sprechen anders, sie öffnen sich anders, sie schenken mir eindrücklichere Sätze oder Szenen. Inszenierung kennt viele Varianten. Ich kann meine Protagonisten auch mit Fotos konfrontieren. Mit Aussagen von Dritten. Oder mit Menschen, die für das Thema wichtig sind.

Fantasie und Einfühlungsvermögen sind gefragt: Wo haben sich Schlüsselszenen im Leben Ihrer Figuren abgespielt? Und Überzeugungskunst: Machen Sie Ihren Protagonisten klar, dass Sie sie besser verstehen, wenn Sie sie an besondere Orte begleiten dürfen.

Momand, der afghanische Held, frühere Kosmonaut und Minister seines Landes, spielt freitagabends Volleyball im deutschen Asyl. Birk Meinhardt, der Autor des Textes, ist mitgekommen, um Momand im Kreis seiner Sportskameraden zu erleben – und ihn in ihrem Beisein nach dem All-Abenteuer zu fragen. Er erfährt dort nicht nur, wie es war dort oben, sondern auch, wie sich Momand im Kreis der Sportsfreunde verhält. Meinhardt versäumt es nicht, den Ort, die Halle, zu beschreiben, in der sein tragischer Held die Bälle pritscht:

[...] es ist Freitagabend, und Momand spielt, wie immer um diese Zeit, Volleyball, in einer Halle, die so schmal ist, dass gerade das Netz hineinpasst. Der Ball ist aus, wenn er an eine Wand prallt, die Wand ist mit Veloursteppich bespannt und der Teppich ist so alt, dass darin wohl Millionen Milben ihren dreckigen Twist tanzen.

Der Zustand der Halle ist so unglaublich wie Momands Lebensweg nach seiner Ankunft in Deutschland. Die Beschreibung des Ortes verstärkt das bedrückende Gefühl angesichts seines Schicksals.

> **BIRK MEINHARDT – MISTER UNIVERSUM**
> » Süddeutsche Zeitung, 01./02.04.2010
> » www.marielampert.de/praxisbeispiele (siehe Folge 33)
> » Er ist Afghane. Er war als Kosmonaut im All, er war Minister seines Landes und nun ist er Asylant in Ostfildern.

C4 DAS MEDIUM UND DIE KANÄLE

Storytelling wirkt unabhängig vom Medium. Der Geschichte ist es egal, in welchem Medium sie vermittelt wird. Es gibt Radiomacherinnen, die erzählen so plastisch, dass man kein Foto vermisst. So plastisch, dass man sich einbilden kann, man habe das Video gesehen, das Sabine Brandi von ihrer morgendlichen U-Bahn-Fahrt in Dortmund *nicht* gedreht hat. Es gibt Fotografen, die haben Ikonen geschaffen (Beispiele in Kapitel A6). Die Geschichten dieser Bilder erlebt und erzählt sich das Publikum selbst. Will jemand behaupten, dass Online keine langen Geschichten verträgt? Werfen Sie einen Blick auf die Website des Reporterforums oder erwerben sie ein Abo bei Reportagen.de. Aus dem Augenblick, aus Minuten werden da ganz schnell halbe Stunden und Stunden (sehr gute Adressen für Prokrastinateure). Oder klicken Sie auf die Reportage „Snowfall: The Avalanche at Tunnel Creek" über eine Gruppe von Skifahrern, die von einer Lawine überrascht wurde. Die Multimedia-Reportagen, die von John Branch mit einem Team der *New York Times* in monatelanger Arbeit produziert wurden, bekamen drei Millionen Abrufe in den ersten drei Monaten.

> **🌐 NEW YORK TIMES PROJEKT, SNOW FALL**
> » New York Times, 2012
> » www.nytimes.com/projects/2012/snow-fall
> » Eine Gruppe von Skifahrern gerät in eine Lawine. Einige sterben, einige überleben. Der Multimedia-Beitrag erzählt die Geschichte, spricht mit den Überlebenden und den Angehörigen der Toten.

Entscheidend für den Erfolg einer Geschichte ist nicht das Medium. Auch nicht das Tool, mit dem sie umgesetzt wird. Entscheidend ist, ob der Absender verstanden hat, was er vermitteln will. Ob der Link zum Publikum gelingt. Und ob der Spannungsbogen trägt.

Multimediales und crossmediales Arbeiten – gut gemacht – bietet ein Mehr an Optionen, an Vernetzung und Interaktion. Aber wenn das Angebot tragen soll, muss die Story stimmen.

Multimedia Storytelling – Beat Rüdt und Alexandra Stark

Alexandra Stark, Beat Rüdt

Alexandra Stark, Studienleiterin am MAZ, der Schweizer Journalistenschule in Luzern, ist dort für die Online-Ausbildung zuständig. Sie arbeitet zudem als freie Journalistin und berät Redaktionen, die multi- und crossmedial arbeiten wollen. Beat Rüdt ist Studienleiter am MAZ im Bereich Visuelle Publizistik. Er arbeitete als Journalist bei verschiedenen Medien und war Redaktionsleiter der Berner Zeitung online.

Für jedes Element einer multimedial erzählten Geschichte gibt es ein Format, das am besten passt. Das von uns entwickelte Storytelling-Tool hilft Ihnen zu entscheiden, welcher Teil einer Geschichte besser als Text, mit Bildern, Videos, Karten, Infografiken oder Diagrammen erzählt wird.

Es ist vier Uhr früh an einem Samstag Anfang Juni. Sie sind gerade bei einem Bauern angekommen, der an diesem Morgen seine Kuhherde aus dem Tal auf die Alp treiben wird, wie schon seit 60 Jahren. Sie werden ihn und seine Familie an diesem Tag begleiten – ein herrlicher Reportage-Tag liegt vor Ihnen.

Was kann ich online erzählen, was ich sonst nicht erzählen kann?
In den vorangehenden Kapiteln haben Sie gelernt, wie Sie Ihre Geschichte aufbauen, wer Ihre Helden sind und wie Sie Erzählstränge zu einer runden Geschichte flechten. Aber: Wie setzen Sie Ihre Geschichte ganz konkret um? Wenn Sie beim Radio arbeiten, drängt sich die Antwort auf: mit Tönen. Arbeiten Sie beim Fernsehen, setzen Sie bewegte Bilder ein. Sind Sie Printjournalist, schreiben Sie einen Text und machen noch Fotos oder gar eine Grafik. Was aber bringen Sie zurück, wenn Sie multimedial für einen Online-Kanal arbeiten?

4 Das Medium und die Kanäle

Tabelle 2: Online ist alles möglich

Mediengattungen:	Print	Radio	TV	Online	...	
Text	x		(x)	x	?	↕ multimedial
Bild	x		x	x	?	
Grafik/Illustration	x		x	x	?	
Audio		x		x	?	
Bewegtbild			x	x	?	
Interaktion	(x)	x	x	x	?	
...	?	?	?	?	?	
	analog	immer digitaler		digital		

journalistische „Atome"

→ Konvergenz

↔ crossmedial

Online, das zeigt Tabelle 2 klar, kann alle Formate nutzen. Texte können mit Bild, Illustrationen, Tönen und Videos kombiniert oder eins nach dem anderen aneinandergereiht werden. Ein Blick in Online-Portale zeigt allerdings, dass die erzählerischen Möglichkeiten von Multimedia oft noch viel zu wenig ausgeschöpft werden. Es fehlt an Zeit, handwerklichem Können, Infrastruktur oder Tools. Unsere Erfahrung als Dozierende und Coaches zeigt aber: Das größte Hindernis ist, dass Journalistinnen und Journalisten selbst naheliegende Umsetzungen gar nicht in den Sinn kommen, weil ihr Formate-Denken viel zu fest von ihrem Hauptmedium gelenkt wird.

Das ist schade, denn man weiß aus der Mediennutzungsforschung, dass multimediale Inhalte besser genutzt werden als Artikel, die nur aus Text bestehen. (Und das merkt auch jeder selbst, wenn er Medien nutzt.)

Die Frage, die sich also stellt, lautet:

C Was brauche ich?

Wie finde ich die die passende Umsetzung für meine Geschichte?
Beim multimedialen Erzählen gibt es nur eine einzige Regel: „Form follows function" – die Funktion bestimmt die Form. Für eine erste Annäherung an diese „Funktion" helfen vier Fragen: Welchen Teil der Geschichte möchte unser Publikum lieber

» hören?
» sehen?
» schauen?
» lesen?

Beim Alpaufzug sind die Antworten naheliegend:

» Gerne würde man die eigentümlichen Pfiffe hören, mit denen der Großvater seine Kühe aus dem Stall lockt.
» Man möchte das Gesicht des Großvaters sehen, der seit 60 Jahren jeden Sommer auf der Alp verbringt.
» Man möchte seinen Enkeln zuschauen, wie sie in aller Frühe den leicht nervösen Kühen vor Abmarsch die liebevoll gesteckte Blumendekoration umhängen.
» Und vielleicht möchte man lesen, wie es sich anfühlt, an diesem kühlen Morgen in der totalen Dunkelheit loszugehen.

Bei kleineren, einfachen Geschichten ist diese Methode hilfreich. Bei komplexeren und größeren Themen ist die Gefahr allerdings groß, den Überblick zu verlieren. Um das zu verhindern, haben wir an der Schweizer Journalistenschule MAZ ein Flussdiagramm entwickelt, das ermöglicht, ein Thema systematisch aufzuschlüsseln. Das Tool kann als interaktives PDF unter www.maz.ch/storytelling-tool heruntergeladen werden. Unter derselben Adresse ist auch ein Online-Tool verfügbar, das konkrete Umsetzungen vorschlägt.

Wie funktioniert das Storytelling-Tool?
Gestartet wird mit der Frage „Was kommt in der Story vor?" Jede der sechs Anschlussfragen (zu Personen, Ereignis, Schauplatz, Funktionsweise, Rückblick oder Zahlen/Statistiken) muss mit „Ja" (grüner Haken) oder „Nein" (rotes Kreuz) beantwortet werden und führt schließlich zu farbigen Boxen, welche das optimale Format für die einzelnen Elemente Ihrer Story zeigen. Um bei unserem Beispiel zu bleiben:

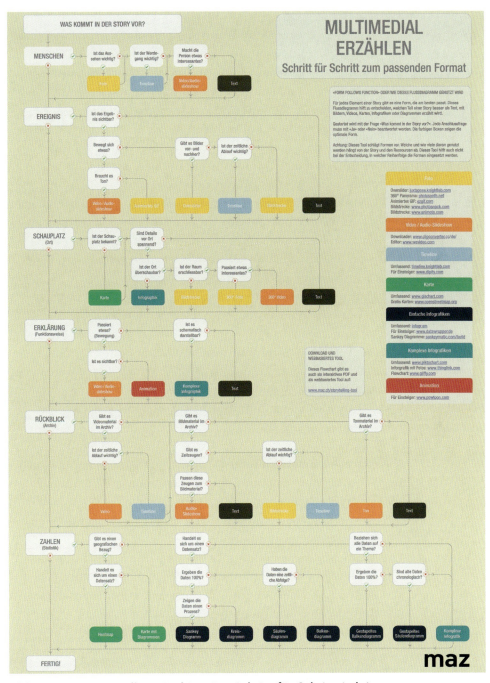

Abb. 19: Das Storytelling-Tool ist eine Schritt-für-Schritt-Anleitung.

C Was brauche ich?

» Kommen in der Geschichte Menschen vor? Ja, es gibt Menschen. Ja, ihr Aussehen ist wichtig, weil die ganze Familie in der Tracht auf die Alp zieht. Toll wären also zum Beispiel schöne Reportagen-Fotos. Machen die Personen etwas Interessantes? Ja, man kann ihnen zuschauen, wie sie die Kühe auf die Alp treiben, was Sie in einem Video in Ton und Bewegtbild bestens festhalten können.
» Ereignet sich etwas? Ja, der mehrstündige Aufzug wird durch das ständige Glockengebimmel und die seltenen Rufe der Bauern begleitet, eventuell könnten Sie einen Ton in der Endlosschlaufe unter die Scroll-Reportage legen.
» Gibt es einen Schauplatz (Ort)? Ja. Da die Alp, das Ziel der Familie, nicht allgemein bekannt ist, wäre eine Karte angebracht. Da die Hütte und der Stall idyllisch gelegen sind, ist ein Foto sinnvoll, bei guter Überschaubarkeit könnte man den Hof und die Umgebung sogar mit einem 360°-Panoramabild zeigen.
» Muss man etwas erklären (Funktionsweise)? Ja. Der Alpaufzug ist an strenge Rituale gebunden, die z. B. mit einer Infografik erklärt werden können.
» Ist ein Rückblick (Archiv) sinnvoll? Ja. Der Großvater der Familie hat vielleicht als junger Mann Fotos auf der Alp gemacht, die er in einer Audioslideshow kommentieren könnte.
» Gibt es interessante Zahlen (Statistik)? Ja. Denn immer weniger Bauern ziehen auf die Alp.

Muss ich alle Formate einsetzen?
Nein! Das Storytelling-Tool schlägt Formate vor, die eingesetzt werden *können*. Das heißt aber nicht, dass Sie sie zwingend alle brauchen *müssen*. Sie sind Journalist, Journalistin. Fokussieren Sie. Und selektieren Sie, indem Sie folgende Punkte beachten:
1. *Ihre Marke / Ihr Medium:* Passen die gewählten Formate oder die Kombination davon zu Ihrer Medienmarke / zu Ihrem Medium?
2. *Usability:* Sind diese Formate für Nutzerinnen und Nutzer einfach zu verstehen und zu handhaben?
3. *Ressourcen:* Verfügen Sie oder Ihr Team über genug Zeit, Kenntnisse sowie die notwendige Infrastruktur?

4 Das Medium und die Kanäle

Hilft mir das Tool, das richtige Thema zu wählen und die Geschichte richtig zu erzählen?
Nein. Das Tool hilft bei der Entscheidung, wie die einzelnen Elemente multimedial umgesetzt werden können. Es hilft nicht zu entscheiden, wie die einzelnen Elemente zu einer Geschichte verwoben werden. Das lernen Sie in den anderen Kapiteln dieses Buches.

Zeigt mir das Tool, in welcher Reihenfolge ich die Elemente anordnen soll?
Nein. Das Tool hilft nur auf der Ebene der einzelnen Elemente. Es ist keine Anleitung für eine passende Dramaturgie.

Warum muss ich mehr planen als früher?
Stellen Sie sich vor, Sie stehen mit dem alten Bauern im Stall, er erzählt Ihnen von seinen ersten Alpaufzügen, während seine Enkel noch einmal kontrollieren, ob die Blumengestecke gut sitzen. Plötzlich dann das Signal: Es geht los! Als Print-Journalist können Sie sich mittreiben lassen. Mit Buchstaben lässt sich alles auch später rekonstruieren. Für das Video mit den Vorbereitungsarbeiten und die Fotos wären Sie aber zu spät.

Beim multimedialen Arbeiten ist deshalb eine minutiöse Planung aus drei Gründen unumgänglich:
1. Damit Sie sicher genügend und auch das richtige Material zurückbringen.
2. Damit Sie wissen, was Sie wann machen müssen und was wieviel Zeit braucht (nicht nur bei der Recherche, sondern auch bei der Umsetzung).
3. Damit Sie die richtigen Tools und die richtige Infrastruktur zur Verfügung haben.

Legen Sie auch im Vorfeld fest, auf welche Inhalte und Formate Sie verzichten möchten. Das gibt Ihnen Zeit, sich auf das Wesentliche zu fokussieren.

Gibt es nicht noch mehr Formate als im Tool enthalten sind?
Formate werden immer weiterentwickelt, Plattformen und neue Software machen immer ausgeklügeltere Umsetzungen möglich. Noch steckt zum Beispiel „Virtual Reality" in den Kinderschuhen. Schon in ein paar Jahren

> allerdings werden wir, um bei unserem Beispiel zu bleiben, den Abmarsch in der totalen Dunkelheit und das leichte Frösteln in der kühlen Morgenluft nicht mehr beschreiben müssen. Das werden unsere Userinnen und User dann fühlen können.

Wie der *Spiegel* seine Leser überrascht – Jens Radü

Jens Radü

Jens Radü leitet seit 2010 das Multimedia-Team des Nachrichtenmagazins Der Spiegel, das Videos und Multimedia-Reportagen für die digitale Ausgabe produziert. Radü, Kind des Ruhrgebiets, studierte Journalistik und Politikwissenschaften an der Universität Dortmund und der Vytautas Magnus University in Kaunas (Litauen). Er arbeitete beim WDR in Köln, baute 2006 das Multimedia-Ressort bei Spiegel Online auf und erhielt 2010 den Internationalen Journalistenpreis.

Vor einem Jahr startete der Spiegel ein Experiment: die Visual Story – eine Multimedia-Reportage im digitalen *Spiegel*, die Text, Videos, Fotos, Grafiken und Töne miteinander verschmilzt – und das Woche für Woche. Der Plan: das Besondere zur Regel machen und die Leser dabei immer überraschen. Unter dem Namen „Weitwinkel – die Visual Story im *Spiegel*" ist das wöchentliche Multimedia-Special inzwischen zu einem der beliebtesten Formate im digitalen Spiegel avanciert. Was sind die Lektionen des Experiments? Wie nutzen die Leser das neue Format? Und was verrät es uns über die moderne Form des multimedialen Erzählens?

Ich bin nicht Mozart. Ich bin auch nicht Simon Rattle. Und schon gar nicht Lang-Lang. Aber wir haben den gleichen Job im Prinzip: Mozart hat Symphonien für die Ewigkeit komponiert, Rattle interpretiert sie und holt das Beste aus einem Orchester heraus und Lang-Lang ist ein begnadeter Pianist. All das – die Komposition, das Spiel mit Dramaturgie und Dynamik,

4 Das Medium und die Kanäle

die Virtuosität am Instrument – vereint sich im übertragenen Sinne auch im Berufsbild des Multimedia-Journalisten: Er kreiert eine multimediale Symphonie aus Text, Video, Fotos, Grafiken und Tönen, muss dabei den Rhythmus und den Fortgang der Geschichte steuern und präzise um die Stärken und Schwächen der einzelnen Medien-Instrumente wissen: Wirkt dieser Aspekt der Story besser im Video? Oder soll ich es aufschreiben? Kann hier ein Foto stehen? Oder ist es der Ton, der am meisten bewegt?

Bei all den technischen Möglichkeiten und der rasanten Evolution in Hard- und Software, kann die wichtigste Aufgabe des multimedialen Storytelling leicht aus dem Blick geraten: eine im Wortsinn gute Geschichte erzählen.

Was dafür entscheidend ist? Der Reihe nach:

Lost im All

Die Sterne funkelten, der Mond wölbte sich am Horizont, ein Mini-Space-Shuttle flog von rechts nach links und wieder zurück und über allem schwebte ein kleiner Astronaut mit Raketenrucksack: „Per Mausklick durch die Galaxis", so hatten wir eines der ersten Multimedia-Specials genannt, das wir bei *Spiegel Online* gebaut hatten. Es war 2006, das iPhone war noch nicht erfunden, mehr als 40 Prozent der User gingen noch per Modem ins Netz und die Programmiersprache Flash war das Maß der Dinge. Mit ihr hatten wir eine Art interaktives Schaufenster gebaut, das unsere User mitnehmen sollte auf einen multimedialen Trip in den Weltraum. Der Anlass? Ein Spaceshuttle-Start. Hinter dem Sternenglitzer, der irrlichternden Raumfähre und dem Astronauten verbargen sich jeweils Videos, Grafiken und Slideshows, ein non-lineares Multimedia-Feuerwerk. So dachten wir. Drei Wochen hatten die Vorbereitungen gedauert und wir waren alle ziemlich stolz, als „Per Mausklick durch die Galaxis" schließlich auf der Homepage von *Spiegel Online* platziert wurde. Wir warteten. Und wurden enttäuscht. Die Abrufe, die sich schon damals sekundengenau checken ließen, waren nicht das Problem: Mehrere Hunderttausend User riefen das Special auf. Aber was dann? Die Auswertung zeigte: Dramaturgisch war unsere All-Reise ein Desaster. Die User wussten nicht, wo (und ob) sie überhaupt anfangen sollten, es gab keinen roten Faden, kein Ende – und so stiegen die meisten User gar nicht tiefer ein, guckten vielleicht ein oder zwei Videos, aber die Durchklickrate war sehr niedrig. Doch so schmerzhaft der Lernprozess war, was alles nicht funktioniert hatte – so wertvoll waren die Erkenntnisse für das, was in den Jahren danach folgen sollte.

C Was brauche ich?

Die Visual-Story

Im Dezember 2015 starteten wir beim *Spiegel* ein Experiment. Wir hatten gerade die App des digitalen *Spiegel* komplett neu aufgesetzt: Weg vom Blätter-Modus der alten, stark am Print-Produkt orientierten App, hin zum modernen Multimediamagazin, für Smartphones und Tablets optimiert. Aber wir wollten die App nicht nur technisch renovieren und besser gestalten. In den vergangenen fünf Jahren hatten wir erlebt, dass unsere Leser vom digitalen *Spiegel* mehr erwarten als eine 1:1-Kopie: Video-Reportagen zu den großen Geschichten, vertiefende Erkläranimationen, 360-Grad-Fotos oder Foto-Essays – unser Multimedia-Angebot, immerhin 20-30 Elemente pro Ausgabe, wurden so intensiv genutzt und erfuhren so viel Zuspruch, dass wir uns entschlossen, einen Schritt weiter zu gehen. Der Plan: Jede Woche wollten wir aus unserem Team heraus eine eigenständige Multimedia-Reportage kreieren, thematisch natürlich im Aktuellen verortet. Schließlich ist der *Spiegel* ein Nachrichtenmagazin – aber nicht mehr gebunden an bestimmte Artikel im Heft. Der Titel: „Weitwinkel – die Visual Story im *Spiegel*".

Seit knapp einem Jahr nun findet sich in der digitalen Ausgabe des *Spiegel* Woche für Woche eine Visual Story. Und auch in der Printversion wird auf die Visual Story hingewiesen: Auf einer Drittelseite werben Fotos und ein kurzer Teaser für das Format, klären, um was es geht und per QR-Code können die Leser die Visual Story mit ihrem Smartphone oder Tablet direkt starten.

Der Anspruch: Wir wollen den Usern herausragenden Journalismus bieten – visuell, inhaltlich, technisch. Und das macht das Visual-Story-Experiment zur großen Herausforderung: Welche Geschichten erzählen wir? Wie präsentieren wir sie? Und was lassen wir weg?

Um all das zu entscheiden, steuern und einschätzen zu können, bedarf es Wissen. Und Handwerk. Und Erfahrungen, die wir in den vergangenen Monaten gemacht haben. Und das Feedback der Nutzer, der Redaktion, der Techniker. Was also zählt? Drei Lektionen:

1. Die Dramaturgie: Von Anfang bis Ende

Da ist die Visual Story „Schweigen ist Tod": https://magazin.spiegel.de/SP/2016/11/143591186/index.html. Eine Fotografin und eine Text-Reporterin haben zehn Tage in Grönland recherchiert, Interviews geführt, fotografiert, gedreht und sind mit dem Schlitten in entlegene Dörfer gereist, um eine Frage zu beantworten: Warum hält Grönlands Jugend einen traurigen Rekord bei der Zahl der Selbstmorde? Wir haben die Geschichte als klassisches Storytelling à la „Snowfall" angelegt; nach einem Video-Intro folgen Text, Grafiken, Fotos und Videos im Wechsel: Ein junges Mädchen erzählt, warum sie sich vor einigen Jahren umbringen wollte. Und davon, wie sie jetzt anderen jungen Menschen hilft. Ein Polizist erklärt, wie er immer wieder von verzweifelten Jugendlichen angerufen wird. Eine Soziologin versucht, das Phänomen vor dem Hintergrund der grönländischen Geschichte einzuordnen. Vor allem aber hält die Suche nach Antworten den Spannungsbogen: Es gibt einen Anfang und ein, sogar Mut machendes, Ende. Anders als die Weltraum-Reise aus den Anfängen ist es eine lineare Erzählweise, die sich schlicht in unterschiedlichen Medien vollführt, die aufeinander aufbauen. Und das hat ebensoviel mit Lektion Nummer zwei zu tun:

2. Die Übergänge: Brücken bauen
Viele Storytelling-Tools, allen voran das „Pageflow"-Tool, das 2014 von den Kollegen des Westdeutschen Rundfunks entwickelt und freigegeben wurde, basieren auf dem Slide-Prinzip. Ob horizontal oder vertikal, der User scrollt, wischt oder tippt von Folie zu Folie, die verschiedene Medien beinhalten kann: Videos, Fotos mit ergänzenden Audio-Kommentaren, Texte, animierte Bilder, Grafiken oder dergleichen mehr. Auch für unsere Visual Storys haben wir zusammen mit einem Coder ein solches Tool entwickelt, das sich auf Smartphones genauso bequem nutzen lässt wie auf Tablets oder am Desktop-Computer. Wir setzen es vor allem dann ein, wenn wir eine Visual Story mit einem hohen Anteil an Bildern zeigen wollen – gekoppelt mit Audiokommentaren des Fotografen. So zeigen wir in der Story „Camp Dead End" exklusive Aufnahmen vom australischen Fotografen Matthew Abbott, der es geschafft hat, auf Manus Island zu fotografieren. Manus Island war über Jahre eine der beiden Inseln, auf denen Australien alle Bootsflüchtlinge abgeschottet hat, die versuchten, auf das Festland zu gelangen. Schon lange wurden die Lebensbedingungen der Menschen dort kritisiert, aber Fotos oder Videoaufnahmen von dort, geschweige denn Interviews mit den Flüchtlingen selbst, gab es nicht. Australien hatte schlicht kein Interesse daran, die Berichterstattung zu fördern, im Gegenteil: Journalisten wurde es so gut wie unmöglich gemacht, dorthin zu gelangen.

Abbots Bilder zeigten nun, wie die Flüchtlinge dort leben, wie sie von den übrigen Inselbewohnern angefeindet werden – in einer Fotoserie konnte er sogar einen Raubüberfall auf zwei Flüchtlinge dokumentieren. Keine Seltenheit dort, schließlich gelten für die Menschen aus „Camp Dead End" dort nicht dieselben Gesetze wie für die Einheimischen. Sie sind leichte Beute. Jedes Foto, jedes Video wird in der Story auf einer Folie präsentiert, kommentiert von Abbott selbst. Eine Herausforderung, da hier keine Texteinblendungen genutzt wurden, um die Geschichte voranzutreiben. Umso wichtiger sind die Brücken, die Abbott mit seinen Audio-Kommentaren schlägt: Wenn er ein Foto kommentiert, auf dem eine Gruppe von Flüchtlingen zu sehen ist, die ihn nachts noch bis zur Straße gebracht hat, erklärt er: „Nachts gehen die Flüchtlinge hier eigentlich nie vor die Tür. Zu gefährlich, sagen sie. Was sie damit meinen, erfahren wir direkt am nächsten Tag." Ein klassischer *Cliffhanger**: Man möchte wissen, was am nächsten Tag passiert ist. Und so führt ein Foto, ein Kommentar zum nächsten, der User verfällt in einen 30-Sekunden-Rhythmus. Viel länger sollten die einzelnen Elemente – ob Videos, Texte oder Audios – auch nicht sein. Das zeigen nicht nur die Auswertungen, welche Konsumzeiten sich bei Facebook ausgebildet haben. Es ist vor allem das Ergebnis einer der wichtigsten journalistischen Tugenden: das Weglassen.

3. Die Reduktion: Weniger statt mehr

„Kill your darlings" sagen die einen. Ein gestandener WDR-Dokumentarfilmer formulierte es damals in meinem Volontariat einmal so: „Achtung vor den Blumen am Wegesrand". Sie sehen hübsch aus und riechen gut, aber sie bringen dich vom Weg ab. Und der Weg ist die geradlinig und stringent erzählte Geschichte.

Deshalb ist der letzte Schritt bei allen Visual Storys, die wir mitunter über Monate entwickeln, immer der mit der virtuellen Heckenschere für die Blumen am Wegesrand im Storyboard: Bringt es die Geschichte weiter? Hält es auf? Bringt es Farbe in die Erzählung? Oder ist diese Blume vielleicht im Grunde die bessere Geschichte? Es geht dabei nicht darum, Kreativität abzuwürgen oder Recherchen zu sparen, im Gegenteil. Es geht darum, das Beste aus einer Geschichte herauszuholen.

Ist das Visual-Story-Experiment ein Erfolg? Nach allem, was wir derzeit auswerten können: absolut. Sie ist zum Labor innovativer Techniken geworden, das auch allen anderen Redaktionen im *Spiegel*-Verlag zugutekommt:

So haben wir erst kürzlich einen gemeinsamen Workflow für 360°-Videos entwickelt – für den *Spiegel*, *Spiegel Online* und *Spiegel TV*. Wir haben einen Ort für herausragenden Multimedia-Journalismus geschaffen. Die Zusammenarbeit mit den Entwicklern der IT bringt wertvolle Impulse, die die Redaktion antreibt und inspiriert. Inzwischen arbeiten Editorial Coder beim *Spiegel*, die sich als Teil des Redaktionsteams verstehen und aus inhaltlicher Sicht Lösungen und Wege suchen, neue Technologien redaktionell nutzbar zu machen. Vor allem aber: Die Leser des digitalen *Spiegel* nutzen die Visual Stories intensiv, sie sind zum integrativen Bestandteil der App geworden. All das zeigt: Die Menschen lieben gute Geschichten. Ob geschrieben, gefilmt, fotografiert oder alles zusammen. Geben wir sie ihnen.

WIE FANGE ICH AN, WIE STEIGERE UND WIE ENDE ICH?

D1   **126** Anfang

D2   **135** Mitte

D3   **144** Ende

D4   **156** Verdorbene Enden

D5   **159** Übergänge

D6   **164** Schluss jetzt

D Wie fange ich an, wie steigere und wie ende ich?

D1 ANFANG

Der Sog der Leerstelle

Die Braut kommt zurück von der Hochzeitsreise, tritt vor den Spiegel im Bad, schminkt sich, knüpft die Bluse auf, sucht ihr Herz und erschießt sich mit der Pistole ihres Vaters.

Mit dieser Szene beginnt, kurz zusammengefasst, Javier Marías seinen Roman „Mein Herz so weiß". Warum tötet sich die Braut nach dem Honeymoon? Wir lesen 352 Seiten, um das zu erfahren. Javier Marías öffnet eine *Leerstelle* (Iser 1974).

Der Einstieg zieht uns ins Buch hinein. Einen derart spektakulären Auftakt können wir als Journalisten selten bieten. Aber Leerstellen sind garantierte Aufmerksamkeitserhascher. Zum Beispiel, wenn einem Mann, der in den USA zum Tode verurteilt wurde, mehrere Zähne fehlen:

Abb. 20: Instinktiv wollen wir Leerstellen füllen – der Turm von L'Aquila, Italien, nach einem Erdbeben.

1 Anfang

Wenn Joseph Green Brown lacht, klafft unter seinem Oberlippenbart eine Lücke, dort, wo ihm die Gefängniswärter drei Tage vor seiner geplanten Hinrichtung die vier Schneidezähne ausgeschlagen haben (Andrian Kreye: Vorurteil Schuldig, in: Sittner 2007: 378).

Wenn wir das lesen, wird ein ähnlicher Mechanismus im Hirn aktiviert, der uns beim Passivtelefonieren, beim unfreiwilligen Mithören von Handy-Gesprächen anderer, stresst. Etwas in uns will die andere Seite ergänzen.

Die Unruhe im Hirn treibt uns in den Artikel hinein. Wir erfahren, dass Brown ausrastete, als ihm ein Schneider vor der – später aufgeschobenen – Hinrichtung die Innennaht des Hosenbeins für den Leichenanzug vermaß. Sechs Wärter haben ihn geprügelt und die Zähne herausgeschlagen. Brown wurde nach 14 Jahren in der Todeszelle als Unschuldiger entlassen. Er erhielt keine Entschädigung, auch nicht für die herausgeschlagenen Zähne.

Der Schriftsteller Jurek Becker spielt mit diesem Phänomen:

Ich wurde am, in, als einziges. Mein Vater war, meine Mutter. Bei Kriegsausbruch kam ich, wo ich bis zum. Nach Ende des blieb mein Vater mit mir, was ich bis heute nicht. Er hätte doch auch. Jedenfalls ging ich zur und wurde ein halbwegs normales. Das änderte sich, als ich den Beruf eines. Wenn ich auf mein bisheriges zurückblicke dann muss ich leider sagen.

Der Hirnforscher Gerald Hüther erklärt, was im Körper passiert, wenn wir solchen Leerstellen begegnen:
„Es sind diese Zustände, in denen man spürt, das etwas zusammenpassen könnte, aber noch nicht genau bekannt ist, wie. Wenn es durch eine eigene Leistung gelingt, aus diesem Durcheinander Kohärenz zu machen und wenn man plötzlich „Aha" sagt, wird im Gehirn das Belohnungszentrum aktiviert. Es werden Botenstoffe ausgeschüttet, die wirken so ähnlich, als hätte man Kokain beziehungsweise Heroin genommen und das gleichzeitig, aber in sehr niedriger Dosierung." (Medium Magazin 4-5/2014: 40)

Der Appell der Leerstelle wirkt auch im Artikel von Achim Zons über die Hochseilartisten Peggy und Karl Traber (Das Duell mit dem Schicksal (Sittner 2007: 288):

D Wie fange ich an, wie steigere und wie ende ich?

Ausgerechnet in Perpignan verlor sie ihren Glauben an die eigene Unverwundbarkeit, und zwar zwischen dem 32. und 33. Schritt. Sie war über die Jahre immer so sicher gewesen, dass nichts passieren könne und das Schicksal war ihr gnädig gewesen.

Wir wollen lesen, was da in der Lücke zwischen dem 32. und 33. Schritt passierte. Die Leerstelle wird damit genau positioniert. Und das ist wichtig für die Dramaturgie der Lücke.

Ein wichtiges Leerstellen-Übungsfeld sind die Titel. Wie stark ist der Appell? Ist der Sog der Leerstelle so groß, dass ich den Artikel anklicke? *Huffingtonpost.de* schreibt Leerstellen in die Titel, um Klicks zu generieren. Beispiele: „Aus diesem Grund hat sich van Gogh das Ohr abgeschnitten",
„Ein 300 Jahre altes Dokument offenbart eine verstörende Wahrheit über das Himalaya-Gebirge", „Über den Minirock dieser Frau spricht das ganze Internet".

> **Tipp:**
>
> Fallen Sie mit der Tür ins Haus. Steigen Sie mit einer Szene ein, die den Zuschauer, die Leserin packt. Englisch nennt man das „powerful opening".

Zurück zum Thema, zum Einstieg in den Artikel. Machen Sie es wie die Verkäufer. Stellen Sie ein günstiges Lock-Angebot ins Schaufenster oder vor das Geschäft, damit die Leute nicht vorbeigehen, sondern in den Laden kommen. Am Anfang einer Geschichte müssen Sie ein Fenster öffnen für die Aufmerksamkeit. Wenn Sie Neugier geweckt haben, können Sie die notwendigen „langweiligen" Informationen nachliefern, die zum Verständnis notwendig sind und die zur Exposition des Themas gehören (siehe Kapitel A2). Die Kunst des Managements der Leerstelle besteht darin, so viel Information zu geben, dass die Neugier des Publikums geweckt wird. Nicht zu wenig und nicht zu viel. Nur die Hälfte der Kirchenuhr überlebte das Erbeben in Aquila. Die Betrachter versuchen fast instinktiv, die Leerstelle zu füllen. Wenn ein Redner auf die Bühne kommt, dann entscheidet das Publikum innerhalb weniger Sekunden, ob es ihm zuhören will oder nicht. Stellen Sie sich vor, die Leute hätten grüne und rote Lämpchen auf dem Kopf. Wenn sie zuhören, schalten sie auf Grün, wenn sie wegzappen,

1 Anfang

leuchten die Lampen rot. Wenn der Aufmerksamkeitsschalter einmal auf Rot gestellt ist, wird es schwierig, eine Botschaft zu vermitteln. Man kann keinen zweiten ersten guten Eindruck machen.
Durchforsten Sie Ihren Stoff nach möglichen kleinen Höhepunkten. Setzen Sie einen an den Anfang. Wenn Sie gar nichts finden: Lassen Sie die Finger vom Thema. Dann gibt es nichts zu berichten. Es ist verboten, Leser zu langweilen wie im folgenden fiktiven Beispiel:

Die Gemeindeversammlung begann um 20.00 Uhr. Der Präsident begrüßte die Versammelten.

Wenn ein Autor so einsteigt, hat er bereits verloren. Gibt es nichts Spannenderes zu erzählen? Stellen Sie sich vor, der Gemeindepräsident sei ohnmächtig geworden und vom Rednerpult gestürzt. Kommen Sie dann nach Hause und sagen Sie als Erstes: „Die Gemeindeversammlung begann um acht Uhr?"

Einen spannenden Einstieg schaffen Sie auch mit einer Schwellenszene, also der Station einer Heldenreise (siehe Kapitel F1) , mit der das Abenteuer beginnt und die Heldin nicht mehr zurück kann. Der Film läuft! Der große Meister des Hörfunk-Features Peter Leonhard Braun, der im Kapitel B1 erzählt, wie er die Dramaturgie für seine Sendung „8:15 Uhr, Operationssaal III, Hüftplastik" entwickelt hat, beginnt seine Sendung mit so einer Schwellenszene:

Atmo: halliger Raum, Schritte, Stimmen im Hintergrund
Weibliche Stimme: Guten Morgen, Frau Nowak. Sie haben nichts gegessen oder getrunken heute morgen? Spritze haben Sie bekommen ja? Sind Sie so ein bisschen weggetreten von der Spritze? Legen Sie mal bitte ihren linken Arm raus? Gut. Es gibt einen Pieks jetzt in den Arm, da wird Ihnen ein bisschen komisch im Hals, und dann schlafen Sie aber. Zähne sind echt? Nicht erschrecken. So, jetzt gibt es einen Pieks. Das war's.
Tief Luft holen! Spüren sie schon was? Tief Luft holen! Das wird jetzt etwas komisch im Hals. Jetzt werden Sie müde.
Frau Nowak (mit sehr schwerer Zunge, unverständlich): Äh decke korzez soweni …
Weibliche Stimme: Jetzt Maske bitte und Narkoseapparat.
Atmo: Schnaufgeräusch der Atemmaske

D Wie fange ich an, wie steigere und wie ende ich?

Der Einstieg schafft Orientierung. Heldin, Ort und Handlung sind bereits in dieser ersten Szene klar skizziert. Frau Novak ist im Operationssaal, soeben narkotisiert, und wird nun gleich operiert werden. Eine Schwellenszene baut zudem immer Spannung auf, weil sie einen Bogen in die Zukunft spannt. Es ist klar, dass die Heldin sich auf eine abenteuerliche Reise begibt – was wird sie erleben, geht alles gut aus?

Sinnsucher

Was bleibt hängen? Und was wird nicht beachtet? Was geht im Hirn vor, wenn Informationen verarbeitet werden? Ein komplizierter Vorgang. Darüber weiß die Hirnforschung einiges, aber nicht alles. Wir erklären das Geschehen mit einer Geschichte. Stellen Sie sich vor, in Ihrem Kopf sitzt ein kleines Männchen. Sein Name lautet „A. H. Sinnsucher". Er sorgt dafür, dass Sie nicht in der Flut von Informationen ertrinken. „A." steht für Aussortieren und Abwinken. Das ist der normale Vorgang. Unser Hirn wäre hoffnungslos überlastet, wenn alle Informationen, die wir jede Stunde und jeden Tag bewusst und unbewusst aufnehmen, speichern müssten. Deshalb gehen 99 Prozent der Nachrichten zum einem Ohr hinein und zum andern wieder hinaus.

Abb. 21: Der Sinnsucher bei der Arbeit

1 Anfang

Die Frage lautet nun: Wie können wir das Männchen dazu bringen, Infos nicht abzuwehren, sondern die Tore der Wahrnehmung zu öffnen? „H." steht für Hineinwinken und Hineinlassen.

Auf bestimmte Signale reagiert der kleine Mann aufmerksam und interessiert:
» Wenn das emotionale Zentrum des Hirns berührt wird (die Amygdala, der Mandelkern), öffnet er die Tore, je emotionaler, je lieber (siehe Kapitel A2).
» Urmuster des Erzählens wie die Heldenreise* oder Geschichten von Aufstieg und Fall berühren ein Grundmuster seines Erlebens, davon will er mehr (siehe Kap. E3).
» Eine Leerstelle löst in ihm den Reflex aus, Unvollständiges oder Unvollendetes zu ergänzen oder abzurunden, er steigt deshalb ein (siehe Kapitel D1).
» Das *Versprechen**, dass er etwas Relevantes lernen wird, weckt sein Interesse.
» Wenn er Sinn, Zusammenhang und Orientierung wittert, macht er auf.
» Kann er an Bekanntes mit eigenen Erfahrungen anknüpfen, fasst er Vertrauen (siehe Kapitel D1).

Andocken

Wenn Sie das Publikum abholen, wenn Sie dort anknüpfen, wo sich die Leute gerade befinden, steigt die Aufmerksamkeit. Eigentlich eine Selbstverständlichkeit, aber sie wird häufig missachtet. Grund: Der News-Wert macht die Nachricht, und das Storytelling kommt zu kurz. Radionachrichten sind manchmal für Insider formuliert, so dass die Hörerinnen sie kaum verstehen. Stellen Sie sich vor, Sie hören folgende Nachricht im Radio (Topiwala 2009):

Bei der Verlagerung des Güterverkehrs auf die Schiene sei der unbegleitete kombinierte Verkehr die zukunftweisende Lösung. Die rollende Landstraße, bei der ein ganzer Lastwagen samt Zugfahrzeug und Chauffeur auf die Bahn verladen werde, sei nicht das richtige Konzept. Zu diesem Schluss kommt eine Studie, die heute in Bern den Medien vorgestellt wurde. Die rollende Landstraße könne höchstens eine flankierende Zusatzmaßnahme sein. Als Strategie

D Wie fange ich an, wie steigere und wie ende ich?

führe die rollende Landstraße wirtschaftlich, volkswirtschaftlich und ökologisch aufs Abstellgleis.

Verstehen Sie das auf Anhieb? Die Nachricht ist korrekt nach dem Schema der klassischen News-Pyramide verfasst worden: das Neueste zuerst, Lead, Quelle, Einzelheiten, Hintergrund.

So wird die Meldung zu einer – unnötigen – Herausforderung für den Hörer. Leute ohne Vorwissen werden wenig verstehen. Nachrichtenredaktor Thomas Kropf erklärt das damit, dass Nachrichtenschreiben als formeller Prozess betrachtet wird. Kropf war Nachrichtenredaktor beim *Schweizer Radio (SRF)*. Kropf gewichtet die kommunikativen Bedürfnisse der Hörer stärker. Er hat das „Andock-Modell" lanciert (http://homepage.hispeed.ch/thomas.kropf/). Sein Vorschlag:
„Sämtliche Informationen sind so im Text anzuordnen und zu verknüpfen, dass sie das Verstehen fördern; der Text soll – und zwar von Beginn weg – ans Vorwissen der Hörerschaft anknüpfen, gleichsam dort andocken."

Das Verfahren ist aus der Gedächtnisforschung bekannt. Das Kurzzeitgedächtnis, die Arbeits- und Denkzentrale des Hirns, verarbeitet Information (unter anderem), „indem es assoziiert, also mit Bekanntem verknüpft" (Steiner 2009: 150). Wird die gleiche Meldung nach dem Andock-Verfahren verfasst, klingt sie so:

Wie bringt man die Güter am besten von der Straße auf die Schiene? Mit der ›rollenden Landstraße‹, meinen die einen: Da wird der Lastwagen samt Chauffeur auf die Bahn verladen. Mit dem ›unbegleiteten kombinierten Verkehr‹, meinen die anderen: Da geht nur die Packung des Wagens mit, ohne Fahrzeug, ohne Chauffeur. Eine Studie kommt nun zum Schluss, dass die zweite Variante, also der unbegleitete kombinierte Verkehr, die richtige Lösung sei – und zwar wirtschaftlich wie vom Umweltgedanken her.

Was bedeutet die Meldung aus Sicht der Hörerinnen? Wer ist der Protagonist? Was ist das Objekt des Interesses? Wie kann ich die Aufmerksamkeit des Publikums von Beginn an wecken? Das sind laut Nachrichtenchef Mezzasalma die Leitfragen beim Verfassen des Anfangs der News. Und wie kann ich mit geschickten Wiederholungen der Kernbotschaft die Verständlichkeit beim Zuhören verbessern? Die klassische Vorgabe, der Trichter, oder die umgekehrte Pyramide tritt in den Hintergrund. Im Vordergrund stehen Aufmerksamkeit und Verständlichkeit. Heute ist das Bausteinemodell (Schwiesau 2003: 84) maßgebend für SRF und für die ARD.

Der klassische Leadsatz bleibt. Die Reihenfolge der weiteren Bestandteile darf verändert werden:
» Kernaussage
 Quelle, Einzelheiten, Hintergrund
» Kernaussage
 Einzelheiten, Hintergrund, Quelle
» Kernaussage
 Hintergrund, Einzelheiten, Quelle

Und so sieht das dann in der Praxis aus:
» **Lead:** Forscher am Universitätsspital Lausanne haben einen neuartigen Tuberkulosetest entwickelt.
» **Einzelheit:** Mit dem Test lässt sich rasch abklären, ob die Krankheit noch im Frühstadium ist, oder ob sie bereits ansteckend ist.
» **Quelle:** Die Forscher stellen den Test in der neusten Ausgabe des Fachmagazins „Nature Medicine" vor.
» **Hintergrund:** Die meisten heute gebräuchlichen Verfahren dauern lange und sind wenig zuverlässig.

Das Ergebnis ist klar: Die angedockte Meldung ist verständlicher. Sie verzichtet darauf, mit der letzten Schraubendrehung einer News aufzumachen, sondern erinnert an den Zusammenhang und dockt daran an.

Die Nachrichtenredaktion von *Schweizer Radio* SRF arbeitet mit einem eigenen Handbuch. Dabei ist ein sogenannter Schuhlöffel für schwierige Meldungen vorgesehen, wenn das Neue ohne Vorgeschichte nicht verständlich ist oder die Bedeutung des Neuen sich ohne die Vorgeschichte nicht erschließt. Das Manual zitiert zwei Beispiele für einen Schuhlöffel-Einstieg:

Vor zwei Jahren hatten zwei Männer in X eine Filiale der UBS überfallen und dabei zwei Angestellte erschossen. Heute hat das Gericht die beiden Männer zu 10 Jahren Zuchthaus verurteilt.

D Wie fange ich an, wie steigere und wie ende ich?

Die Notlandung eines Airbus A-380 der Quantas letzte Woche hat nun auch Folgen für andere Fluggesellschaften. Gleichzeitig teilten heute Lufthansa und Singapore Airlines mit, sie würden auf den Einsatz ihrer A-380 bis auf Weiteres verzichten.

D2 MITTE

In der Mitte muss was kommen. Aber was? Die Storykurve verlangt einen Höhepunkt. Einen Wendepunkt. Eine Klimax. Der Höhepunkt kann sehr verschieden gestaltet sein. Stellen Sie sich vor, Sie fahren Auto. Sie sehen durch die Frontscheibe und haben das Panorama vor sich. Sie schauen in den Rückspiegel und sehen, was hinter Ihnen liegt. Sie befinden sich in der Mitte der Strecke. So sagt es *Aristoteles**:

Eine Mitte ist, was sowohl auf etwas anderes folgt als auch etwas anderes nach sich zieht.

Es gibt keinen Lehrsatz über die Mitte journalistischer Texte. Um etwas zu erfahren über „die gute Mitte", haben wir einige Beispiele auf den Seziertisch gelegt und das mittlere Drittel genauer untersucht. Auffällig, dass das Verb „mitten" nicht existiert. Wir können anfangen, wir können enden. „Mitten" gibt's nicht.

Das mit der Mitte sollte man auch nicht ganz wörtlich nehmen. Man sieht es an der Storykurve (siehe Kapitel A2): Ein Wendepunkt, oder gar wie bei Aristoteles beschrieben, der Moment der schlimmstmöglichen Wendung liegt meist am Ende des zweiten Drittels.

Eine andere Seite des Helden

Erwin Koch zieht plötzlich den Vorhang auf. Er zeichnet in der *Österreichischen Presse* das Porträt des vermutlich besten Odyssee-Übersetzers deutscher Zunge, Dr. Kurt Steinmann. Über acht Absätze werden der Held und seine Verdienste vorgestellt: Kollegenlob, Auszeichnungen, Lebenswerk, Motivation. Dann kommt die Mitte:

Jetzt hört er ein Geräusch, ein Murren vielleicht, er drückt sich schnell vom Stuhl und eilt ans Bett der Mutter, 92-jährig, die er pflegt, seit sie nicht mehr gehen kann.

D Wie fange ich an, wie steigere und wie ende ich?

Herr Steinmann, der Geistesriese, zeigt hier eine andere Seite. Er, dessen letzte Jahre den Abenteuern und Reisen des Odysseus gewidmet waren, hat den Bannkreis seiner Mutter nie verlassen. Das ist Fallhöhe. Das ist Spiegelung. Und passt so herrlich zur griechischen Mythologie.

„Sie ist wunderbar", sagt er, „meine Mama". Alltäglich um halb acht trägt Dr. phil. Kurt Steinmann, in Rente seit sechs Jahren, seiner Mutter, die er nie verließ, das Frühstück ans Bett, hilft ihr, wenn nötig, beim Essen, bringt ihr die Glückspost oder die Frau mit Herz, stellt, wenn sie es möchte, das Radio an, liest dann eine der vielen Zeitungen, die im Kasten liegen, Neue Zürcher, FAZ, Willisauer Bote, bricht schließlich zum Einkaufen auf [...]

Nach ihrem ersten akustischen Auftritt – „ein Murren vielleicht" – knapp vor der Mitte des Textes bleibt Mutter Steinmann präsent bis ins Finale. Wenn Homer die eine große Liebe ist im Leben von Kurt Steinmann, ist die Mama die andere. Ihr gehört seine Fürsorge folgerichtig auch im letzten Absatz. „Mama, hast du warm genug?"

Erwin Koch schließt mit einem Ausblick auf Steinmanns nächstes Projekt. Seine Ilias-Übersetzung soll 2018 erscheinen. Es bleibt das Bild eines Besessenen, eines genialen Kauzes, dessen Bindung an die Mama seiner Größe keinen Abbruch tut. Vielleicht gibt es ja auch einen Zusammenhang

> ⊕ **ERWIN KOCH – AUF DEM OLYMP**
> » Die Presse, 20.06.2009
> » www.halem-verlag.de/storytelling-fuer-journalisten/
> » Porträt eines Geistesriesen.

Tipp:

Behalten Sie einen Trumpf in der Hand. Portionieren Sie Ihre Höhepunkte. Einen brauchen Sie für die Mitte.

Die Schlüsselszene

„Ick hab Lust und ick hab Mut", sagt Betty. Jean setzt sich neben sie. „Weißt du, wie alt ich bin?" fragt sie ihn. „73 – manche sagen, dass ich jünger aussehe." – „Ja, das finde ich auch" sagt Jean. „Hattest du schon mal einen Mann?" – „Nein, nein, nie." Das ist der erste Kontakt zwischen Betty, der behinderten alten Dame, die bei einem Erotik-Workshop mitmacht und Jean, dem angehenden Sexualbegleiter. Er ereignet sich in der Mitte des Textes.

Benjamin Piel hat ihn so erlebt: „Die beiden Protagonisten – Betty und Jean – haben sich über die Sprache kennengelernt. Das war so ein leuchtender Moment, wie sie aufeinander zugehen, wie sie miteinander ins Gespräch kommen, wie sich da auch so eine Vertrautheit entwickelt."

Betty lacht, nimmt Jeans Hand und hält sie fest. „Wie heißt du?" – „Jean" – „Jens?" – „Nein, Jean, das ist ein französischer Name." – „Oh, französisch." Sie lacht auf. „Ich will den Mann fragen, ob er mich anfassen will." – „Ich bin der Mann." – „Aaaaah", sagt sie und zieht die Augenbrauen hoch. „Wir beide machen das", sagt Jean. „Von mir aus kannst du alles machen", sagt sie, beugt sich zu ihm vor und kichert.

Die Überschrift verspricht Außergewöhnliches: „Bettys erstes Mal". Der erste Satz stellt Betty vor: „Betty ist 73 und Jungfrau." Die beiden letzten Sätze lauten: „Betty ist 73, fast blind, geistig behindert. Und keine Jungfrau." Das Mittelstück beschreibt die erste Begegnung von Betty und Jean, und wie sie einander näherkommen. Anfang, Mitte und Ende beziehen sich auf die zentrale Aussage des Textes. Der Aussagewunsch könnte lauten: Die Leser sollen spüren, dass die behinderte Betty sich Berührung und Sexualität ersehnt und können miterleben, wo und wie Jean ihr diesen Wunsch erfüllt. Wie der Autor Benjamin Piel das macht – die Leser miterleben zu lassen ohne auch nur eine Spur von Voyeurismus oder Indiskretion – steht in der *Elbe-Jeetzel-Zeitung*.

> **BENJAMIN PIEL – BETTYS ERSTES MAL**
> » Elbe-Jeetzel-Zeitung, 09.11.2013
> » www.marielampert.de/praxisbeispiele (siehe Folge 30)
> » Benjamin Piel katapultiert eine behinderte 73-Jährige ins Herz seiner Leser. Zunächst ist sie Jungfrau.

D Wie fange ich an, wie steigere und wie ende ich?

Eine neue Figur

Monika Held schreibt über obdachlose Frauen:

Zwölf Uhr mittags ist die Zeit, zu der Jasmin Cruse die Tür ihres Wohnwagens öffnet. Zuerst springt ein Schäferhund ins Freie, ein müdes Gesicht schaut hinterher. Wer nichts vorhat, sollte lange schlafen, sonst nimmt der Tag kein Ende. Das weiß Jasmin, seit sie von zu Hause weggelaufen ist. Vor drei Jahren war das, da war sie 14.

Jasmin Cruse tritt in der Mitte eines Textes erstmals auf. Sie ist die zweite Protagonistin der *Brigitte*-Reportage über obdachlose Frauen. Edith Steimker, 59, schläft am liebsten im Damenklo. Und Jasmin Cruse, 17, nächtigt auf dem Campingplatz.

Von Jasmin ist in der ersten Hälfte nicht die Rede. Denn der Text folgt der Chronologie eines Tages, und Edith Steimker ist seit morgens um vier auf den Beinen, Jasmin hat ihren ersten Auftritt um zwölf Uhr mittags. Wir sind aber durch Fotos auf ihren Auftritt vorbereitet. Im zweiten Teil des Textes treten Jasmin Cruse und Edith Steimker abwechselnd auf. Den Schluss bildet eine Bierparty auf dem Campingplatz. Jasmin feiert ihre Aufnahme in die Abendschule.

Auf die Zukunft! Gefeiert wird bis Mitternacht. Am anderen Ende der Stadt schläft Edith Steimker seit einer Stunde ihren leichten, wachsamen Schlaf auf dem Damenklo.

Schwenk der Kamera zurück zum Damenklo. Mit einer rhetorischen Figur aus der Dichtkunst, dem Gegensatzpaar „wachsamer Schlaf". Und Schluss.

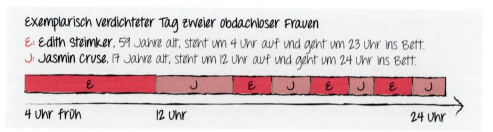

Abb. 22: Die Mitte bringt eine neue Figur

> **⊕ MONIKA HELD – ARMUT, DIE MAN NICHT SIEHT**
> » Brigitte 26/1997
> » www.halem-verlag.de/storytelling-fuer-journalisten/
> » Ein Tag im Leben zweier obdachloser Frauen:
>   Edith Steimker (59) und Jasmin Kruse (17).

Ein neuer Ton, eine neue Richtung

Tanja Rest besucht einen Schamanismus-Kongress. Viele Schamanen, viele Besucher, viele Workshops. Sie führt ihre Leser durch das Gewusel. Die erste Hälfte des Artikels bietet schrille Szenen und farbige Details. Ein Tableau weiser Frauen, esoterischer Spinner, ein Bild nach Brueghel mit Sinnsuchern und Priestern. Exakt in der Mitte hält sie inne:

Kurz: Die Versuchung ist groß, den Kongress als geniales Spukgebilde abzutun. Aber so einfach ist das nicht, im Gegenteil. Je genauer man hinschaut, umso komplizierter wird es.

Die Autorin formuliert ein Resümee ihrer Eindrücke. Spuk oder Nichtspuk – das wird die Frage sein, der sie jetzt konsequent nachgeht:

Die hier anwesenden Schamanen haben allesamt verblüffende Heilerfolge erzielt. Diese Erfolge sind zum großen Teil dokumentiert und der Schulmedizin ein schmerzendes Rätsel.

Nun geht es darum, was das bunte Treiben in der ersten Hälfte des Textes bedeutet. Um Analyse, um die Frage nach der Substanz des Schamanismus und der Schamanen. Leser können ab jetzt verfolgen, wie die Autorin ihre Eindrücke sortiert und zu einer Meinung, einer Haltung gegenüber dem Thema gelangt. Sie spricht mit einem Psychologen über Schulmedizin und Grenzgebiete der Psychologie. Sie besucht zwei Schamanen in ihrem Gastquartier. Die beiden, das zeigt sie in Szenen, zeichnen sich aus durch gesunden Menschenverstand, Demut und Gottvertrauen. Der letzte Eindruck der Leserin: Die sind klug, die Schamanen. Klüger als manche Kongressbesucher.

D Wie fange ich an, wie steigere und wie ende ich?

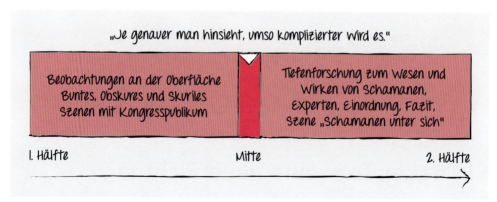

Abb. 23: Die Mitte bringt einen neuen Ton und eine neue Richtung.

Das Geheimnis

Selbst wenn wir wissen, dass der Held ein Geheimnis hat – wir wagen nicht, danach zu fragen. Das Motiv erinnert an die Artussage. Amfortas, der Gralskönig, könnte erlöst werden durch eine Frage. Gut, dass Birk Meinhardt die Frage seinem Helden Abdul Ahad Momand endlich stellt. Oder zumindest dafür sorgt, dass ein anderer sie stellt:

Wie sieht sie aus, die Erde von oben, Abdul, so blau, wie immer gesagt wird?

Abdul Ahad Momand war ja im Weltall, er muss es wissen. Abdul, der afghanische Kampfflieger, der als Kosmonaut mit der Sojus 6 die Erde umkreiste. „Blaugrün. Sie wirkt vor allem deshalb so eindrucksvoll, weil um sie herum alles schwarz ist. Aber das wichtigste ist, du siehst sie als Ganzes. Du fühlst dich auf eine pure Art als Mensch. Du bist sehr stolz, auf der Erde zu leben."

Abdul Ahad Momand erzählt im Kreis seiner Sportkameraden einmal genauer, wie es war da oben. So genau hat er noch nie darüber gesprochen. Jetzt hören sie, dass er da oben gleich noch zwei heldische Taten absolviert hat. Er hat die Bremsautomatik der Raumkapsel außer Kraft gesetzt – gegen den Willen seines Kommandanten. Damit hat er die Rückkehr der Mannschaft zur Erde ermöglicht. Sie wäre sonst in ihrer Kapsel im Weltraum verglüht. Und dann hat er noch eine Botschaft an die Welt gesandt, an die Sowjets und an sein eigenes Volk: „Wir Afghanen brauchen keinen Krieg mehr."

Momands Lebensgeschichte hat hier, in der Mitte des Artikels, ihren Höhepunkt. Ein Bauernsohn wird Kosmonaut. Nie war er höher droben, nie hat er größeres Ansehen genossen. Seine Story entspricht den Theorien Aristoteles' wie Friedrich Dürrenmatts. Die schlimmstmögliche Wendung steht bevor. Nach dem Aufstieg – davon erzählt die *erste Hälfte* des Textes – kommt der Fall. Davon erzählt die *zweite Hälfte*. Momand verlässt sein Land und beantragt Asyl, weil in Afghanistan „nichts besser wird", wie es im Text heißt. In Deutschland wird der Held schikaniert und gedemütigt im Rahmen des Asylverfahrens. Heute übt Momand eine Tätigkeit aus, über die er nicht spricht:

[…] Dass er nicht darüber reden will, erklärt schon mehr, als Momand will. Da muss eine Scham sein bei ihm, weil sich alles doch sehr am Boden abspielt, zu tief unterm Gipfel seiner Geschichte.

Ein Held hat ein Geheimnis, einen geheimen Schmerz, eine verwundbare Stelle. So will es Hollywood und so zeigt es sich bei Abdul Momand. Er ist stolz. So stolz, dass er nicht darüber spricht, welche Art von Arbeit ihn heute ernährt. Und er hasst Aufschneiderei. So sehr, dass nicht einmal seine Volleyballfreunde genau wissen, welch einzigartige Reise er einst unternommen hat. Bis der Reporter kommt und behutsam zu fragen beginnt. So wie in der Gralsgeschichte. Da kommt Parzival und erlöst den kranken König durch seine Frage. Wer das Muster der Heldenreise kennt (siehe Kapitel F1), erkennt alle Stationen in der Momand-Story in der *Süddeutschen Zeitung* wieder.

> **⊕ BIRK MEINHARDT – MISTER UNIVERSUM**
> » Süddeutsche Zeitung, 01./02.04.2010
> » www.marielampert.de/praxisbeispiele (siehe Folge 33)
> » Er ist Afghane. Er war als Kosmonaut im All, er war Minister seines Landes und nun ist er Asylant in Ostfildern.

Die Geschichte wirkt dennoch nicht konstruiert. Gute Erzähler bedienen sich selbstverständlich bewährter Erzählmuster, die ihr Publikum ebenso selbstverständlich entziffert. Märchen und Mythen, Hollywoodschinken und Groschenromane, Kinderbücher und Comics enthalten diese Muster genauso wie große Literatur unserer Zeit. Professionell schreiben heißt gezielt auf sie zuzugreifen.

D Wie fange ich an, wie steigere und wie ende ich?

> **Tipp:**
>
> Spüren Sie den Erzählmustern in Ihrer Lektüre nach, in Filmen und Videos. Folgen Sie ihren Strukturen in der Literatur, in Märchen und Mythen. Wenn sie Ihnen bei Ihren Recherchen begegnen, greifen Sie zu. Gestalten Sie sie.

Die Wende

Morgens im Radio. Sabine Brandi erzählt zwischen zwei Musiktiteln im Morgenmagazin des *Westdeutschen Rundfunks* ein kleines Erlebnis: „Morgens in meiner Dortmunder U-Bahn". Eine Moderation die beiläufig daherkommt und doch durch und durch gestaltet ist. Die Wende ereignet sich exakt in der Mitte, die Spiegelachse der Erzählung besteht im Ausruf einer älteren Dame: „Ach, ich hab mich nich entwertet!"

> **SABINE BRANDI – MORGENS IN MEINER DORTMUNDER U-BAHN**
> » WDR Morgenmagazin
> » www.halem-verlag.de/storytelling-fuer-journalisten/
> » Eine Moderatorin erzählt, was sie morgens in der U-Bahn erlebt.

Alle Personen, die in der ersten Hälfte aufgetreten sind, kommen wieder in der zweiten Hälfte. Hier ist nichts zufällig. Kein Kinderwagen steht einfach nur so in der U-Bahn herum. Faszinierend, wie leichtfüßig die Geschichte daherkommt, und wie minutiös geplant sie aussieht, wenn man sie in ihre Bestandteile zerlegt.

> **Tipp:**
>
> Wenn Sie intuitiv schreiben, weil Ihnen das besser liegt: Prüfen Sie beim Überarbeiten, ob Sie die Story noch wirksamer drehen können. Haben Sie das Grundmuster optimal herausgearbeitet?

Was haben alle vorgestellten Mitten gemeinsam? Sie handeln vom Kern. Sie bringen einen dramatischen Höhepunkt in Gestalt einer Wende.

Sie resümieren und sie verheißen Neues. Sie öffnen endlich eine Tür, durch deren Spalt schon Licht gefallen ist. Sie zoomen auf einen Protagonisten, dessen Name bereits fiel. Sie schaffen neue Spannung auf dem Feld, das angelegt ist. Sie weisen zum Subtext.

Wir haben allen Mitte-Beispielen einen Hinweis auf den Schluss der Stücke angefügt. Denn eine schlüssige Konstruktion steht auf drei Säulen. Die heißen „Anfang", „Mitte" und „Ende". Dazwischen bestehen Zusammenhänge.

D Wie fange ich an, wie steigere und wie ende ich?

D3 ENDE

Klaus Brinkbäumer führte ein Interview mit dem amerikanischen Schriftsteller John Irving.

Spiegel: […] Sie beginnen angeblich stets mit dem letzten Satz, warum?
Irving: Weil ich das Ende brauche, um anfangen zu können. Wenn du es kristallklar vor dir siehst, wenn du den Standpunkt und den Ton des Endes hast, dann geht es dir wie mit dem Refrain eines guten Songs: Du bewegst dich darauf zu, du weißt, dass der Refrain kommt, und dieses Wissen gibt dir Selbstvertrauen.
Spiegel: Verirren Sie sich sonst in der eigenen Geschichte?
Irving: Ich muss wissen, wohin die Geschichte führt, sonst verheddert man sich, sonst schreibe ich ziellos.
Spiegel: Ist das eine Marotte geworden?
Irving: Eine Methode, die aus einem Zufall entstand, schon beim ersten Buch. Zuerst kommt der letzte Satz, dann ein Bauplan, von hinten nach vorn: ein Handlungsablauf. Wer sind die Figuren, wo begegnen sie sich, wann begegnen sie sich wieder, leben sie, sterben sie, und falls sie sterben: Wie sterben sie?

In den Hinweisen für Vorjuroren beim Henri-Nannen-Preis (reporter-forum.de)* heißt es dazu: „In gelungenen Reportagen ist der rote Faden stets erkennbar, jeder Absatz treibt die Geschichte voran, es gibt keine belanglosen Passagen. […] Aber in welcher Reihenfolge erzählt er all die Aspekte seiner Geschichte? Dafür gibt es kein Rezept, einzig nur diese Regel: Der Autor geleitet den Leser so durch das Geschehen, dass er

a. in jedem Absatz weiß, wo er sich thematisch, zeitlich und örtlich befindet
b. nach jedem Absatz wissen will, wie es weitergeht."

Der Reporter, so fordern es die Hinweise für Vorjuroren, hantiert mit starken Szenen, überraschenden Wendungen, mit dem Wechsel von Nahaufnahme und Übersicht, mit kraftvollen Dialogen.

„Erzählen ist [...] die Herstellung einer Reihe aus den dafür zur Verfügung stehenden Einzelheiten. Es wird bei einer Nummer eins angefangen, und dann kommen zwei, drei und so weiter, so dass eine Reihe mit Anfang und Ende entsteht. [...] Wichtig ist, dass die Einzelheiten überhaupt in einen Zusammenhang gebracht werden."

STEN NADOLNY

D Wie fange ich an, wie steigere und wie ende ich?

Das Ende bleibt. Unser Gedächtnis hegt eine Vorliebe für Schluss-Szenen, sagt der Hirnforscher Daniel Gilbert (Gilbert 2008: 330). Was wir auch wahrnehmen – eine Serie von Klängen oder Düften, eine Reihe von Bildern, eine Anzahl von Personen: Stets erinnern wir uns deutlicher an den Schluss als an die Mitte oder den Beginn der Abfolge. Natürlich müssen Journalistinnen ihre User erst mal so weit durch die Story lotsen, dass sie in die Zielgerade einbiegen. Da sollte dann aber noch mal eine Art Triumphbogen warten. Oder ein dreifach gebundenes Spalier.

Schlüsse haben es schwer. Anfänge kommen in der Ausbildung von Journalisten häufig vor. Die meisten Journalistinnen und Journalisten sind im Anfangen besser als im Aufhören. Wir haben einige bewährte Schlussfiguren aus einer größeren Sammlung von Texten herausdestilliert.

Das Ende der Handlung

Sollten Sie jemals über Schädlingsbekämpfung am Beispiel der Ratte schreiben, wäre dies ein sehr passender letzter Absatz:

Und dann: der schmerzlose Rattentod. Die Antikoagulantien [Medikament, das die Blutgerinnung hemmt, Anm. d. Verf.] machen das Blut dünn. So dünn, dass es sogar durch die Adern dringt. Krämer vergleicht die Methode mit dem sanften Selbstmord in der Badewanne. Und er erzählt das, als sei er schon dabei gewesen: „Da tut auch nichts weh, abgesehen vom Aufschlitzen der Pulsadern." Bei der modernen Methode also rührt sich die Ratte nicht mehr in ihren letzten Stunden. Etwas Blut dringt aus Ohren und Schnauze. „Es sieht dann aus, als ob die Ratte döst", sagt Krämer. „Sie liegt noch einige Stunden herum, kurz vorm Einschlafen sitzt sie da mit verträumten Augen, und dann gehen die Augen langsam zu."

Ende gut, Ratte tot. Die Schädlings-Bekämpfer-Story von Malte Dahlgrün in der *Süddeutschen Zeitung* schließt mit einem Zitat und dem Ende der zentralen Handlung. Zudem bestätigt der letzte Blick des Protagonisten auf die Ratte eine Aussage des Stücks: dass nämlich Daniel Krämer ein irritierend vertrautes Verhältnis hat zu den Tieren, deren Beseitigung sein Job ist. Was der Text erzählt und wie er es tut, ist in diesem Absatz verdichtet.

> **Tipp:**
> Finden Sie das logische Ende Ihres Beitrages im Sinne Aristoteles. Wie endet die Handlung? Wie können Sie diesen Moment verdichten oder überhöhen?

Sabine Brandi, die im WDR von ihrem frühmorgendlichen U-Bahn-Erlebnis „einmal war alles anders" erzählt, endet mit dem Ausstieg ihrer Protagonistinnen aus der Bahn – Ende der Handlung – und dem akustischen Schnappschuss vom Moment danach:

Stadtmitte stiegen die beiden alten Frauen dann aus, erleichtert, fröhlich und gut unterhalten. Das war's dann. Danach waren wir wieder alle stumm.

Die Quintessenz

Roland Mitterbauer, der über glühende Kohlen ging, spricht die Quintessenz seiner Reportage aus:

Dass die Glut von Birkenholz im Vergleich zu anderen Holzarten relativ kühl, der Boden feucht und kalt, die Füße aufgeweicht sind, spielt keine Rolle. Der Glaube versetzt Berge und motivierte Menschen können Dinge erreichen, die sie zuvor nicht zu träumen gewagt hätten.

Szene plus Zitat mit zentraler Aussage – so schließt Tanja Rest mit ihrem Text über den Schamanenkongress. Zwei Schamanen im Gespräch:

„What's up?", fragt Konqobe. – „Da ist eine Frau aus Salzburg gekommen. Sie will, dass ich mache, dass sie ein langes Leben hat." Der Schamane haut sich auf die Schenkel, und dann lachen beide, amüsiert und durchaus nachsichtig. „Ein langes Leben!", sagt Sree Chakravarti. Herzensgüte leuchtet aus jeder Furche ihres Gesichts. „Wer außer Gott könnte das schenken?"

D Wie fange ich an, wie steigere und wie ende ich?

> **Tipp:**
> Wählen Sie vor dem Schreiben eine Szene oder Handlung aus, in der sich Ihre Aussage kristallisiert. Heben Sie sie auf für den Schluss.

Die Quintessenz kann auf vielerlei Wegen in den Schlussabsatz gelangen. Das Zitat ist eine Möglichkeit. Zum Beispiel in der *Süddeutschen Zeitung*, in der Charlotte Frank die Geschichte über schwule Asylbewerber mit dem Resümee des Gutachters Martin Dannecker beschließt:

Er sagt, dass die Geschichten der homosexuellen Flüchtlinge nicht nur besonders kompliziert sind, weil sie Schreckliches und Traumatisches erzählen. Sondern weil sie Geschichten von Unaussprechlichem sind. Geschichten davon, dass eine Eigenschaft, die einen vorher fast das Leben gekostet hat, plötzlich Leben retten kann.

Radiobeiträge schließen fast immer mit einem Zitat. Gut, wenn es eine Quintessenz enthält. Radiojournalisten haben da selten ein Problem. Weil sie in der Regel ihre O-Töne von vornherein sortieren und die sinnvollsten Zitate auf Anfang, Mitte und Ende ihres Beitrags verteilen, bevor sie die Zwischentexte dichten.

Heike Faller hat in der *Zeit* zweimal über den Pädophilen Jonas geschrieben. Im ersten Text geht es um seine Erfahrungen mit der Therapie in der Charité und das Outing gegenüber seiner Schwester und den Eltern. Im Zweiten geht es um die Zeit nach der Therapie, er geht um Rückfälle und Versuchungen, nachdem er das Medikament absetzen musste, das seine Testosteronproduktion und damit sein Begehren herabgesetzt hatte. Der Leser weiß inzwischen:

Selbstmord war ihm lange als letzte Möglichkeit erschienen, den Kampf in seinem Inneren zu beenden.

Der Text endet mit einem Zitat, das diesen Gedanken weiterführt.

Als ich Jonas vor ein paar Tagen wegen Edathy anrief, fragte ich ihn, ob er sich an seine Worte erinnere, dass er sich umbringen würde, sollte die

Therapie nicht helfen. Er sagte: „Es kann ein Scheißleben sein, aber es gibt dazu keine Alternative. Keine Sorge."

> **Tipp:**
>
> Wählen Sie einen Schluss, der die Tonalität oder Temperatur Ihres Textes noch einmal deutlich spüren lässt.

An der Schweizer Journalistenschule wird so ein Zitat-Ende mitunter beanstandet. Nicht weil es per se schlecht wäre, sondern weil es häufig einen Verlegenheitsschluss darstellt. Ein Zitat zum Schluss muss Quintessenzqualitäten haben, damit es bestehen kann. Haben Sie noch ein Zitat in petto? Wenn nicht, formulieren Sie ein Resümee. Das ist wirkungsvoller als ein hinkendes Zitat. Und kommt daher wie ein freundlicher Händedruck mit Augenkontakt. Es bestätigt: Ja, so hab ich das gemeint.

Die frühere Jonas-Geschichte endete damit, dass Heike Faller die Leistung des Helden würdigt. Jonas hat eine Therapie gemacht und seine Familie in sein Geheimnis eingeweiht:

Wenn ein Leben gelungen ist, weil Menschen ihr Potenzial ausgeschöpft haben, dann wird Jonas' Leben gelungen sein, weil er das, was in ihm ist, mit allen Mitteln unterdrückt hat. Er wird kein Bundesverdienstkreuz dafür bekommen. Er kann noch nicht einmal ein Schulterklopfen erwarten. Keiner darf je von dem Kampf erfahren, den er führen muss, solange er lebt. Außer jene, von denen er weiß, dass sie ihn lieben.

> 🌐 **HEIKE FALLER – DER GETRIEBENE**
> » Die Zeit, 25.10.2012
> » http://www.zeit.de/2012/44/Sexualitaet-Paedophilie-Therapie
> » Jonas ist pädophil und kämpft dagegen an.

Das Ende macht die Sache rund. Wenn Sie stringent erzählt haben, ist sich die Userin, der Hörer an dieser Stelle sicher: Habe verstanden. Das wollte sie mir sagen. Der Schluss hat es noch mal bestätigt. Ein guter Schluss enthält Ihre Aussage verdichtet, im Bild, in der Szene, im Zitat. Oder als Resümee der Autorin.

D Wie fange ich an, wie steigere und wie ende ich?

> **Tipp:**
> Machen Sie den Schlusstest. Enthält und bestätigt Ihr Schluss die Aussage?

Das zentrale oder sprechende Detail

Hunderte Meter vom Ufer entfernt weht der Sturm ein Sitzpolster weg. Murer will es aus dem Wasser fischen. Er fällt über Bord, der Bodensee verschluckt ihn.

Am Bodensee ist der Unternehmer Beda Murer über Bord seiner Yacht gegangen. Der Blick schildert die Handlung einer Gewitternacht aus der Sicht seiner „Begleiterin", wie es in der Boulevardzeitung heißt. Die Zeitung berichtet vom Seenotalarm, der Helikoptersuche und dem Abbruch der erfolglosen Rettungsaktion. Der letzte Satz lautet:

Die Retter haben das Sitzpolster geborgen.

Der Schluss nimmt ein Detail auf. Was war mit dem Sitzpolster? Die Retter haben es geborgen. Den Mann haben sie nicht gefunden. Mit dem Detail hat es eine Bewandtnis. Der Millionär ist ertrunken, weil er ein Sitzpolster aus dem Wasser fischen wollte. Dieser Schluss ist gut, weil er Fallhöhe schafft, das Tragische und Unnötige dieses Unfalls benennt.

Pointe und Paukenschlag

Die schwedische Journalistin Natalia Kazmierska hat 2005 den untergetauchten Romanautor Peter Hoeg nach einer detektivischen Verfolgungsreise aufgespürt. Nach seinem Welterfolg „Fräulein Smillas Gespür für Schnee" hat Hoeg zehn Jahre lang kein Interview gegeben. Kazmierska erzählt ihre Geschichte in der schwedischen Boulevardzeitung *Expressen* streng chronologisch. Ausgenommen den Anfang. Da nimmt sie die Szene der Begegnung vorweg. Später wird klar, dass Hoeg sich tatsächlich auf ein Interview eingelassen hat. Er war bereit, einer Veröffentlichung unter bestimmten Bedingungen zuzustimmen. Den Hammer bringt die Autorin im letzten Absatz:

Die Bedingung ist, dass ich niemandem erzähle, dass ich ihn hier und jetzt getroffen habe. Das ist die wichtigste Forderung des weltberühmten Schriftstellers. Er insistiert sehr auf diesem Punkt. Ich muss tun, als habe dieses Treffen in Norre Snede nie stattgefunden. Ich stimme nicht zu.

Oder machen Sie's so: Pointe plus Rückschluss zum Anfang. Mehrere Schlussfiguren verstärken die Wirkung. So wie in Herbert Riehl-Heyses Stück über den Ankauf einer Arbeit des Künstlers Joseph Beuys durch die Stadt München. Bei der Ausstellungseröffnung zu Beginn des Textes schildert er eine prägnante Szene:

Ein junger Mann im Skipullover steht plötzlich neben dem Meister, fragt ihn, ob er Englisch sprechen dürfe, sagt, er habe bis gestern noch nie den Namen Beuys gehört, dann habe ihm ein Bekannter von diesem größten Künstler seit Picasso vorgeschwärmt, worauf er sich in einer Kunsthandlung erkundigt habe, wo dieser Mann eigentlich auftrete. Da habe die Besitzerin gerufen: „Um Gottes willen, dieser Scharlatan!" Hier also stehe er, sagt der Skipullover mit deutlich erhobener Stimme, und wolle wissen: „Are you a genius or a charlatan?"

Es wird dann gefachsimpelt vom Vernissagen-Publikum, es geht um Fettecken und Hasenunterkiefer sowie Filzhüte. Und die exorbitanten Preise für solcherlei Kunst. Und zum Schluss trifft der Künstler noch einmal auf den Skipullover:

Der sagt, er wisse jetzt endlich die Antwort auf seine vorhin gestellte Frage, „Sie sind", sagt er mit ausgebreiteten Armen, „weder Genie noch Scharlatan: Gott schütze Sie für Ihre Eigenschaft, ein menschliches Wesen zu sein." Beuys sagt, exactly so sei es, und danach lassen sie sich Arm in Arm fotografieren.

D Wie fange ich an, wie steigere und wie ende ich?

Zurück zum Anfang

Oft heißt es: Zurück zum Anfang sei ein guter Schluss. Das kann so sein. Jedoch tritt die wohltuende Wirkung dieser Figur nur dann ein, wenn sowohl der Anfang als auch das Ende sich auf eine Kernaussage beziehen. Und aus diesem gemeinsamen Bezugspunkt speist sich der Eindruck, eine „runde Geschichte" gehört oder gesehen zu haben. Nicht aus dem Umstand, dass – beispielsweise – sowohl Anfang wie Ende im Damenklo spielen.

Anfang: Sechs Gründe sprechen für das Damenklo als Nachtquartier.

Ende: Am Ende der Stadt schläft Edith Steimker seit einer Stunde ihren leichten, wachsamen Schlaf auf dem Damenklo.

Die Kernaussage lautet: Obdachlose Frauen legen Wert darauf, anders als wohnsitzlose Männer, dass ihre Not nicht sichtbar wird. Man sieht sie deshalb kaum je auf Parkbänken oder in Hauseingängen schlafen. Deshalb ist die Schlafstätte Damenklo ein guter Ort für Anfang und Schluss.

> **MONIKA HELD – ARMUT, DIE MAN NICHT SIEHT**
> » Brigitte 26/1997
> » www.halem-verlag.de/storytelling-fuer-journalisten/
> » Ein Tag im Leben zweier obdachloser Frauen: Edith Steimker (59) und Jasmin Kruse (17).

„Bettys erstes Mal" schließt ebenfalls mit einer Klammer:

Anfang: Betty ist 73 und Jungfrau.
Ende: Betty ist 73, fast blind, geistig behindert. Und keine Jungfrau.

> **BENJAMIN PIEL – BETTYS ERSTES MAL**
> » Elbe-Jeetzel-Zeitung, 09.11.2013
> » www.marielampert.de/praxisbeispiele (siehe Folge 30)
> » Benjamin Piel katapultiert eine behinderte 73-Jährige ins Herz seiner Leser. Zunächst ist sie Jungfrau.

Ausblick

Bis zum Ende des Volksfestes am 18. April werden mehr als 2,7 Millionen Besucher erwartet.

So ein Schluss kann passen. Allerdings klingt er ziemlich sachlich. Niemand wird vermuten, dass *Die Welt* hier eine besonders packende oder originelle Story erzählt hat. Hat sie auch nicht. So schließt ein Pflichtstück zu einem jährlich wiederkehrenden Ereignis.

Einen Ausblick nach dem Muster „Was wäre, wenn?" setzen Katja Riedel und Christian Sebald in ihrer Geschichte über Google Street View in der *Süddeutschen Zeitung*. Die Vorlage liefert ihnen der Rechtsdezernent der Gemeinde Ratingen, die eine Gebühr verhängte für das Filmen ihrer Straßenzüge. So wird das Filmen teuer für Google: „Natürlich ist uns bewusst, dass wir als vergleichsweise kleine Kommune allein einen Weltkonzern wie Google nicht abschrecken können", sagt der Ratinger Rechtsdezernent Dirk Tratzig. „Das sähe aber ganz, ganz anders aus, wenn viele Kommunen unserem Beispiel folgen."

Einen vorbildlichen Ausblick liefert Erwin Koch in seiner Gelehrtenstory über den Altphilologen Kurt Steinmann. Dessen Leben und Übersetzungskunst basiert u. a. auf Gleichmaß und Disziplin. Das Große schaffen in kleinen Schritten. So ging das bei der „Odyssee". So wird es sein bei der „Ilias".

Alltäglich um zehn Uhr am Morgen hilft Dr. Kurt Steinmann seiner Mutter ins Wohnzimmer, polstert ihren schmalen Rücken und fragt „Mama, hast Du warm genug?", bis sie nickt. Dann tritt er an seinen Tisch in seinem Zimmer und beginnt zu übersetzen, Homers anderes großes Werk, die „Ilias", 15 Verse jeden Tag, zuerst im Kopf, dann schreibt er sie nieder, schmeckt sie ab, tippt sie endlich in den Computer, sechs Stunden Arbeit für 15 von 15.693 Versen, 1.047 Tage für die „Ilias", Hieb um Hieb, Schlacht nach Schlacht, Gott für Gott, Abgabetermin – 2018.

ERWIN KOCH – AUF DEM OLYMP
- » Die Presse, 20.06.2009
- » www.halem-verlag.de/storytelling-fuer-journalisten/
- » Porträt eines Geistesriesen.

D Wie fange ich an, wie steigere und wie ende ich?

Service oder Appell

Beiträge mit explizitem oder implizitem Servicecharakter schließen oft mit weiterführenden Hinweisen. Die stehen am Schluss oder als Nachsatz abgesetzt: Widerspruch kann man auch formlos einlegen unter streetview-deutschland@google.com. Der hannoversche Bürgersender h1 zeichnet das Konzert auf. Es soll am Sonntag, 22. Juli, ab 19 Uhr gesendet werden. Der Sender ist im Kabelnetz auf dem Sonderkanal 11 zu empfangen.

Der *Kurier* schließt einen Text über einen Kinderdorfvater in Österreich mit einem Zitat des Protagonisten und der entsprechenden Internetadresse.

Deshalb appelliere ich an alle Elternpaare, wenn es zu Problemen kommt, sich professionelle Hilfe zu suchen. Ich erlebe es immer wieder, dass sich viele Erziehungsberechtigte genieren oder zu stolz dazu sind, Unterstützung anzunehmen. Internet: www.sos-kinderdorf.at.

Verdichtet enden

Das Ende bleibt. „Zöpfeln" sagt Michael Haller, wenn diverse Stränge oder Ebenen zusammengeführt werden wie ein schwäbischer Hefezopf, dessen Stränge am Ende – und am Anfang – aufeinandergeklebt werden. Das Gebilde kann sich dann nicht mehr in seine Einzelteile auflösen, es hat eine organische, gebackene Form.

Deutung des Geschehens expressis verbis	Der ganze hintere Wagen war plötzlich eine Verschwörung gegen die Regel und für die Ausnahme. Wir hätten jetzt jede Obrigkeit ausgeschimpft dafür, dass man sich tagtäglich entwerten muss.
Ende der Handlung, szenisch	Stadtmitte stiegen die beiden alten Frauen dann aus, erleichtert, fröhlich und gut unterhalten.
Rückschluss zum Einstiegsbild (In meiner Dortmunder U-Bahn sind morgens immer alle schweigsam.)	Das war's dann. Danach waren wir wieder alle stumm.

Ein Schluss, der hängenbleibt, enthält häufig mehrere dicht aufeinander folgende Schlussfiguren. In Sabine Brandis Hörstück sind es drei:

> ⊕ **SABINE BRANDI –**
> **MORGENS IN MEINER DORTMUNDER U-BAHN**
> » WDR Morgenmagazin
> » www.halem-verlag.de/storytelling-fuer-journalisten/
> » Der Moderationstext erzählt eine Geschichte.

Eine Schweizer Lehrerin verliebt sich in einen Sans-Papiers, einen illegal Eingewanderten aus dem Senegal. Lange ringt sie mit sich, versucht ihren Gefühlen auf den Grund zu gehen. Sie will unterscheiden zwischen dem Wunsch, ihm durch eine Heirat eine Aufenthaltsgenehmigung zu verschaffen und dem Wunsch, sich mit ihm als Lebenspartner zu verbinden. Der Text endet ganz schlicht mit

Ja, sagt Lena.

Auch dieses Ende ist verdichtet. Der Autor Dominik Galliker hat nämlich eine Parallelhandlung konstruiert. Lenas „Ja" ist das schlüssige Ende für jeden der beiden Erzählstränge. Einer besteht aus Rückblenden, in denen er Lenas Entscheidungsprozess nacherzählt, im anderen beschreibt Galliker den Vormittag, an dem Lena und Mamour zum Standesamt gehen. Die Multimedia-Version dieser Geschichte endet genauso: Mit dem Schriftzug „Ja". Auch sie folgt der Parallelkonstruktion, nur der Einstieg unterscheidet sich deutlich von der Printfassung (siehe Kapitel D1).

> ⊕ **DOMINIK GALLIKER – MAMOUR, MON AMOUR**
> » Berner Zeitung, 07./08.02.2015
> » www.marielampert.de/praxisbeispiele (siehe Folge 37)
> » multimediale Fassung: www.mamour.ch
> » Die Schweizerin Lena lernt einen Asylbewerber aus Afrika lieben. Er möchte heiraten.

D Wie fange ich an, wie steigere und wie ende ich?

D4 VERDORBENE ENDEN

Nimmt man die Alltagsproduktion von Volontärinnen oder angehenden Journalismus-Studierenden unter die Lupe, findet man oft ansprechende Einstiege. Anfänge, die Spannung versprechen und orientieren. Ungefähr so oft wie Einstiege gelingen, verunglücken Enden. Wir raten ab von den folgenden Schlussfiguren.

Der Nebenschauplatz

Die Krankenhauslehrerin (siehe Kapitel C1) hat das Schlusswort im Text über eine parlamentarische Initiative zur Finanzierung von Unterricht im Spital:

Der Moment, in dem ein Kind gesund das Spital verlasse, sei das Schönste überhaupt in ihrem Beruf. Und was, wenn nicht? „Wir sind da – egal wohin die Reise geht."

Dieser Schluss ist ein schlechter Schluss. Warum? Weil der Text sagt: Die Krankenhausschule ist wichtig für chronisch kranke Kinder. Und deswegen muss die Finanzierung landesweit einheitlich geregelt werden. Es geht nicht um Lehrerinnen und die Freuden ihres Berufes. Und es geht auch nicht um die Frage, was mit den Kindern ist, die das Krankenhaus nicht mehr verlassen können. Auch wenn das Zitat ein starkes Zitat ist: Der Schluss verlässt den Fokus des Textes und führt auf einen Nebenschauplatz.

Ursula Müller, die Brauchtumspflegerin aus Gladenbach, hat keinen schönen Schluss bekommen. Im letzten Absatz geht es um ihr Engagement für das Heimatmuseum:

„Im Lauf eines Jahres kommen daran mindestens 20.000 Menschen vorbei, und viele bleiben auch stehen und gucken", freut sich die Vorsitzende und verrät, dass es sie durchaus reizen würde, das Museum im alten Katasteramt einzurichten.

Warum, wieso soll das Museum umziehen? Ist der alte Raum zu klein? Woran hängt es im Amt Blankenstein? Weder Katasteramt noch Museum kamen im Text bislang vor. Die Autorin rollt ein neues Fass auf die Bühne. Dann lässt sie den Vorhang fallen.

Nährwert Null

Das Konzert mit dem verlorengegangenen Instrument (siehe Kapitel B1) hat auch drei Schlüsse. Der erste sagt:

Die Besucher hätten gern was Warmes gehabt.

Der ist, was manche Lokalredaktionen unter bürgernah verstehen und ist nicht sonderlich beeindruckend. Der zweite Schluss besteht im Hinweis auf die TV-Übertragung. Der allerdings sollte dann auch das Ende sein. Der *Deister-Anzeiger* meint es aber besonders gut mit seinen Lesern und setzt noch einen finalen Schluss dazu:

In Bennigsen ging das Masala-Welt-Beat-Festival gestern weiter: Das Silk String Quartet aus China spielte.

Jetzt wüsste man aber doch gern, wie es denn war in Bennigsen. Wie es in Völksen war, hat man gerade lesen können. Interessanter freilich wäre zu wissen, welches Konzert der Masala-Reihe man als Nächstes besuchen könnte.

Der Allgemeinplatz

Ein beliebter Taxifahrer läuft Amok in Nordengland. Zwölf Menschen kommen ums Leben:

30 Tatorte muss die Polizei der Grafschaft Cumbria nun sichern und untersuchen. So überfordert ist die verhältnismäßig kleine Truppe, dass manche

D Wie fange ich an, wie steigere und wie ende ich?

Leichen noch sieben Stunden nach der Tat auf der Straße lagen. Sehr viel länger wird es dauern, bis die seelischen Narben in der Gemeinschaft verheilt sind.

Der letzte Satz aus der *Süddeutschen Zeitung* kann entfallen.

D5 ÜBERGÄNGE

Eine neue Person taucht auf. Ein neuer Aspekt. Eine Rückblende. Wenn ein Sprung gedanklich zu weit, zu hoch, zu unvermittelt ist, verlieren Sie Publikum. Wie vermeiden Sie das? Indem Sie Bezüge herstellen, um die neue Stimme, den neuen Aspekt einzubinden. Organische Übergänge ziehen das Publikum weiter in die Geschichte, in ihre Komplexität hinein.

Bezüge ausdrücklich benennen

Im oberbayerischen Freising hat ein 34-Jähriger ein buddhistisches Kloster gegründet, geradewegs am Domplatz. Der Vorspann verspricht: „Warum Philipp Mönch wurde und in seiner bayerischen Heimat ein buddhistisches Kloster eröffnete. Eine Geschichte über Sinn".

Peter Wagner erzählt sie auf der Seite der *Süddeutschen Zeitung jetzt. de*. Der Einstieg zeigt Philipp in Freising beim Betteln um Mahlzeiten, wie das bei buddhistischen Mönchen Sitte ist. Es folgen die Geschichten von Philipps Reisen nach Japan, Taiwan, Thailand, und seiner Ordination zum Mönch. Wie wechselt der Autor den Schauplatz und bringt Philipps Mutter ins Spiel? Er nennt die Zeit und den Ort von Philipps Klostergründung:

Dann kehrt er zurück in seine Heimatstadt, plötzlich, Herbst 2008. Er eröffnet das buddhistische Kloster.
Philipps Mutter Maureen wohnt schon lange nicht mehr in Freising, sie geht jetzt nahe Koblenz ans Telefon. Doch nach wenigen Minuten legt sie den Hörer beiseite. Sie sucht den Brief von Philipp, in dem er schrieb, wie er sein Leben verändern werde.

Der Autor vermittelt die Sprünge durch Bezüge. Von Philipp zu Philipps Mutter, von Freising nach Koblenz. Peter Wagner bindet die Mutter mittels einer Hauptsatz-Schleife an den Schauplatz seiner Geschichte an. Und er erzählt szenisch von dem Telefonat. So gibt er Orientierung und lässt uns darüber hinaus miterleben, wie er an seine Informationen kommt.

D Wie fange ich an, wie steigere und wie ende ich?

Die Kontrastbrücke

Gabriela Meile schreibt für die *Schweizer Familie* über die neueste Entwicklung beim Bau von Achterbahnen. Der Text spielt im Hier und Jetzt, vor und auf der Achterbahn Blue Fire im Europa-Park Rust. Dort werden Züge mit 100 Stundenkilometern über die Gleise gejagt. Die Autorin möchte einen Rückblick in die Zeit der Entstehung der Achterbahnen vor 300 Jahren einfügen. Wie kriegt sie die Kurve? Ihr Protagonist, der Entwicklungsingenieur Thorsten Köbele schenkt ihr ein Zitat, das zum Kuppeln einlädt:

„Achterbahnen sind die sichersten Verkehrsmittel der Welt. Sicherer als eine Reise mit dem Zug oder dem Flugzeug."
Früher waren die Fahrten gefährlicher. Die ersten Achterbahnen hatten weder Bremsen noch Sicherheitsbügel. Entstanden sind sie im 16. Jahrhundert in Russland. Während kalter Wintermonate bauten die Russen bis zu 20 Meter hohe Holzgerüste mit einer etwa 50 Grad steilen Rutschbahn. Die Holzplatten übergossen sie mit Wasser, das über Nacht gefror. Am nächsten Tag rutschten die Einheimischen mit Schlitten über die Bahn.

Meile nutzt das Zitat, um einen *Kontrast** aufzubauen. Sie springt von „heute sicher" zu „früher gefährlich". Damit hat sie ihren Übergang gestaltet. Auch ein negativer Zusammenhang ist ein Zusammenhang.

Erwartungen aufbauen und bedienen

Die Zeitschrift *echt* erzählt von zwei jungen Leuten, Sophie-Lotte und Matthias, die sich auf einen ökumenischen Freiwilligendienst in Indien und im Libanon vorbereiten. Der erste Absatz des Textes ist Sophie-Lottes Reisevorbereitungen gewidmet. Zimmer räumen, Bett abbauen. Sie spricht von Erwartungen und Befürchtungen. Im zweiten Absatz tritt plötzlich die Koordinatorin des Freiwilligendienstes auf. Leser können den Sprung dennoch nachvollziehen. Denn die Expertin gibt die Antwort auf eine Frage, die die Autorin bereits im Kopf der Leserin platziert hat. Sie lautet: Was soll die Reise bringen?

Sophie-Lotte ist weder als Helferin unterwegs, noch soll sie missionieren. Die meisten Freiwilligen haben gerade ihr Abitur gemacht. „Die können noch keine beruflichen Erfahrungen weitergeben", sagt Birgit Grobe-Slopianka, die als Koordinatorin beim Evangelischen Missionswerk arbeitet. „Viele nehmen mehr mit, als sie jemals geben könnten." Das ist auch Sophie-Lotte bewusst [...]

Die Expertin erscheint überraschend, ist aber willkommen, denn ihr Statement passt schlüssig und rundet das Bild ab. Ihr zweites Zitat mehrere Absätze später ist ähnlich vorbereitet und eingebunden. Die Autorin Helen Knust will von der Motivation des Libanon-Freiwilligen Matthias zu den Schwierigkeiten von Heimkehrern überleiten. Sie schaltet einen Brückensatz. Er lautet: „In Idstein wird das Leben ohne ihn weitergehen."

Das Auslandsjahr ist für den 20-Jährigen Zivildienst und Betriebspraktikum für die Fachhochschule in einem. „Ich will herausfinden, was ich mir zumuten kann", sagt er. In Idstein wird das Leben ohne ihn weitergehen. „Zurückkommen ist sehr viel schwieriger als wegzugehen", sagt Birgit Grobe-Slopianka. Sie erinnert sich an eine Freiwillige, die nach einem Jahr einfachsten Lebens mit den übervollen Regalen im Supermarkt nichts mehr anfangen konnte.

> **Tipp:**
>
> Lenken Sie Erwartungen. Bereiten Sie Ihr Publikum auf neue Aspekte, neue Personen vor, indem Sie Fährten legen oder Fragen aufwerfen. Dann wirkt das Neue nicht unvermittelt, sondern im Gegenteil: Leser sind hoch zufrieden, dass genau das kommt, was sie jetzt wissen wollen.

Das passende Requisit

Wenn Sie das Berufsporträt eines Kammerjägers verfassen und die schönsten Gruselszenen in modrigen Kellern mit verendenden Ratten soeben beschrieben haben – wie schaffen Sie dann einen eleganten Übergang zur Berufsausbildung und Vita Ihres Protagonisten?

D Wie fange ich an, wie steigere und wie ende ich?

Kein Zweifel, dass da einer seinen Beruf gefunden hat. Fast atemlos schleudert er seine einprägsamen Sätze hin, man ist gefesselt. Sogar Diagramme und Tabellen hat er mitgebracht, auch den Abschnitt zu den Mäuseartigen aus seinem Fachbuch für Schädlingsbekämpfung. Er besitzt das Buch, seitdem er seinen Beruf erlernt hat, von 1988 bis 1990, in den letzten Jahren der DDR. Zehnte Klasse, Abschluss, dann hatte er ein Auswahlverfahren bestanden, um in die zweijährige Ausbildung aufgenommen zu werden.

Von der toten Ratte zur Ausbildung des staatlich geprüften Schädlingsbekämpfers – das ist der Wechsel von der Szene zu den Fakten. Über das Requisit „Fachbuch" gelingt es Malte Dahlgrün in der *Süddeutschen Zeitung* beiläufig, anschaulich und folgerichtig.

Einen Handlungsstrang weiterführen

Susanne Beyer lässt die Gedanken in ihrem *Spiegel*-Artikel über die Kunst des Müßiggangs weit schweifen. Der Handlungsstrang ihres Textes – die Suche nach Erkenntnis – ist dabei immer wieder deutlich zu sehen, vor allem bevor sie gewagten Assoziationen folgt und Exkurse unternimmt. So stellt sie sicher, dass ihre Leser nicht verloren gehen:

Das Taxi fährt durch die Invalidenstraße, vorbei am Naturkundemuseum. Ein Inbegriff des alten Europa. Hier werden Steine und Pflanzen und ausgestopfte Tiere gesammelt. Man muss an Johann Wolfgang von Goethe denken, den alten Dichter, der auch dauernd Steine sammelte. Für ihn war das Muße [...]
Der Taxifahrer fährt weiter die Invalidenstraße entlang, zum Treffpunkt des Interviews. Etwas weiter weg sieht man Reichstag und Bundeskanzleramt. Es sind die Hochdruck-Arbeitsstätten, in denen über die Zukunft des Landes entschieden wird. Mußefreie Zonen.

Wenn Sie Personen, Orte, Zeiten, Themen wechseln, machen Sie deutlich, welche Koordinaten bleiben und welche wechseln. Und welcher Zusammenhang zwischen beiden besteht. Man darf im Verlaufe der

Geschichte das Schiff oder die Mannschaft wechseln, sagt Michael Haller. Aber wenn das Schiff und die Mannschaft ausgetauscht wird, verliert der Leser die Orientierung.

Der Strang, der weitergeführt wird, kann die Suche nach Erkenntnis sein, wie bei Susanne Beyer – die Suche nach der verlorenen Muße. Im Beispiel des buddhistischen Mönchs ist der Ort Freising die Konstante, auf die Zeitsprünge und Ortswechsel bezogen sind. Und in der Geschichte zum Freiwilligendienst sind zwei Hauptpersonen die verlässlichen Koordinaten. Ihnen ist eine Nebenfigur – die Expertin und Koordinatorin – beigestellt. Der Übergang kann die Orientierung im Fluss des Stückes gewährleisten, wenn neue Aspekte hinzukommen. Allerdings, wir sagten es schon an anderer Stelle, müssen Sie wissen, wo Sie hinwollen. Sonst können Sie keine Brücken bauen.

Im Kapitel E3 finden Sie die komplette Analyse eines Textes von Reto Schneider. Er hat in seiner Grönland-Geschichte an seinen Erzählstrang, eine Beerdigung, immer wieder plausibel und organisch Exkurse und Rückblenden angedockt.

D Wie fange ich an, wie steigere und wie ende ich?

D6 SCHLUSS JETZT

Wissenschaftler folgen gerne einem simplen Dreisatz für den Aufbau von Vorträgen und Aufsätzen:
1. Say what you are going to say.
2. Say what you have to say.
3. Say what you have said.

Journalistinnen müssen etwas mehr bieten, wenn sie das Publikum gewinnen und halten wollen. Der Anfang soll orientieren, neugierig machen, etwas andeuten, nicht zu viel, aber eben doch genug. In der Mitte sagen wir präzise und plastisch, was wir zu sagen haben. Und am Schluss?

„Ich will, dass die Geschichte noch mal den Schwanz hebt und wackelt und der Leser nochmals überrascht ist." Das wünscht sich *Stern*-Autor Arno Luik im Radiointerview des *Deutschlandfunks* zum Thema „Schluss". Was er damit meint, zeigt er am Beispiel seines Interviews mit der jüdischen Schriftstellerin Angelika Schrobsdorf. Sie ist zum Zeitpunkt des Gesprächs über 80 Jahre alt, spricht von ihrem Wunsch zu sterben und der Angst vor einem unwürdigen Tod (Luik 2009: 326 f.).:

Luik: Frau Schrobsdorf, so wie sie reden, müssten Sie demonstrieren mit dem Slogan: „Mein Tod gehört mir!"
Schrobsdorf: Ja, all die alten Krüppel, die vielen Alten, die in Pflegeheimen armselig und entwürdigt vor sich hin vegetieren und todtraurig sind, die müssten für einen Tod in Würde kämpfen.
Luik: Der Literaturprofessor Hans Meyer hat sich vor ein paar Jahren, als 94-Jähriger, zu Tode gehungert.
Schrobsdorf: Das habe ich mir auch schon überlegt, aber es dauert so lange. Ich bin dafür zu hipperig.
Luik: Soll ich Sie umbringen?
Ja, das wäre es, das ist ein guter Gedanke.
Luik: Ich kann es nicht.
Schrobsdorf: Ich weiß.

„ **Man gibt mehr auf der Menschen Ende acht als auf ihr Leben, wie die Sonne nie mit mehr Vergnügen beschaut wird, als wenn sie untergeht, und an einer Musik nichts aufmerksamer macht als der Schluss.** "

SHAKESPEARE, KÖNIG RICHARD II

Im Radio kommentiert Arno Luik seinen Schluss: „Manche sagen, das geht zu weit. Aber ich finde, das ist ein starker Schluss, der dieser Frau gerecht wird. Ich möchte den Schluss so gestalten, dass der Leser sich an das Gespräch erinnert. Es soll eine kleine Spur in seinem Kopf hinterlassen".

WELCHE FORM WÄHLE ICH?

E1   **168**
Ein Bauplan für die Handlung

E2   **170**
Chronologische Story

E3   **174**
Rahmengeschichte

E4   **177**
Gondelbahngeschichte

E5   **181**
Episodenerzählung

E6   **182**
Parallelstruktur

E7   **185**
Rückblenden

E Welche Form wähle ich?

E1 EIN BAUPLAN FÜR DIE HANDLUNG

Wenn ein Architekt ein Haus baut, braucht er einen Plan und später ein Gerüst. Das Gleiche gilt für Texte, Radio- oder TV- oder auch Online-Beiträge. Jeder Beitrag hat eine Struktur, eine bewusste oder eine unbewusste, eine erfolgreiche oder eine weniger erfolgreiche. Im Folgenden bieten wir eine Übersicht über *Baupläne**, über Muster des Storytelling, vom einfachen Grundmuster wie der chronologischen Story bis zum raffinierten Muster, der Parallelgeschichte. Sie geben der Geschichte eine Form, einen Spannungsbogen; sie halten die Story zusammen.

Wenn Aristoteles sagt, eine dramatische Handlung müsse Anfang, Mitte und Ende haben, dann sagt das nichts über die Form und die Reihenfolge, in der erzählt wird.

Der Inhalt Ihrer Geschichte muss eine Chronologie enthalten. Eine logische Abfolge im Sinne von: Erst geschah dies, dann das, dann jene und daraufhin ... (die Literaturwissenschaftler nennen diese chronologische Version einer Handlung die *Histoire*). Sie müssen Ihre Geschichte aber nicht in dieser Chronologie präsentieren. Ordnen Sie die Bestandteile stattdessen so an, dass Sie ein Maximum an Spannung oder Aufmerksamkeit erzielen (diese Version heißt *Discours*).

1 Ein Bauplan für die Handlung

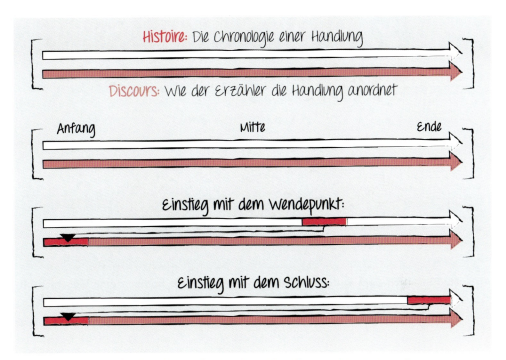

Abb. 24: Ordnen Sie die Chronologie einer Handlung (Histoire) nach dramaturgischen Überlegungen an (Discours).

E Welche Form wähle ich?

E2 CHRONOLOGISCHE STORY

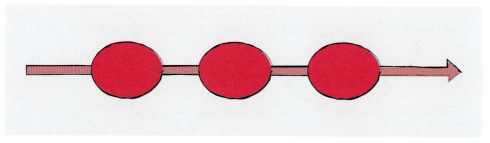

Abb. 25: Eins nach dem anderen erzählen – geeignet für komplizierte Geschichten

Die Story wird von Anfang bis zum Ende entlang des zeitlichen Ablaufs erzählt. Der Erfolg hängt davon ab, ob Sie wichtige Szenen auswählen und den Mut haben, möglichst viel wegzulassen. „Kill your darlings" nennen das die Journalisten. Wir warnen vor der *Adam-und-Eva-Falle**. Die Chronologie muss nicht bei der Geburt beginnen. Es reicht, dann einzusteigen, wenn der Protagonist oder die Heldin aufbricht. Dieses einfache Erzählmuster ist besonders geeignet für das Erzählen komplizierter Sachverhalte. Es kann helfen, Abläufe zu entwirren, wenn sie nacheinander vermittelt werden. Chronologisch aufgebaut sind auch die sogenannten „Roadmovies". Geschildert wird der Ablauf einer Reise, bei der sich viel Abenteuerliches ereignet. Die Geschichte ist so spannend, dass sie zum Selbstläufer wird.

Ein Beispiel für eine chronologische Erzählung ist die Funkerzählung von Sabine Brandi „Eines Morgens in meiner Dortmunder U-Bahn".

> **⊕ SABINE BRANDI –**
> **MORGENS IN MEINER DORTMUNDER U-BAHN**
> » WDR Morgenmagazin
> » www.halem-verlag.de/storytelling-fuer-journalisten/
> » Die Moderatorin erzählt, was sie morgens in der U-Bahn erlebt.

Was eine Infografik erzählen kann – Martin Beils

STATEMENT

Martin Beils

Martin Beils, Diplom-Geograph, ist Redaktionsleiter von dpa-infografik. Vor seiner Tätigkeit bei dpa leitete Beils die Sportredaktion der Rheinischen Post in Düsseldorf und baute die Rheinische Post Journalistenschule auf. Er unterrichtet regelmäßig an Einrichtungen der Journalistenausbildung und erfüllt Lehraufträge an der Macromedia-Hochschule sowie der Deutschen Sporthochschule Köln.

Auf dem Regal gleich neben meinem Schreibtisch in der infografik-Redaktion von dpa kauert mein journalistisches Vorbild. Es ist flauschig weich, orange und vermutlich klimpert es regelmäßig mit den Augen, wenn ich nicht hingucke. Die Maus aus der „Sendung mit der Maus" hat es sich dort bequem gemacht. Wer erklärt die Welt besser als sie? Wer bringt Informationen besser auf den Punkt?

Je schwieriger, je komplexer die Welt wird, umso wichtiger sind solche Fachleute fürs Erklären – ganz egal, ob das Mäuse oder Journalisten sind.

Grafiken sind ein gutes Mittel dazu. Ein Beispiel aus unserem redaktionellen Alltag bei dpa-infografik ist die Virtual-Reality-Brille. Das Thema „virtuelle Realität" wird in den kommenden Jahren an Bedeutung gewinnen: beim Training des Militärs zum Beispiel, in der Ausbildung von Handwerkern, auch bei der psychischen Behandlung von bettlägerigen Patienten, die zur Erholung virtuell an einen Meeresstrand reisen können. Bislang setzen vornehmlich Gamer, also Computerspieler, die Virtual-Reality-Brillen ein. Auf der Messe Gamescom in Köln waren sie ein großes Thema und für uns der Anlass, ihre Funktionsweise zu erklären.

Unsere Redaktion hat daraufhin bei Herstellern und in Fachpublikationen recherchiert, die Informationen reduziert und sie in einer Art Explosionszeichnung dargestellt. Wir zeigen etwas, das eigentlich so nicht sichtbar ist. Raimar Heber, unser Art Director, betont: „Es macht oft Sinn,

E   Welche Form wähle ich?

Brille für die virtuelle Realität

Eine **„Virtual Reality"-Brille** ermöglicht ihrem Träger, in eine künstliche Welt einzutauchen.

Schaumstoffpolsterung

Linsen/Gläser in Fassung
Durch die Gläser kann der Träger durch das Display auf die virtuelle Bildebene blicken.

Gehäuse mit Dioptrienanpassung
Der Abstand zwischen Augen und Display kann verändert werden.

Display
Es ermöglicht durch den 3D-Effekt räumliches Sehen.

Sensoren und andere Elektronik
Die Sensoren sind das entscheidende technische Bauteil der Brillen. Durch sie werden die Position und Bewegung des Trägers erfasst.

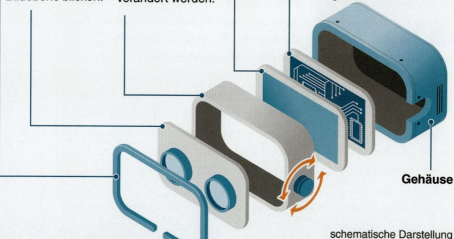

Gehäuse

schematische Darstellung

Simulierte Kopfbewegung

Durch das sog. **Head Tracking** entsteht bei dem Träger das Gefühl, sich durch einen virtuellen Raum zu bewegen. Die Bewegungen des Kopfes werden durch Sensoren von der realen in die virtuelle Welt übertragen.

Die Sensoren erfassen	POSITION	ROTATION	BESCHLEUNIGUNG

dpa·24585

Quelle: Popular Science Magazin

den Detailreichtum zu verringern, viel wegzulassen und nur das Allerwichtigste zu zeigen. So hat der Leser eine Chance, das Gezeigte auch zu verstehen." Sein Credo lautet: „Alles zeigen, was das Verständnis erleichtert, und alles weglassen, was das Verständnis stören könnte." Unsere Kunden, die Medienhäuser, sind dankbar für die Grafik der Virtual-Reality-Brille und haben sie häufig veröffentlicht.

Wenn es darum geht, die guten, alten W-Fragen zu beantworten, ist die Grafik oftmals für das „Wo" verantwortlich. Karten – ob klassisch für Printprodukte oder interaktiv für Computer und immer häufiger für Smartphones – gehören zu unserem Standardprogramm. Ein Terroranschlag an der Côte d'Azur, ein Nukleartest in Nordkorea oder die ICE-Strecke durch den Thüringer Wald verlangen nach einer Verortung.

Unsere Grafiken erzählen mitunter für sich stehend Geschichten (Beispiel: Virtual-Reality-Brille). Im Kontext der Agentur sind sie allerdings mindestens genauso wichtig als Bestandteil von multimedialem Storytelling und als zeitgemäße journalistische Darstellungsform in einem Themenpaket. Sie sind zum Beispiel fester Teil der dpa-Story, die wir jede Woche anbieten. Ein Diagramm, das die Entwicklung des Flüchtlingszuzugs nach Deutschland im Verlauf einiger Monate zeigt, gehört für uns zwingend zu einem Stück über Angela Merkels Wort „Wir schaffen das" und seine Folgen.

Themen identifizieren, Informationen gewichten und für das Publikum verständlich aufarbeiten – Grafiken anfertigen ist Journalismus nach allen Regeln des guten Handwerks. Sie erfordern viel Sorgfalt und deshalb deutlich mehr Zeit, als manch flinker Schreiber meint.

E Welche Form wähle ich?

E3 RAHMEN-GESCHICHTE

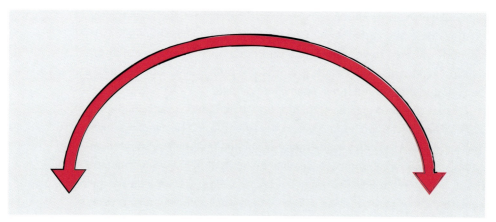

Abb. 26: Die Rahmengeschichte kehrt zurück an den Anfang.

Anfang und Ende bilden einen Rahmen. Sie umschließen die Story. Die *Framestory* vermittelt dem Leser das angenehme Gefühl oder die Illusion, dass er es mit einer in sich abgeschlossenen Geschichte zu tun hat. Eine berühmte Rahmengeschichte ist „Tausendundeine Nacht". Scheherazade erzählt dem König Schahriyar jede Nacht eine Geschichte. Sie erzählt um ihr Leben. Denn der König, verletzt durch die Untreue seiner ersten Frau, hat bisher alle Geliebten am Ende der Nacht umgebracht. Scheherazade hört jeweils mit einem *Cliffhanger** auf und vertröstet den König mit der Fortsetzung der nächsten Nacht. Nach tausend und einer Nacht hat sie ebenso viele Geschichten erzählt und drei Kinder geboren. Der Held verändert sich und lässt seine Frau am Leben. Man kann 1001 Nacht auch als Metapher für Journalisten lesen. Wenn unsere Geschichten das Publikum nicht fesseln, verlieren wir die Aufmerksamkeit. Das Muster der Rahmengeschichte ist in der Literatur populär. Oft wird ein Erzähler eingeführt, der berichtet, er erscheint am Anfang und am Ende. Er kann auch zwischendurch auftauchen. Sonst haben wir eine reine *Klammergeschichte*.

3 Rahmengeschichte

Tabelle 3: Elemente einer Rahmengeschichte

	Text	Analyse
Anfang	Ungewöhnlich: Isla, neun Monate alt, spaziert im New Yorker Central Park, an der Hand ihrer Mutter, Marathonläuferin Paula Radcliffe. Das Baby hat pränatal trainiert!	Das Kind ist die Rahmengeschichte. Mit dieser Szene wird das Thema eingeführt. Die Marathonläuferin hat vor 9 Monaten ihr Kind geboren.
Mitte	Radcliffe rennt und gewinnt den New Yorker Marathon in 2:23:09.	Ein Bericht über den Sieg Radcliffes am New Yorker Marathon. Rhetorische Frage: Schafft sie es oder schafft sie es nicht? Erst durch die *Mutter-Erzählung* wird aus dem Bericht eine Geschichte. Das Motiv Kind und Schwangerschaft tauchen immer Wieder auf, z. B. im Aspekt „Blutdoping" während der Schwangerschaft. Bei einer *durchkomponierten Rahmengeschichte* wird die Eingangs- und Schlussthematik auch zwischendurch aufgenommen. Bei einer *Klammer-Geschichte* kommt sie nur am Anfang und am Ende vor.
Ende	Zitat Radcliffe: „Wenn ich glücklich bin, trainiere ich besser, und renne schneller, und die Tatsache, dass ich nun diesen kleinen Engel im Leben habe, macht mich sehr glücklich."	Sie gewinnt trotz der Geburt. Die Aussage wird noch gesteigert. Radcliffe gewinnt wegen der Geburt: Das Kind beflügelt sie als Läuferin. Das Baby hat die Mutter zum Erfolg getragen.
Subtext Echoraum	Erwartungshorizont der Leserinnen: Eine Frau, die vor 9 Monaten ein Kind geboren hat, kann keinen Marathon laufen und schon gar keinen Marathon gewinnen. Der Widerspruch macht die Geschichte spannend. Das hat Oxymoron-Qualitäten (siehe Kapitel F4).	
Fazit	ein exemplarisches Beispiel für den Bau einer Rahmengeschichte	

E Welche Form wähle ich?

Der Vorteil für den Journalisten kommt am Ende: Es ist einfach, einen Schluss zu finden, man kehrt zurück zum Anfang. Man spricht von einer eingebetteten Geschichte: „nested narrative", „a story within a story", „a circular story". So ist auch die Geschichte über die Marathonläuferin Paula Radcliffe aufgebaut. Neun Monate nach der Geburt ihrer Tochter gibt Paula Radcliffe ein beeindruckendes Marathon-Comeback.

> ⊕ **ULRIKE VON BÜLOW –**
> **DAS GLÜCK EINER JUNGEN MUTTER**
> » Süddeutsche Zeitung, 06.11.2007
> » www.halem-verlag.de/storytelling-fuer-journalisten/
> » Neun Monate nach der Geburt ihrer Tochter siegt Paula Radclliffe beim New York Marathon.

E4 GONDELBAHN-GESCHICHTE

Abb. 27: Ein starkes Seil als Handlungsstrang. Fakten und Exkurse werden als Gondeln ans Seil gehängt

Ein Journalist besucht 20 Jahre nach dem Abitur seine Studienkollegen, ohne Voranmeldung. Seine Reise bildet die Basiserzählung. Sie ist das verbindende Seil. Die einzelnen Erzählungen über die Besuche werden am Seil wie Gondeln aufgehängt. Andere Beispiele: Holger Gertz, Journalist bei der *Süddeutschen Zeitung*, sitzt auf dem Oktoberfest und notiert, was ihm begegnet. Ein *Bild*-Journalist hat in einem Straßencafé Platz genommen und beobachtet und beschreibt, wie ihn ein Bettler nach dem andern anspricht.

Reto U. Schneider verwendet das Gondelbahn-Bauprinzip in seinem Artikel „Am Rand der Welt". Als Seil bzw. Handlungsstrang verwendet er die Beerdigung einer Frau.

RETO U. SCHNEIDER – AM RAND DER WELT
» NZZ Folio, Juli 2004
» www.folio.nzz.ch/2004/juli/am-rand-der-welt
» Aus einem Trauerzug entwickelt der Autor ein Porträt Grönlands.

Die Idee, einen Trauerzug als *Seil, als Handlungsstrang* für eine Geschichte zu verwenden und Fakten und Seitenstränge in Gondeln einzuhängen, funktioniert. Auf dem Weg zum Grab und am Grab selbst werden immer neue Episoden eingeführt. Ein journalistischer Kunstgriff, mit dem der Text strukturiert wird. Die Gondeln führen zu anderen Erzählorten oder Schauplätzen. Und die Geschichte kommt immer wieder auf das Seil zurück.

Der Text ist ein Lehrstück dafür, mit welchen Mitteln man von einer Basishandlung auf Episoden oder Fakten schwenken kann. Er gibt einen Einblick in die Kunst der Verknüpfung und zeigt Möglichkeiten auf, wie man Anknüpfungspunkte schaffen kann.

Die Analyse fördert allerdings auch eine inhaltliche Schwäche zutage: Der Leser hätte gerne mehr erfahren über das Leben und das Sterben der namenlosen Toten. Die Verstorbene ist eben eine *künstliche Heldin* (siehe Kapitel C1). Sie hat die Aufgabe, die Erzählung am Leben zu halten.

Tabelle 4: Elemente einer Gondelbahngeschichte

Gondeln	Funktion	Inhalt
das Seil, das die Gondeln trägt	Einstieg mit Trauerzug durch Qaanaaq	Der Trauerzug und die Beerdigung werden als Basis benutzt, um immer wieder neue Episoden von der Stadt mit 686 Einwohnern zu erzählen. So gelingt es, Recherchen über das Leben in Grönland strukturiert im Rahmen einer Geschichte zu präsentieren.
Ausgangs- und Anknüpfungspunkte für Episoden		
handgeschriebene Einladung zur Trauerfeier an der Pinnwand im Supermarkt.	Aufhänger für Porträt des Supermarktes	Schilderung des Supermarktes, der auch Kühlschränke verkauft.

4 Gondelbahngeschichte

Die 39-jährige Frau hatte sich in Dänemark das Leben genommen. Alkohol soll im Spiel gewesen sein.	Anknüpfungspunkt für das Alkoholproblem.	Thema Alkohol wird geschildert.
Die Beerdigung musste immer wieder verschoben werden, weil kein Flugwetter war.	Aufhänger zum Schildern der Lebensbedingungen in Grönland	Die sogenannte „Vielleicht-Air" und andere Umstände des Lebens in Grönland: ein Leben ohne Struktur. Wegen der Mitternachtssonne gibt es kein Morgen Mittag und Abend. Und auch keine richtigen Jahreszeiten.
Kameraschwenk von der Beerdigung auf Bagger	Die Beobachtung gibt Raum dafür, die Wasser versorgung in Qaanaaq zu erklären.	Über die Köpfe der Betenden hinweg kann man draussen auf dem Eis sehen, wie der Bagger der Stadtverwaltung von einem Eisberg einen tischgrossen Klotz abbricht, den er vor einem der Wohnhäuser abladen wird.
Das Grab der Frau auf dem Friedhof. In der Nähe das älteste Grab aus dem Jahre 1953.	führt zur Geschichte des Dorfes	Zeit- und Ortssprung in die Jahre vor 1953. Nach Thule, der ursprünglichen Siedlung. Thule wurde zum US-Armeestützpunkt und die Grönländer mussten nach Qaanaaq ziehen, 100 Kilometer nach Norden.

E Welche Form wähle ich?

Wie kommt er von der Beerdigung zur Jagd mit Hundeschlitten?	Aufgabe: Der Erzähler will noch an einen andern Ort, um mit dem Hundeschlitten auf die Jagd zu gehen. Wie schafft der Erzähler den Ortswechsel? Die Basisgeschichte von der toten Frau bietet dazu keine Anknüpfungsmöglichkeit.	Savissivik liegt 200 Kilometer südlich von Qaanaaq. Da sind zwei Stunden im Helikopter oder vier Tage mit dem Hundeschlitten […] Von den 80 Einwohnern sind 16 vollberufliche Jäger. Einer davon ist Magnus Eliassen.
	Kunstgriff, einen funktionierenden Deus ex Machina. Es gebe nur zwei Wege, aus Qaanaaq wegzukommen, sagt er am Anfang. Das Flugzeug oder der Tod. Nun fügt er einen dritten hinzu: den Hundeschlitten. Und schon sind wir auf Robbenjagd.	
zurück zum Seil der Gondelbahn	Die Basis-Geschichte endet am Grab. Wir sind am Ende des Seils. Auch die ambivalente Geschichte Grönlands wird zu Ende gebracht. Trotz allem: das Leben geht weiter.	In dem Moment, als das Gefühl aufsteigt, hier sei nicht nur ein Mensch begraben worden, sondern eine ganze Kultur, fährt auf dem Eis ein Hundeschlitten vorbei. Ein Jäger von Qaanaaq geht auf die Jagd.
Subtext Echoraum (Begriffe siehe S. 264)	Die Beerdigung einer Frau schwingt auch als Metapher für das prekäre Leben in Grönland mit. Eine Zivilisation, in der es schwierig ist zu überleben, und die auszusterben droht. Das Leben in Grönland spielt sich nicht nur geografisch am Rand der Welt ab.	

E5 EPISODEN-ERZÄHLUNG

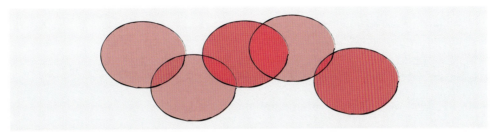

Abb. 28: Von Episode zu Episode – die Kunst der Übergänge

Verzichtet man auf das verbindende Seil, so entsteht eine reine Episodenerzählung. Sie besteht aus mehreren unabhängigen Einzelgeschichten und stellt hohe Anforderungen an die Erzählkunst. Gefordert wird der Autor durch die Art und Weise, wie er von der einen auf die nächste Episode kommt und einen Zusammenhang kreiert. Meister dieses Fachs ist Regisseur Robert Altman. Sein Film „Short Cuts" (1993) hat keinen klassischen Spannungsaufbau. Er präsentiert 22 Hauptfiguren in wechselnden Episoden. Was ist das Geheimnis dieser Dramaturgie? Erstens die klassische Einheit von Ort und Zeit. Der Film spielt an einem Wochenende in derselben Stadt: Los Angeles. Und zweitens die meisterhafte Verknüpfung der Szenenübergänge, sagt die Dramaturgin Dagmar Benke (2002: 240). Sie analysierte den Film in ihrem Buch „Freistil – Dramaturgie für Fortgeschrittene und Experimentierfreudige":

„Altman nutzt und variiert alle möglichen von fließenden und kontrastierenden Szenenübergängen. Oft setzt er visuelle Motive ein: ein Glas Milch auf Caseys Nachttisch – ein umstürzendes Glas Milch im Fernsehprogramm, das Earl sich ansieht. Oder: Fische im Aquarium – Fische, die die Angler aus dem Wasser ziehen."

Die Episodengeschichte heißt bei anderen Autoren auch *Kaleidoskop-* oder *Anekdotenstory**. Berühmte Beispiele sind die legendär abschweifenden, aber funktionierenden Romane von Javier Marías, „Mein Herz so weiß" (siehe Kapitel D1) und „Tristram Shandy" von Laurence Sterne.

E Welche Form wähle ich?

E6 PARALLEL-STRUKTUR

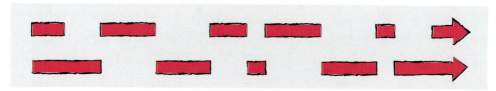

Abb. 29: Zwei Geschichten laufen parallel nebeneinander.

Die Parallelstruktur eignet sich dafür, Ordnung in Alltagsgeschichten zu bringen. Beispiel: Sie erzählen von einem behinderten Mädchen mit Trisomie 21, das in einer normalen Schulklasse unterrichtet wird. Die Story spielt auf zwei Ebenen. Einerseits beobachten Sie das Kind und andererseits wollen Sie Informationen über Trisomie 21 vermitteln. Sie portionieren die Informationen auf zwei parallelen Ebenen: Das Mädchen, die Trisomie, das Mädchen und so weiter. Das Muster wird auch beim Schreiben von Reportagen angewendet: Szene, Fakt, Szene. Wenn Sie diese Struktur wählen, haben Sie ein klares Kompositionsmuster im Kopf und die Story ist einfach zu lesen.

Die Parallelstruktur kann auch zwei Leben in eine Geschichte bringen: Der Alpinist Joe Simpson schneidet in einer Extremsituation in den peruanischen Anden das Sicherungsseil durch, weil er sich selbst retten muss und weil er glaubt, sein abgestürzter Kamerad Simon Yates sei tot. Der vermeintliche Tote überlebt. In einer Parallelmontage wird erzählt, wie das Leben der beiden weitergeht, bis sie wieder aufeinandertreffen. „Touching the Void" (Sturz ins Leere) lautet der Titel dieses britischen Dokudramas aus dem Jahr 2003.

> 🌐 **MONIKA HELD – ARMUT, DIE MAN NICHT SIEHT**
> » Brigitte 26/1997
> » www.halem-verlag.de/storytelling-fuer-journalisten/
> » Ein Tag im Leben zweier obdachloser Frauen:
>   Edith Steimker (59) und Jasmin Kruse (17).

Auch die Geschichte zweier obdachloser Frauen von Monika Held führt zwei Figuren parallel – eine alte und eine junge Protagonistin. So werden Ähnlichkeiten und Verschiedenheiten des Alltags und des Lebenswegs deutlich. Und im Zwischenraum steht die Frage, ob die Junge es schaffen wird, dem Schicksal der Alten zu entgehen und die Weichen anders zu stellen (siehe Kapitel D2 und D4).

Das Skript der Parallelerzählung verlangt, dass die Protagonisten in Beziehung stehen. Auch Gegensätze können Bezüge schaffen. Am einfachsten ist das, wenn die Protagonisten irgendwann zusammentreffen. Wenn der Autor mitinszenieren kann, wird er in der Regel eine Begegnung organisieren. Was ist zu tun, wenn das nicht möglich ist? Klaus Wiegrefe beschreibt im *Spiegel* die Auseinandersetzung zwischen Deutschland und England im Zweiten Weltkrieg als Duell zwischen Winston Churchill und Adolf Hitler:

> Vor 70 Jahren eilte Hitlers Wehrmacht von Sieg zu Sieg, doch dann stellte sich Winston Churchill dem Diktator entgegen. Ihr Duell entschied den Zweiten Weltkrieg. Der britische Premier zählt seitdem zu den Lichtgestalten des 20. Jahrhunderts.

Adolf Hitler und Winston Churchill werden porträtiert, sie treten abwechselnd auf die Bühne. Hitler und Churchill sind Antagonisten, aber sie haben sich nie persönlich getroffen. Der *Spiegel*-Autor verknüpft die Schicksale von Held und Antiheld auf drei Ebenen. Er schildert Fastbegegnungen und hebt Gemeinsamkeiten hervor. Und der *Spiegel* schafft es paradoxerweise, gerade mit den Widersprüchen und Gegensätzen der Porträtierten enge Verbindungen zu schaffen.

Zweimal waren sich Hitler und Churchill geografisch nah. Im Ersten Weltkrieg liegen der Gefreite Hitler und Oberstleutnant Churchill in Flandern im gleichen Frontabschnitt in den Schützengräben. Die Distanz zwischen beiden betrug nur 13 Kilometer, rechnet Wiegrefe. 1932 hatte der damals auch als Journalist arbeitende Churchill ein Treffen mit dem Naziführer im Hotel Continental in Berlin abgemacht. Hitler kam ins gleiche Hotel und sagte den Termin im letzten Moment ab. Churchill traf nur Hitlers damaligen Pressesprecher, Ernst Hanfstaengl. Wenn die Protagonisten sich nicht treffen und sich damit nicht an das Drehbuch der reinen Lehre halten, muss es der Text leisten. Das geschieht auf der Metaebene durch die Betonung von Gemeinsamkeiten:

E Welche Form wähle ich?

Beide sind mäßige Schüler, die wie alle jungen Männer glauben, das Schicksal habe Großes mit ihnen vor.

Das Duell des Helden mit dem Antihelden ist eine ideale Vorlage. Spannung wird mit der Dramaturgie des Widerspruchs aufgebaut. Über diese Dialektik des Aufbaus sprechen wir im Kapitel über den *Oxymoron-Plot** (siehe Kapitel F4).

Wir lernen am Beispiel der Parallelgeschichte, dass Bauformen für Geschichten dramaturgisch wirksam sind. Und gleichzeitig illustriert der *Spiegel*-Artikel auch, dass sie flexibel umgesetzt werden können. Es zeigt sich, dass der Begriff „Parallelgeschichte" eine wichtige Anforderung unterschlägt. Benannt wird das Nebeneinander oder Nacheinander. Es genügt aber nicht, dass Handlungen wie Parallelen in der Geometrie ewig nebeneinander herlaufen. Wichtig ist die Verknüpfung der beiden Ebenen. Deshalb biegen wir die Geraden und zeichnen zwei Wellenlinien. Auch sie verlaufen parallel. Aber sie kommen zusammen, berühren sich und gehen wieder auseinander. So kommen wir auf die Dramaturgie der parallelen Wellen.

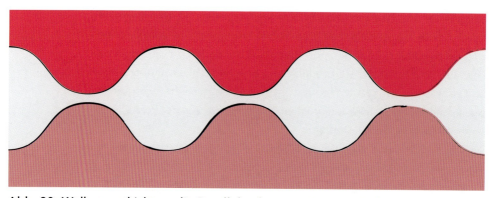

Abb. 30: Wellengeschichte – die Parallelen kommen immer wieder zusammen.

E7 RÜCKBLENDEN

Abb. 31: Parallelstruktur mit Szenen und Rückblenden

Im Film wurden früher oft die Bilder überblendet mit einer Episode aus einer anderen, früheren Zeit. Nahaufnahme auf den Kopf: Jemand legt sich schlafen und es folgt z. B. eine Episode aus der Kindheit. Berühmt ist aus der Literatur die „Madeleine", ein Gebäck, das der Erzähler in Marcel Prousts „Auf der Suche nach der verlorenen Zeit" isst. Der Geschmack bringt ihn zurück in seine Jugend, die Proust dann erzählt. Irgendeine Begegnung oder Begebenheit kann eine Erinnerung auslösen. In der Regel pendelt die Geschichte zwischen Gegenwart und Vergangenheit und endet in der Gegenwart. Die Rückblende, *Flashback,* bedeutet eine Umkehrung der Erzählrichtung, von der Vergangenheit in die Gegenwart. Diese Vorwärts-Rückwärts-Bewegungen können zum Problem für das Erzähltempo werden. Lange Rückblenden können den Erzählfluss bremsen.

Dominik Galliker hat seine Geschichte über das Liebespaar Mamour und Lena als Parallelgeschichte aufgefädelt. Mamour, der illegal Eingereiste aus dem Senegal, Lena, die Lehrerin aus Bern. Eine Ebene besteht aus Rückblenden – sie erzählt, wie Lena ihren Zweifel überwindet und schließlich „Ja" zu Mamour sagen kann. Die zweite Ebene erzählt vom Tag der Hochzeit. Sie beginnt morgens früh beim Schminken und Herrichten und endet mit dem Jawort.

> **DOMINIK GALLIKER – MAMOUR, MON AMOUR**
> » Berner Zeitung, 07./08.02.2015
> » www.marielampert.de/praxisbeispiele (siehe Folge 37)
> » multimediale Fassung: www.mamour.ch
> » Die Schweizerin Lena lernt einen Asylbewerber aus Afrika lieben. Er möchte heiraten.

WELCHEN PLOT WÄHLE ICH?

F1   **190**
Die Heldenreise als Urgeschichte

F2   **201**
Der Schwellen-Plot

F3   **203**
Der Konflikt-Lösungs-Plot

F4   **217**
Der Oxymoron-Plot

F5   **222**
Die Kraft des Mythos

F Welchen Plot wähle ich?

F1 DIE HELDENREISE ALS URGESCHICHTE

Es war einmal ein Mann. Sein Name war Joseph Campbell. Campbell war Mythenforscher. Er studierte Epen und Legenden, die heiligen Bücher der Religionen. Er analysierte Überlieferungen aus unterschiedlichen Epochen und Erdteilen, von Eskimomärchen über Sonette des Lao-Tse bis zum Trancegesang eines Hexendoktors aus dem Kongo. Campbell stellte sich eine Frage: Konnte es sein, dass die Geschichten, die Menschen weitergeben, einen gemeinsamen Kern haben? So etwas wie eine Grundstruktur, die diesen Geschichten eingeschrieben ist? Die Antwort gab er in einem Buch, das 1949 erschien: „Der Heros in tausend Gestalten". Er beschreibt darin ein Erzählmuster, eine Handlungsfolge, die für ihn die „Urgeschichte" ausmacht. Apoll, der Froschkönig, Wotan, Krimhild und Buddha haben eine ähnliche Geschichte.

Christopher Vogler, Drehbuchautor in Hollywood, hat Campbells Schema vereinfacht und unter dem Begriff der „Heldenreise" populär gemacht. Seitdem wird die *Heldenreise** an jeder Filmschule gelehrt, und aus fast aus jedem Film, aus Hollywoodfilmen zumal, lässt sie sich herauslesen. Einer der prominentesten Anwender der Heldenreise ist der Regisseur und Filmunternehmer George Lucas. Seine Star Wars-Filme übernehmen die Dramaturgie der Heldenreise 1:1. Seine Ranch nannte Lucas nach dem Helden des Films „Skywalker Ranch" Dort wiederum führte der amerikanische Journalist Bill Moyers eine Reihe von Interviews mit Joseph Campbell für die Dokumentation „The Power of Myth".

Was nützt die *Heldenreise** in der journalistischen Arbeit? Wer das archetypische Geschichtenmuster aufnimmt, wird vom Leser und den Zuschauern verstanden und hat Erfolg. Zu diesem Schluss kommt Christopher Vogler in seinem Buch „The Writer's Journey – Mythic Structure for Writers". Mit einer mythischen Struktur könne man eine dramatische, unterhaltende und psychologische Story konstruieren. Gleichzeitig diene sie dazu, Fehler in Drehbüchern aufzudecken. Der Fernsehjournalist Christian Friedl sieht es so:

1 Die Heldenreise als Urgeschichte

„Die Heldenreise ist keine Theorie, sondern eine Struktur des Erzählens, die uns in die Wiege gelegt worden ist." (Friedl 2013:19)

Wer die Bauprinzipien dieser Urgeschichte kennt, kann auch wahre Begebenheiten packender erzählen.

Die 12 Stationen der Urgeschichte nach Christopher Vogler

1. *Gewohnte Welt:* Der Held erscheint in seinem vertrauten Umfeld.
2. *Ruf des Abenteuers/Berufung:* Der Held erlebt einen Mangel oder wird vor eine Aufgabe gestellt.
3. *Weigerung:* Der Held zögert.
4. *Ermutigung:* Ein Mentor überredet ihn, die Reise anzutreten.
5. *Überschreiten der Schwelle:* Der Held betritt die andere Welt.
6. *Prüfungen:* Er trifft auf Feinde und Hindernisse, findet aber auch Verbündete.
7. *Zweite Schwelle:* Der Held kommt ins Zentrum des Konflikts, er trifft dort seinen schlimmsten Feind.
8. *Äußerste Prüfung:* In einem existenziellen Kampf bezwingt er seinen Widersacher und erobert, was er braucht, um seine gewohnte Welt in Ordnung zu bringen.
9. *Belohnung:* Der Held ergreift aktiv das Gut, das ihn bewog, loszuziehen, im übertragenen Sinn auch eine neu erworbene Fähigkeit.
10. *Rückweg:* der Held geht den Weg zurück, er muss u. U. wieder mit Verfolgung oder Prüfungen rechnen.
11. *Auferstehung* (die dritte Schwelle): Der Held kommt als veränderte, geläuterte Persönlichkeit zurück.
12. *Rückkehr mit dem Elixier:* Er nutzt die gewonnenen Fähigkeiten, Erkenntnisse, das neue Gut, um seine alte Welt ins Gleichgewicht zu bringen. (Vogler 1987: 35)

F Welchen Plot wähle ich?

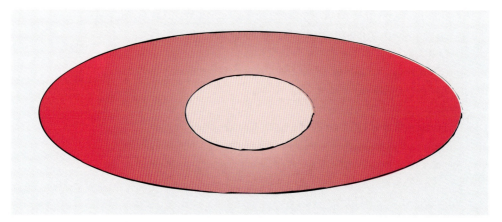

Abb. 32: Die Heldenreise – die Urgeschichte schwingt mit

Wo gibt es solche archetypischen Elemente im Journalismus von heute? Nehmen wir als Beispiel „Tauchgang in die Freiheit" von Evelyn Roll aus der *Süddeutschen Zeitung*. Roll erzählt die Geschichte der Flucht Bernd Böttgers aus der DDR. Im Jahre 1968 taucht Böttger 24 Seemeilen durch das Meer nach Dänemark. Er erfindet dazu den Unterwassermotor, den Scooter, der heute zur Standardausrüstung von Rettungsschwimmern gehört. Beim ersten Fluchtversuch wird er entdeckt und kommt ins Stasi-Gefängnis. Beim zweiten Anlauf wird er am Strand von jemandem beobachtet, den er weder als Freund noch als Feind identifizieren kann. Um Mitternacht erspäht er die Umrisse eines Küstenwachbootes und gerät in Lebensgefahr.

Wir finden zahlreiche mythische Themen in der Geschichte. Wir kennen sie auch aus Märchen. Der Held muss mehrere Anläufe zur Flucht unternehmen, er begibt sich in Lebensgefahr, scheitert vorerst und schwimmt am Schluss knapp an der Katastrophe vorbei. Damit er aufbrechen kann, muss er ein Zauberding erfinden, gewissermaßen eine Tarnkappe. Das ist der Scooter, der ihn unsichtbar durchs Wasser trägt. Nach seiner Landung in Dänemark wandelt sich der Held. Die Meldungen über seine spektakuläre Flucht haben seine Erfindung populär gemacht. Er feiert seine Auferstehung als freier Unternehmer. Seinen lebensrettenden Scooter produziert er in Serie. Vier Jahre später taucht Böttger mit neuen Freunden und testet eine Neuentwicklung. Da trifft ihn die Rache der Götter. Nach dem Tauchgang treibt die Leiche des Unterwasser-Ikarus aus der DDR tot auf dem Wasser. Seine Familie ist überzeugt davon, dass er im Auftrag der Stasi ermordet wurde.

1 Die Heldenreise als Urgeschichte

> **EVELYN ROLL – TAUCHGÄNGE IN DIE FREIHEIT**
> » Süddeutsche Zeitung, 03.10.2010
> » www.sueddeutsche.de/politik/sueddeutsche-zeitung-fuer-kinder-mit-dem-aqua-scooter-in-die-freiheit-1.1008077
> » Bernd Böttger floh 1968 aus der DDR – mit einem selbstgebauten Unterwasserscooter.

Zur Steigerung der Spannung werden Krimis nach diesem mythischen Strickmuster inszeniert. Beispielsweise geht der Held jeweils kurz vor Schluss über die gefährlichste Schwelle und entrinnt nur knapp dem Tod. Auch viele journalistische Geschichten basieren auf einer einfachen mythischen Formel:

> **Tipp:**
> Der Held bricht auf. Er will ein Ziel erreichen. Er trifft auf Widerstand.

Das Muster der Heldenreise wirkt auf den ersten Blick archaisch, mitunter sogar pathetisch. Es erscheint so gewaltig aber nur in seiner abstrakten Form. Tatsächlich ist unser Alltagserleben gespickt mit einzelnen dieser zwölf Sequenzen. Nina Himmer hat die Geschichte hinter einer Meldung aus den *Weinheimer Nachrichten* recherchiert. Im Lead schreibt sie:

Der Asylbewerber Hassan Hussein hat in Hemsbach einen Handtaschenräuber verfolgt, er hat ihn gestellt und der Polizei übergeben. Dafür hat er Ruhm und Anerkennung erfahren. Doch jetzt braucht der Helfer selbst Hilfe – seine Duldung läuft Ende Juli ab.

Am Beginn des Textes steht die Ehrung des Helden, der den Handtaschenräuber gestellt hat. Es folgt eine Rückblende auf die Heldentat, eine weitere Rückblende zur Lebensgeschichte des Helden, der als 14-jähriger Asylbewerber aus dem Irak nach Hessen kam. Und ein Ausblick auf die Zukunft, die – wie es scheint – entgegen dem Skript der klassischen Heldenreise nicht glücklich enden wird.

Der ganze Bogen entspricht dem Muster „Held bricht auf, will ein Ziel erreichen, trifft auf Widerstand". Nina Himmer schildert minuziös den Ablauf der Handtaschen-Rettung durch Hassan Hussein. Sie komprimiert den Hergang auf nur einen Absatz. Der liest sich so:

F Welchen Plot wähle ich?

Hassan erzählt leise und sachlich, was damals auf dem Hemsbacher Bahnhof passiert ist. „Ich habe mitbekommen, wie einer jungen Frau die Handtasche geklaut wurde", sagt er. Erst habe er nicht eingreifen wollen, denn Hassan hat einen festen Grundsatz: Immer aus jedem Ärger raushalten. Aber dann beginnt die Frau zu weinen – und der Vorsatz ist dahin. Hassan läuft dem flüchtenden Täter nach. Ein gutes Stück vom Bahnhof entfernt findet er die weggeworfene Tasche. „Ich habe sie genommen und wollte zurückgehen", erinnert er sich, „doch dann habe ich gemerkt, dass der Geldbeutel fehlt." Hassan schweigt kurz. „Ich hatte Angst. Wäre ich ohne das Geld zurückgegangen, hätten doch alle gedacht, ich hätte es genommen." Er weiß, dass er nur zu gut in das Bild eines Täters passt: jung, Ausländer, massige Statur, kurzgeschorene Haare, tätowierte Arme. Er will keinen Ärger bekommen. Also nimmt er die Verfolgung wieder auf, stellt den Täter und schleppt ihn zurück zum Bahnhof. Auf dem Rückweg bedroht der Junge Hassan mit einem Messer. Er kann es ihm abnehmen. Am Bahnhof warten die bestohlene junge Frau und die Polizei. Die Frau bedankt sich wieder und wieder, fährt Hassan schließlich nach Hause. Es ist der Tag, an dem Hassan zum Helden wird.

Diese kleine Handlungsfolge entspricht auf verblüffende Weise dem Parcours einer Heldenreise:

Tabelle 5: Die Heldenreise in kleiner Münze – Der Held stellt einen Handtaschendieb	
Stationen der Heldenreise nach Christopher Vogler	Porträt eines jungen Irakers von Nina Himmer (Weinheimer Nachrichten 9.11.2011)
1. Gewohnte Welt	(liegt voraus und wird nicht erzählt)
2. Ruf des Abenteuers	Hassan erzählt leise und sachlich, was damals auf dem Hemsbacher Bahnhof passiert ist. „Ich habe mitbekommen, wie einer jungen Frau die Handtasche geklaut wurde", sagt er.
3. Weigerung	Erst habe er nicht eingreifen wollen, denn Hassan hat einen festen Grundsatz: Immer aus jedem Ärger raushalten.
4. Ermutigung	Aber dann beginnt die Frau zu weinen – und der Vorsatz ist dahin.

1 Die Heldenreise als Urgeschichte

5. Überschreiten der Schwelle	Hassan läuft dem flüchtenden Täter nach.
6. Prüfungen	Ein gutes Stück vom Bahnhof entfernt findet er die weggeworfene Tasche. „Ich habe sie genommen und wollte zurückgehen", erinnert er sich, „doch dann habe ich gemerkt, dass der Geldbeutel fehlt." Hassan schweigt kurz. „Ich hatte Angst. Wäre ich ohne das Geld zurückgegangen, hätten doch alle gedacht, ich hätte es genommen." Er weiß, dass er nur zu gut in das Bild eines Täters passt: jung, Ausländer, massige Statur, kurzgeschorene Haare, tätowierte Arme. Er will keinen Ärger bekommen.
7. Zweite Schwelle	Also nimmt er die Verfolgung wieder auf, stellt den Täter und schleppt ihn zurück zum Bahnhof.
8. Äußerste Prüfung	Auf dem Rückweg bedroht der Junge Hassan mit einem Messer. Er kann es ihm abnehmen.
9. Belohnung	Am Bahnhof warten die bestohlene junge Frau und die Polizei. Die Frau bedankt sich wieder und wieder, fährt Hassan schließlich nach Hause.
10. Rückweg	
11. Auferstehung	Es ist der Tag, an dem Hassan zum Helden wird.
12. Rückkehr mit dem Elixier	Für die Bestohlene ist jetzt alles wieder gut. Für Hassan leider nicht. Das Asylrecht sieht Anerkennung auf Grund von Heldentaten nicht vor. Die Story endet nicht so, wie man Hassan das wünschen würde.

Nina Himmer hat die Sequenz über den Handtaschenraub intuitiv aufgeschrieben. Sie hat die Blaupause der Heldenreise nicht gekannt. Und Hassan, der ihr die Geschichte so erzählt hat, wie sie sie aufgeschrieben hat, kannte sie ziemlich sicher auch nicht. Wahrscheinlich hat Joseph Campbell einfach Recht: Der Parcours der Heldenreise ist Menschen in allen Kulturkreisen vertraut. Es ist nicht nur ein Erzähl-, sondern zuallererst ein Wahrnehmungsmuster.

F Welchen Plot wähle ich?

> **🌐 NINA HIMMER – DANKE. UND TSCHÜSS**
> » Weinheimer Nachrichten, 09.07.2011
> » www.marielampert.de/praxisbeispiele (siehe Folge 9)
> » Ein Mann wird geehrt, weil er einen Handtaschenräuber gestellt hat. Es ist der Asylbewerber Hassan Hussein aus dem Irak.

Wer sich dessen bewusst ist, hat mit den 12 Stationen ein sehr nützliches Suchraster für das Scannen eines Themas nach der Geschichte. Das kooperative Hirn des Rezipienten besteht nicht darauf, dass der Erzähler alle Stationen auserzählt. Um Spannung zu erzeugen, Relevanz und Stimmigkeit auszulösen, genügen schon einzelne Sequenzen.

> **Tipp:**
>
> Es ist nicht nötig und auch nicht sinnvoll, eine Geschichte auf Teufel komm raus mit allen Stationen und auch noch in der chronologischen Reihenfolge erzählen zu wollen.

Es wäre verschenkt, das dramatische Potenzial einzelner Sequenzen nicht auszuschöpfen. Die erste Schwelle zum Beispiel – der Held betritt eine andere Welt – verheißt immer eine spannende Geschichte. Unabhängig von der konkreten Handlung verspricht ja der Subtext: Der Held bricht auf! Er verfolgt ein Ziel! Etwas wird passieren!

Fast schon ein Klassiker ist „Hoffmanns Blick auf die Welt" von Henning Sußebach aus *Die Zeit*, der den Alltag und die Biografie eines Flaschensammlers beschreibt.

Mit dem Einsammeln von Pfandflaschen bessert Oliver Hoffmann, 42, sein Hartz-IV- Einkommen auf. Der Kampf um das Leergut wird immer härter Hoffmann sagt, vor seinem ersten Mal habe er drei Tage Anlauf genommen. Es war eine laue Juninacht vor dem Bremer Hauptbahnhof, die Stadt seiner Kindheit schlief, und Hoffmann war allein, als er endgültig seinen Stolz brach. Er schaute noch einmal nach links und nach rechts, versuchte, nicht an seine Eltern zu denken, und tat es damit doch, als er den rechten Ärmel hochzog und zu tasten begann. Er habe damals geweint vor Scham und vor Glück. Es waren ja vier Flaschen drin, sagt Hoffmann.

Abb. 33: Die Heldenreise des Irakers Hassan Hussein

Sußebach steigt ein mit dem Zögern des Protagonisten und lässt ihn dann die Schwelle überschreiten. Das sind die Stationen drei und fünf der Heldenreise. Für den Text bekam er den Henri Nannen Preis 2007.

Die Schwelle funktioniert auch im Lokalteil. Ulrike Nimz schreibt für die *Freie Presse Chemnitz* über ein altes Paar im Pflegeheim, über die Tochter, die sie dorthin gebracht hat und über die Pfleger. Das Thema Pflege aus drei Perspektiven. Sie steigt mit einer Schwelle ein, buchstäblich.

Als Hildegard und Walter Göhler ihr neues Zuhause betraten, schoben sie als Erstes die Betten zusammen. 75 Jahre lang hatten sie Schulter an Schulter geschlafen und nicht vor, damit aufzuhören.

Im ersten Satz sind die Protagonisten vorgestellt, ist der Ort benannt, eine Handlung erzählt. „Als Walter und Hildegard Göhler ihr neues Zuhause betraten, schoben sie als Erstes die Betten zusammen." Da liegt die Geschichte in der Nussschale. Der zweite Absatz zeigt den Schauplatz. Man könnte mühelos ein Bühnenbild danach bauen.

F Welchen Plot wähle ich?

Etwa 18 Quadratmeter misst das Doppelzimmer mit eigenem Bad. Vor dem Fenster steht ein Baum. Wenn die Sonne durch die Zweige scheint, bekommen die weißen Wände Muster. Im neuen Zuhause der Göhlers ist Platz für das Sofa mit den zwei Sitzkuhlen, den Couchtisch und die Vitrine. Das Rollregal und die Pflegebetten gehören zur Standardeinrichtung. Im Kleiderschrank finden sich noch die Spuren früherer Bewohner. Jemand hat die einzelnen Fächer mit Pflaster beschriftet: Hemden hier, Hosen da.

> **ULRIKE NIMZ – NUR ZU BESUCH**
> » Freie Presse Chemnitz, 24.07.2013
> » www.marielampert.de/praxisbeispiele (siehe Folge 25)
> » Menschen im Pflegeheim, das Pflegegesetz – ein gewöhnliches Thema, überall machbar. Ulrike Nimz macht Poesie daraus.

Ein Radiobeispiel für einen Schwellen-Einstieg finden Sie in Kapitel D1 über Anfänge. Peter Leonhard Braun beginnt sein Feature über die Hüftoperation in der Charité mit der Szene, in der die Patientin Seima Nowak die Schwelle vom Wachzustand in die Narkose überschreitet. Klar entsteht da Spannung. Wie geht es weiter? Wie verläuft die Operation?

Die dramatischen Muster, die wir im Folgenden vorstellen, haben in der Regel Überschneidungen oder Parallelen zur Urgeschichte. Denn von der gibt es, wie Joseph Campbell sagt, tausend Variationen. Und deshalb auch einige Ansätze, sie in Unterkategorien einzuteilen.

Syd Field zum Beispiel stellt das gängige Schema der 3-Akt-Struktur vor, und zwar in „Das Drehbuch. Die Grundlagen des Drehbuchschreibens".

» **1. Akt:** Der Held hat einen Wunsch, ein Verlangen, eine Aufgabe. Er sucht nach einer Lösung.
» **2. Akt:** Er trifft auf Hindernisse, gerät in Konflikte.
» **3. Akt:** Er überwindet die Konflikte und gelangt ans Ziel.

Dramenmodelle wie die 3-Akt-Struktur oder die 5-Akt-Struktur fokussieren dabei auf den Handlungsablauf. So einen Ablauf beschreibt auch die Heldenreise. Sie ist aber inhaltlich enger festgelegt. Sie interessiert sich vor allem für die Entwicklung und Veränderung ihrer Hauptfigur.

1 Die Heldenreise als Urgeschichte

Eine gute Geschichte ist wie eine Droge – Simone Schmid

STATEMENT

Simone Schmid

Simone Schmid studierte Journalismus an der Hamburg Media School und am MAZ, der Schweizer Journalistenschule in Luzern. Sie arbeitete zehn Jahre als Journalistin – als Redakteurin für die NZZ am Sonntag und den Tages-Anzeiger. Nach einer Weiterbildung zur Drehbuchautorin an der Filmhochschule München war sie zwei Jahre Co-Autorin der Schweizer Erfolgsserie „Der Bestatter". Heute arbeitet sie als freie Drehbuchautorin.

Manchmal fühle ich mich wie die Agentin einer dunklen Macht. Ich bin manipulativ und berechnend und ich habe kein hehres Ziel: Ich will die Menschen zum Nichtstun verführen. Ich möchte, dass sie ihre Wäsche in der Maschine vergessen und nur noch Sandwiches essen; ich möchte, dass sie ihre Freunde vernachlässigen und auf schnellstem Weg nach Hause gehen – um endlich zu erfahren, wie unsere Geschichte weitergeht. Ja, Serien-Autorinnen sind nichts anderes als Drogenproduzentinnen. Wir wünschen uns möglichst viele Süchtige.

Die Droge, die wir produzieren, gibt es schon seit Jahrtausenden. Und die Formel hat sich seither nicht verändert: Eine gute Geschichte braucht einen Helden. Sie braucht ein Ziel. Und sie braucht Hindernisse. Wenn diese Elemente richtig zusammenspielen, dann entsteht Spannung – und genau das ist es, was Journalisten von Drehbuchautorinnen lernen können: Spannung und Drama bis zum letzten Satz.

Die Grundsubstanz unserer Droge sind die Figuren: Wir wollen, dass die Zuschauer mit ihnen mitfiebern, darum startet man beim Kreieren einer Filmfigur mit deren Schwächen. Ein Held berührt uns nicht, weil er alles kann – er berührt uns, weil er kämpft und innere Widerstände überwindet. Je menschlicher – sprich: mehrdimensionaler, widersprüchlicher und verletzlicher – wir unsere Helden und deren Gegner gestalten, desto mehr können sich die Zuschauer mit ihnen identifizieren. Ich bin der tiefen Überzeugung, dass jeder Mensch das Zeug zu einer Filmfigur hat. Es lohnt sich, bei jedem Interviewpartner zu überlegen: Womit kämpft er oder sie? Wer ist der Gegner? Welche Schwächen muss er oder sie überwinden, um das Ziel zu erreichen?

Damit wären wir beim zweiten Element: dem Ziel. Filmfiguren sollten ein möglichst konkretes Ziel haben, das am Ende erreicht wird oder nicht. Wenn die Zuschauer mit einer Figur empathisch sind, können sie ganze Wochenenden im Dunkeln sitzen, um zu erfahren, ob ihre Helden das Ziel erreichen werden. Auch bei journalistischen Texten ist das Ziel wichtig – nicht zuletzt im Sinne eines Versprechens an die Leser: Wenn ihr diesen Artikel zu Ende lest, werdet ihr eine Antwort auf diese oder jene Frage erhalten. Und dann geht es darum, diese Antwort so elegant wie möglich bis zum Schluss hinauszuzögern.

In Filmen geschieht dieses Hinauszögern mit Hindernissen. Einer Filmfigur darf man es nie, nie, nie zu leicht machen. Wir müssen sie in moralische Dilemmata stecken, mit Problemen konfrontieren und in ausweglose Situationen schicken. Es muss eine permanente Unsicherheit darüber herrschen, wie es weitergeht. Und genau in diesen Zustand sollte man sich beim Schreiben eines Artikels auch versetzen. Wir haben zwar alles recherchiert. Wir wissen, wie das Heute aussieht. Aber all das sollten wir beim Schreiben wieder vergessen. Wir sollten zurückreisen, zum Start der Geschichte, und mit unseren Protagonisten mitfiebern: Was wird als Nächstes passieren?

Natürlich können wir fiktive Geschichten viel mehr gestalten als journalistische Artikel. Und nicht jeder Bericht benötigt ein ausgeklügeltes Storytelling. Aber die Inhaltsstoffe für diese potente Droge sind im Überfluss vorhanden – manchmal müssen wir einfach genau hinschauen, um sie zu erkennen.

F2 DER SCHWELLEN-PLOT

Die Schwelle ist ein wesentliches Element der Heldenreise. Der Held muss Schwellen überwinden. Meistens sind es mehrere. Wenn die Reise nur über eine Schwelle geht, ist die Geschichte einfach zu erzählen. Gabor Ugron flieht am 25. Oktober 1956 nach dem Aufstand der Ungarn als 16-Jähriger aus dem von den Sowjets besetzten Budapest in die Schweiz. Katrin Schregenberger erzählt seine Geschichte in der *Neuen Zürcher Zeitung*. Zentrales Motiv ist die Nacht vor der Flucht aus Budapest:

„In dieser Nacht würde sich in seinem Leben eine Weiche stellen", beginnt die Erzählung. Gabor kann nicht schlafen, seine Mutter weint und sein Vater sagt zum Abschied nichts. Schregenberger kehrt immer wieder zurück zur „Nacht, in der Gabor Ugron ein Mann wurde." Die NZZ berichtet über sein Leben vorher und nachher, den Aufstand der Ungarn und Gabors Reise und sein Leben in der Schweiz.

Zentrales Motiv der *Schwellen-Story** ist ein Bruch, eine Entscheidung, das Überwinden einer Grenze oder ein *Wendepunkt**. Das kann eine Flucht, eine Heirat, Geburt, Tod, ein Unfall, eine Gewalttat sein. Die Erzählung pendelt mit Rückblenden zwischen Vorher und Nachher. Für das Publikum hat die Story einen klaren Orientierungspunkt. Der Erzähler kehrt immer wieder zum Schwellen-Ereignis zurück. Eine Herausforderung für den Autor bildet die Datierung der Episoden. Wie macht man der Leserin klar, auf welcher Seite der Grenze man sich gerade befindet?

Dominik Galliker markiert die Szenen mit wiederkehrenden Details. Lena, die Schweizer Lehrerin verliebt sich in einen Senegalesen ohne Ausweispapiere. Wenn die Beziehung eine Zukunft haben soll, muss sie ihn heiraten. Denn wenn ihn die Fremdenpolizei aufgreift, wird er nach Afrika abgeschoben. Aber will Lena heiraten? Die Liebenden liegen auf dem Bett, als Mamour ihr entscheidende Frage stellt. Zu dieser Gretchenfrage kehrt der Text immer wieder zurück. Galliker setzt das „Ja" der Braut als Schwelle. Er schildert die Vorbereitungen am Morgen vor der Hochzeit und montiert da Elemente des Prozesses, wie Lena die Schwelle überwindet, hinein.

F Welchen Plot wähle ich?

Ein Schwellen-Plot, kombiniert mit den Bauplänen Rückblende und Parallelerzählung (siehe Kapitel E5 und E6).

> ⊕ **DOMINIK GALLIKER – MAMOUR, MON AMOUR**
> » Berner Zeitung, 07./08.02.2015
> » www.marielampert.de/praxisbeispiele (siehe Folge 37)
> » multimediale Fassung: www.mamour.ch
> » Lena, die Schweizer Lehrerin verliebt sich in einen Senegalesen ohne Ausweispapiere. Wenn die Beziehung eine Zukunft haben soll, muss sie ihn heiraten. Denn wenn ihn die Fremdenpolizei aufgreift, wird er nach Afrika abgeschoben. Aber will Lena heiraten?

Das Schwellen-Muster schärft das Bewusstsein für Brüche, Wendepunkte, Grenzüberschreitungen in den Erzählungen. Es lohnt sich, darauf zu fokussieren. In diesen Krisen wird der Held durchgeschüttelt oder die Heldin hin- und hergerissen. Die ambivalenten Momente, in denen existenzielle Entscheidungen anstehen, sind emotionale Höhepunkte. Es geht um „Sein oder Nichtsein, to be or not to be." Der Schwellen-Monolog, in dem Hamlet seine Zerrissenheit offenbart, ist ein Höhepunkt in Shakespeares Tragödie.

F3 DER KONFLIKT-LÖSUNGS-PLOT

Jon Franklin, amerikanischer Wissenschaftsjournalist und zweifacher Pulitzer-Preisträger, betrachtet den *Konflikt** als notwendiges Element einer Story. Er definiert: „A story consists of a sequence of actions that occur when a sympathetic character encounters a complicating situation that he confronts and solves." (Franklin 1994:71)

Mit dem Erzählmuster der Konflikt-Lösungs-Dramaturgie lassen sich Preise gewinnen. Das zeigen unsere Best-Practice-Beispiele. Heike Faller erhielt beispielsweise 2013 den Henri-Nannen-Preis für die beste Reportage für ihren Text „Der Getriebene" über einen pädophilen Mann, der sich in Therapie begibt. Claas Relotius wurde 2015 vom Reporter-Forum für „Gottes Diener" ausgezeichnet. Die Kolleginnen bei der *Zeit* und beim *Spiegel* haben natürlich mehr Zeit, mehr Geld, mehr Zeilen als die Reporterin einer Tageszeitung. Das Nachdenken über den dramaturgischen Bogen oder das Konfliktmuster hilft aber auch im Lokaljournalismus. Es ist möglich und man muss es wollen. Quod erat demonstrandum.

Der Konflikt mit sich selbst

Nur jede sechste Person, die schlecht hört, trägt ein Hörgerät. Die Pro Senectute Aargau lanciert eine Kampagne „Das Leben wieder hören". Pro Senectute ist eine Organisation für Dienstleistungen an älteren Menschen und deren Angehörigen in der Schweiz. Trockenes lokales Thema. Wie wird daraus eine Geschichte? Es braucht eine Heldin. Es braucht eine Veränderung. Ronnie Zumbühl hat beides gesucht, gefunden und getitelt:

Ich habe mich lange dagegen gewehrt
Rita Lang widerstrebte es 15 Jahre lang, Hörgeräte zu tragen. Nun hat sie ihre Meinung geändert.

F Welchen Plot wähle ich?

Der Autor beschreibt, wie erstmals der Mangel auftritt. (Achtung: Ähnlichkeiten mit den Stationen der Heldenreise sind nicht zufällig.)

Vor 15 Jahren wurde sie sich ihres Handicaps ein erstes Mal bewusst: Ihr Mann hat in den Ferien Grillen zirpen gehört. Sie nicht. Sie wusste, wie sich das Zirpen anhört, aber nahm es nicht wahr.

Rita Lang merkt, dass sie manches nicht mehr mitbekommt. Sie merkt es beim Unterrichten in der Schule, bei Gesprächen mit Verwandten, sie merkt es in der Gaststätte nach dem Training mit dem Turnverein. Sie redet das Phänomen klein, sie ignoriert es, auch die Empfehlung eines Arztes bewegt sie nicht zum Einlenken.

„Leute mit Hörgeräten fallen einfach auf. Ich hatte das Gefühl, ich würde dann nicht mehr normal scheinen, nicht für voll genommen."

Den Wendepunkt bringen eine Virusinfektion, die das Hören weiter verschlechtert, und eine Netzhauterkrankung der Augen:

Nicht mehr hören und sehen zu können – „dann wird's wirklich schwierig" … Sie hatte Angst, nichts mehr vom Leben zu haben.

Rita Lang ringt sich durch, entscheidet sich für Hörgeräte, gewöhnt sich allmählich ans Tragen. Sie wird belohnt. Sie hört die Vögel zwitschern und das Laub rascheln. Sie versteht ihren Mann auf Anhieb. Sie musiziert wieder auf ihrem Akkordeon und unterrichtet – als Lehrerin ist sie inzwischen pensioniert – im Kindergarten.

Das Thema ist unspektakulär, der Aufhänger auch. Aber zwei Momente geben dem Text Charme und Relevanz. Das dicke *me too**. Wir alle kennen garantiert den nervigen inneren Disput: Soll ich, soll ich nicht, soll ich, soll ich nicht, eigentlich sollte ich doch… Und garantiert alle Leserinnen kennen jemanden, dem man alles mehrfach sagen muss. Jemanden, der sich partout weigert, ein Hörgerät zu tragen oder das vorhandene Hörgeräte nicht einsetzt und triftige Gründe dafür anführt. Der Text schafft Verständnis für Hörgeräteverweigerer und erzählt davon, wie die Heldin das Elixier ergreift, das ihre Welt wieder in Ordnung bringt (die Heldenreise lässt grüßen). Und das *Zofinger Tagblatt* kann sich der Lesernähe rühmen.

3 Der Konflikt-Lösungs-Plot

Multimediale Zuspiele kann man sich leicht ausdenken. Hörbeispiele, die den Hörverlust hörbar machen. Beispiele, die die Kakophonie simulieren, die Hörgeschädigte erleben, wenn sie in einem Umfeld mit lautem Geräuschpegel zuhören wollen. Fotos von kleidsamen Hörhilfen. Und von solchen aus den 1990er-Jahren. Eine Infografik, die zeigt, wie so ein Hörgerät funktioniert, analog zu der Brille für die virtuelle Realität im Kapitel E1. Eine Grafik, die den Prozentsatz von Brillenträgern darstellt, den von Hörgerätebedürftigen und Hörgeräteträgern. Eine Audioslideshow, die Lebenssituationen zeigt, in denen Hören von entscheidender Bedeutung ist.

Von anderer, existenzieller Bedeutung ist der Konflikt, von dem Heike Faller erzählt. Im Lead zu ihrem Text „Der Getriebene" benennt sie den Konflikt und die Lösung:

Kann ein Mensch seine Sexualität ein Leben lang unterdrücken? Wenn Jonas ein guter Mensch sein will, wird er es müssen – er ist pädophil. Wir haben ihn bei seiner Therapie begleitet.

Jonas Konflikt erfüllt drei Bedingungen, die Jon Franklin an starke Konflikt-Lösungs-Geschichten stellt:
» Der Konflikt ist von grundsätzlicher Bedeutung für den Menschen, er berührt wesentliche Fragen wie die nach Liebe, Hass, Schmerz oder Tod.
» Der Konflikt betrifft die handelnde Person auf bedeutsame, existenzielle Weise.
» Eine Lösung hebt die Spannung auf.

> **HEIKE FALLER – DER GETRIEBENE**
> » Die Zeit, 25.10.2012
> » http://www.zeit.de/2012/44/Sexualitaet-Paedophilie-Therapie
> » Jonas ist pädophil und kämpft dagegen an.

F Welchen Plot wähle ich?

Konflikt mit einem Gegner oder Feind

Helmut de Witt, freiberuflicher Architekt aus Bad Zwischenahn, Spezialist für Schwimmbadbau, wird geblitzt. 136 km/h statt 100. Damit ist sein Führerschein weg. Ein Monat ohne. Plus bzw. minus 120 EUR. Helmut de Witt hat deshalb jetzt einen Konflikt mit dem Landkreis Vechta, speziell der Bußgeldstelle. Er kennt die Autobahnstrecke. Er weiß, dass sich die Fahrbahn von drei auf zwei Spuren verengt und erinnert sich, dass die Begrenzung normalerweise bei 130 km/h lag. Nun plötzlich nicht mehr? Wieso?

Helmut de Witt schaltet einen Anwalt ein. Und der Reporter Karsten Krogmann recherchiert, wie das so ist mit den Kommunen im Verbreitungsgebiet der *Nord-West-Zeitung*. Wieviel sie mit ihren Blitzautomaten einnehmen und ob das sein kann, was Autofahrer gern vermuten: Dass nämlich manche Kommune schlicht ihre Einnahmen steigern will, indem sie willkürlich Blitzautomaten aufstellt. Die Zeitung überschreibt den Text charmant:

Wenn's blitzt, lächelt der Kämmerer
Tempo-Kontrollen sollen Sicherheit bringen – und zugleich die kommunalen Kassen aufbessern.

Protagonist ist der geblitzte Architekt. Das Fahrverbot ist für ihn ein gravierendes Problem, weil das Wahrnehmen von Terminen und das Aufsuchen von Baustellen ohne Auto auf dem Lande oft nicht möglich ist. Seinem Anwalt gelingt es, den Konflikt zu lösen. Der Landkreis Vechta hebt nämlich mit Blick auf die berufliche Situation von Helmut de Witt das Fahrverbot auf und verdreifacht dafür die Geldbuße auf 360 Euro.

Der Konflikt in dem Text ist weder existenziell noch wird er detailliert auserzählt. Aber schon diese kleine Konflikt-Lösungs-Sequenz trägt die Leser freundlich durch einige Zahlen und Schauplätze. Die Frage, was die Kommunen einnehmen, und was sie mit dem Geld treiben, hat sicher viele Leser schon beschäftigt: me too. Und die These, dass das Geld zumindest sehr gelegen kommt, ist nicht widerlegt. Jedenfalls hat der Reporter keinen triftigen Grund für das Herabsetzen des Tempolimits von 130 auf 100 ermitteln können. Er erfährt: Man messe an „Unfallschwerpunkten" und „potenziellen Gefahrenstellen." Nach ausführlicher Beobachtung, so verlautbart es der Geschäftsbereichsleiter der Niedersächsischen Landesbehörde für Straßenbau am Ende des Textes, habe man in Abstimmung mit der Polizei die zulässige Geschwindigkeit im Sommer 2013 auf 130 heraufgesetzt. Kurz nachdem Helmut de Witt geblitzt worden war.

Vom Lokalen zum großen Kino: ein Ehescheidungskrieg. Gustl Mollaths Gegnerin ist zunächst seine Ehefrau. Er beschuldigt sie, ihren Privatkunden bei der Bank bei Steuerhinterziehungen behilflich gewesen zu sein. Sie stellt Strafanzeige gegen ihn, wirft ihm Körperverletzung und Bedrohung vor, Sachbeschädigung kommt dazu. Das ist 2002. Die Frau bewirkt, dass ihre Hausärztin dem Amtsgericht Nürnberg einen Hinweis gibt, Gustl Mollath auf seinen Geisteszustand zu untersuchen. Gutachter finden eine „schizophrene Wahnstörung". Ab da hat Mollath viele sehr mächtige Gegner. Es sind Psychiater, Gutachter, Richter und Staatsanwälte. Die mächtigen Gegner bringen ihn in die Psychiatrie. Wegen „hoher Gefährlichkeit" ordnen sie die unbefristete Unterbringung in einem psychiatrischen Krankenhaus an. Mollath ficht die Entscheidung an, seine Rechtsmittel werden monatelang nicht bearbeitet oder nicht beachtet. Seine Revision wird verworfen. 2013, elf Jahre später, wird das Verfahren wieder aufgenommen. 2014 wird Mollath freigesprochen. Seine Anschuldigungen gegen Bankmitarbeiter erweisen sich – jedenfalls in Teilen – als richtig. Er hat acht Jahre zu Unrecht im Maßregelvollzug, also in der Psychiatrie gesessen.

Der Fall Gustl Mollath und die Umstände seines Verfahrens werden ab 2011 öffentlich diskutiert. Die *Nürnberger Nachrichten, der Südwestrundfunk* und das TV Magazin *Report Mainz* berichten kritisch über das Verfahren. Die Redakteure der *Süddeutschen Zeitung* Olaf Przybilla und Uwe Ritzer werden für ihre Berichterstattung mit dem 3. Preis des Wächterpreises ausgezeichnet. Zwischen 2011 und 2014 kommen scheibchenweise immer wieder neue Verflechtungen und – gelinde gesagt – Merkwürdigkeiten im Fall Mollath zu Tage. Verfehlungen der Justiz, Schlampereien der Gutachter, befremdliche Gepflogenheiten bei der Hypovereinsbank, seltsame Erklärungen der bayerischen Staatsregierung. *Cliffhanger** am laufenden Band.

Betrachtet man den Fall Mollath – von seinem Schicksal abstrahierend – unter dramaturgischen Gesichtspunkten, muss man sagen: eine super spannende Konflikt-Lösungs-Geschichte des Typs „Konflikt mit dem Gegner". Ein David-gegen-Goliath-Plot. Eine Heldenreise. Ein Krimi.

Stoff genug für ein Buch von Olaf Przybilla und Uwe Ritzer (2014): „Die Affäre Mollath: Der Mann, der zu viel wusste". Und für den Kinofilm „Mollath – Und plötzlich bist du verrückt" von Annika Blendl und Leonie Stade (2015).

Konflikt mit der Gesellschaft

„Wenn ich mein Zimmer verlasse, betrete ich feindliches Ausland". Wer so spricht, befindet sich ganz sicher im Konflikt mit der Gesellschaft. Fritz Bauer hat ihn gesagt. Er hat als hessischer Generalstaatsanwalt den Frankfurter Auschwitz-Prozess mit angestoßen. Lars Kraume hat 2015 einen Politthriller über Fritz Bauer gedreht.

„Der Staat gegen Fritz Bauer". Der Film schildert den archaischen Kampf eines Außenseiters gegen ein übermächtiges System – und zwar einen Kampf, den es wirklich gab.

Pointierter kann man das Erzählmuster „Konflikt mit der Gesellschaft" nicht anteasern. Der Kinofilm von Lars Kraume spielt in den 1950er- und 60er-Jahren. Fritz Bauer war Generalstaatsanwalt in der jungen Bundesrepublik. Auf seine Weisung leitete die Staatsanwaltschaft in Frankfurt am Main ein Ermittlungsverfahren gegen vormalige Angehörige und Führer der SS-Wachmannschaft im Konzentrationslager Auschwitz ein. Fritz Bauers Initiative bewirkte, dass der frühere SS-Obersturmbannführer Adolf Eichmann in Argentinien aufgespürt und schließlich vor Gericht gestellt werden konnte. Weil Bauer der deutschen Justiz misstraute – die meisten der deutschen Juristen hatten zuvor dem NS-Regime gedient – bat er dazu den israelischen Geheimdienst um Hilfe. Die deutsche Bundesregierung hatte den Antrag Bauers, sich um die Auslieferung Eichmanns zu bemühen, abgelehnt.

Noch ein Beispiel? Preisgekrönt vom Reporter-Forum 2015: die Reportage „Gottes Diener" von Claas Relotius aus dem *Spiegel*. Hier der Lead:

Willie Parker ist der letzte Arzt im US-Staat Mississippi, der noch Abtreibungen ausführt. Als Monster beschimpft, zählte er selbst zu jenen, die Abtreibung für eine Todsünde halten.

Der steile erste Satz:

Willie Parker saß im marmornen Senatssaal von Jackson, Mississippi, als man ihn fragte, wie viele heranwachsende Menschenleben er schon beendet habe.

Er antwortet: Einige Tausend müssen es gewesen sein. Willie Parker praktiziert im Bibelgürtel der USA. Der Autor arbeitet das Muster „Konflikt mit der Gesellschaft" heraus, und ja, auch er erzählt eine Heldenreise. Der Held wandelt sich vom Paulus zum Saulus. Ein Abtreibungsgegner wird zum Arzt, der am Tag 23 Abtreibungen durchführt. Wie das? Das muss man wissen! Der Wendepunkt im Leben von Willie Parker ist der Mord an einem Freund und Kollegen. Der wiederum hat als Abtreibungsarzt praktiziert. In einer Kirche schießt ihm deshalb ein christlicher Rächer eine Kugel in den Kopf. Dieses Ereignis bezeichnet Parker als seine „Erweckung". Er macht eine Kehrtwende in seinen Überzeugungen und dann auch in seinem Handeln.

Ist das noch eine Konflikt-Lösungs-Dramaturgie? Entscheidend ist die Perspektive des Helden. Er steckt in einem Dilemma. „Mein Glaube zwang mich zu entscheiden, was ein guter Christ an meiner Stelle tun sollte.", sagte Parker. „Sollte er den Frauen hier helfen oder sie im Stich lassen?" Diesen inneren Konflikt löst er, indem er sich nach langem Ringen (das Zögern des Helden – Heldenreise Station 3) eindeutig auf die Seite der Frauen stellt.

Konflikt mit der Natur

Noch so eine Heldenreise mit Konflikt-Lösung, jetzt in der Variante „Konflikt mit der Natur". Andrea Jeska wurde dafür mit dem Theodor-Wolff-Preis 2013 ausgezeichnet. Ganz großer Bogen. Ganz große Tiefe. Ganz große Sprache.

Jahrelang bekämpften Entwicklungshelfer den Hunger in der Sahelzone. Vergeblich. Dann kam ein Bauer, pflanzte einen Wald und machte den Boden fruchtbar. Es sind die Wochen vor dem Regen, als der alte Mann die Samen des Affenbrotbaumes in die Erde legt. Noch einmal sät er. Ernten wird er nicht mehr. Zehn Jahre dauert es, bis die Bäume die ersten Blüten tragen. Der alte Mann wird dann schon tot sein. 40 Jahre vergehen, bis die Bäume so stark sind, dass sie den Stürmen und hungrigen Tieren standhalten. Auch die Söhne des alten Mannes werden dann nicht mehr leben.

> ⊕ **ANDREA JESKA – DER MANN, DER DIE WÜSTE AUFHIELT**
> » Die Zeit, 29.11.2012
> » http://www.zeit.de/2012/49/Hunger-Sahelzone-Baeumepflanzer
> » Ein Bauer pflanzt in der Sahelzone einen Wald und macht den Boden fruchtbar.

Andrea Jeska erzählt eine Geschichte von archaischer Wucht. Sämtliche Stationen der Heldenreise – mit einer Ausnahme – lassen sich in ihr mitverfolgen. Was man hier sehen kann: Die Stationen müssen nicht chronologisch aufgefädelt sein. Auch bei der Heldenreise darf dramaturgisch gedacht und geschrieben werden. In Tabelle 6 haben wir die Stationen der Vogler-Reihe nach aufgeführt. Im Text finden sie sich anders gereiht, und zwar so:

1–4–2–5–9–6–7–8–10–11–12 und dann geht's von vorne los. Ein Zehntel ihres Textumfangs, etwa 3.000 Zeichen, verwendet Andrea Jeska auf eine Art Vorschau. Sie beschreibt die Situation in Burkina Faso, stellt den Helden vor, spannt den Vorher-Nachher-Bogen: „So rang der Ackerbauer Yacouba Sawadogo dem harten Nichts einen Garten Eden ab." Dann erst beginnt der Heldenparcours, und zwar so:

Man weiß nie, wann eine Erzählung wirklich beginnt. Der Anfang dieser Erzählung liegt vielleicht in uralter Zeit ... Vielleicht beginnt diese Erzählung aber auch erst in den frühen fünfziger Jahren, als Yacouba Sawadogo, Kind armer Bauern, auf eine Koranschule in Mali geschickt wurde, aber nicht lesen und schreiben lernte, trotz aller Mühe.

Der ganze schöne Heldenweg des genialen Gärtners endet leider nicht happy, sondern damit, dass Landvermesser kommen, Teile seines Waldes abgeholzt werden und Häuser gebaut werden. Die Provinzregierung bietet ihm an, das Land zu kaufen, zu einem unerschwinglichen Preis.

3 Der Konflikt-Lösungs-Plot

Tabelle 6: Andrea Jeska – Der Mann, der die Wüste aufhielt

Stationen der Heldenreise nach Christopher Vogler	Stellen im Text
1. Gewohnte Welt: Der Held erscheint in seinem vertrauten Umfeld.	Die frühen fünfziger Jahre: Yacouba verlässt die Koranschule seines Dorfes als Analphabet. Er handelt mit Haushaltswaren auf dem Markt im Städtchen.
2. Ruf des Abenteuers/Berufung: Der Held erlebt einen Mangel oder wird vor eine Aufgabe gestellt.	Anfang der achtziger Jahre kriecht eine neue Dürre über die Sahelzone auf die Provinz Yatenga zu. Hungersnöte und ungezählte Tote sind für Yacouba das Zeichen zum Aufbruch.
3. Weigerung: Der Held zögert.	*(nicht beschrieben)*
4. Ermutigung: Ein Mentor überredet ihn, die Reise anzutreten.	Der Scheich, Leiter der Koranschule, prophezeit seinem Schüler Yacouba als er die Schule verlässt: „Du wirst ein Weiser sein." Was der Scheich ihm einst verkündete, sagt Yacouba, habe er nie bezweifelt.
5. Überschreiten der Schwelle: Der Held betritt die andere Welt.	Er verkauft alles und kehrt zurück in sein Dorf, dem Flüchtlingsstrom entgegen. Dort nimmt er seine Hacke und geht dahin, wo nichts ist. Nur leeere Wüste. Geht mit dem Willen, die Wüste fruchtbar zu machen.
6. Prüfungen: Er trifft auf Feinde und Hindernisse, findet aber auch Verbündete.	Yacouba gräbt Löcher in steinigen Boden, er gräbt tage-, monate-, jahrelang alleine. Er pflanzt und erntet Hirse. Der international aktive Geologe Chris Reji wird sein Freund. Der Kameramann Mark Dodd dreht eine Dokumentation über ihn.
7. Zweite Schwelle: Der Held kommt ins Zentrum des Konflikts, er trifft dort seinen schlimmsten Feind.	Die eigenen Leute legen Feuer an seine Felder. Sie sagen, er sei mit den bösen Mächten im Bund, weil er die die bäuerlichen Traditionen mißachte.

8. Äußerste Prüfung: In einem existentiellen Kampf bezwingt er seinen Widersacher und erobert, was er braucht, um seine gewohnte Welt in Ordnung zu bringen.	Yacouba kennt die Brandstifter. Er stellt sie nicht zur Rede. Er sagt: „Es bringt einem Mann nichts, wenn er behauptet, er habe recht. Es ist besser, die Dinge unter Beweis zu stellen, bis die anderen sagen: Der hat Recht." Yacouba beginnt von vorn.
9. Belohnung: Der Held ergreift aktiv das Gut, das ihn bewog, loszuziehen, im übertragenen Sinn auch eine neu erworbenen Fähigkeit.	Yacouba vergrößert die Pflanz-Löcher und erfindet eine neue Art von Dünger aus Blättern, Viehdung und Asche. Er findet heraus, wie man die Samen schützt und feucht hält. Er pflanzt einen Wald, 30 Hektar ehemals totes Land, 42 Fußballfelder, auf denen 60 verschiedene Bäume und Sträucher wachsen, die größte Artenvielfalt in diesem Teil der Sahelzone.
10. Rückweg: Der Held geht den Weg zurück, er muss u. U. wieder mit Verfolgung oder Prüfungen rechnen.	Es kommen weitere Dürreperioden, der Boden wird schlechter, die Bevölkerung wächst rasch, das Land wird knapper ...
11. Auferstehung (die dritte Schwelle): Der Held kommt als veränderte, geläuterte Persönlichkeit zurück.	Die Prophezeiung ist eingetroffen. Yacouba ist ein Weiser geworden.
12. Rückkehr mit dem Elixier: Er nutzt die gewonnenen Fähigkeiten, Erkenntnisse, das neue Gut, um seine alte Welt ins Gleichgewicht zu bringen.	Yacouba hält Lehrstunden für Bauern aus Mali und dem Niger, unterrichtet Agrarexperten aus Europa und Amerika, ist Gast auf internationalen entwicklungspolitischen Konferenzen und ein geachteter Mann, auch in seiner Heimat.

Yacouba fängt wieder von vorne an, wandert mit seiner Hacke ein Stück weiter, dorthin, wo niemand ist und niemand sein will, hackt neue Löcher. Mit seinen Söhnen. Da schließt sich der Kreis zum Anfang: Man weiß nie, wo eine Erzählung wirklich beginnt. Man weiß nie, wann eine Heldenreise wirklich zu Ende ist. Es geht ja immer wieder von vorne los. Man weiß aber, wie der Text von Andrea Jeska endet:

Er wird den Wald nicht mehr wachsen sehen. Er wird die Früchte nicht mehr ernten. Aber er wird wissen, niemand hat ihn besiegt. Die Natur nicht. Und schon gar nicht die Menschen.

Und jetzt noch, schon wegen der Fallhöhe, der „Konflikt mit der Natur" im Lokalteil. Der Süden der Bundesrepublik erlebt ihn im Frühjahr 2016 hautnah. Schneeschmelze und Starkregen schwemmen Wassermassen nach Nieder- und Oberbayern, auch nach Südbaden. Die *Südddeutsche Zeitung* titelt online am 2. Juni 2016:

Niederbayern: „Unsere Rente ist weggeschwommen"
Am Tag nach der Katastrophe packen viele Simbacher an, um die Spuren der Verwüstung zu beseitigen. Manche sind dafür noch zu geschockt.

Unmittelbar nach einer Katastrophe, das sagt der Lead implizit, kann es für die Lösung, die Wende zum Besseren, noch zu früh sein. Die *Stuttgarter Zeitung* schreibt drei Tage zuvor, am 30. Mai 2016:

Sieg: Wir haben Glück gehabt
Das mittlere Remstal ist am Sonntagabend knapp einer größeren Überflutung entgangen – verhindert wurde dies dank des Managements der bestehenden Rückhalteräume.

Der Autor lässt den technischen Geschäftsführer des Wasserverbands Rems den Großeinsatz in der Flutnacht vom Sonntag erklären. Der Fachmann erläutert, wie der Pegel der Rems deutlich unter der kritischen Hochwassermarke gehalten werden konnte. Das war „einer Mischung aus guter Programmierung der Software und menschlichem Geschick zu verdanken". Die Leser erfahren, wie die Steuereinheit arbeitet und sich die Schieber an den Staudämmen regeln lassen. Sie bekommen relevante Fakten, die im aktuellen Kontext anschaulich und interessant werden. Der Text ist gut zu lesen. Doch im Thema schlummert mehr dramaturgisches Potenzial. Schön wäre, wir hätten die Nacht mit dem Protagonisten erleben können – via Reinszenierung. Schön wäre – und das wäre eine Konflikt-Lösungs-Dramaturgie gewesen – die Leser könnten klar nachvollziehen, wie frühere Hochwasserkatastrophen zu der Lösung führten, die sie heute vor Hochwasser schützt. Sie könnten dann ermessen, wie umsichtig ihre Gemeindeverwaltung operiert. Wie sinnvoll sie investiert hat. Das hätte ein Fokus sein können, der das dramatische Potenzial im Thema weiter ausgeschöpft hätte. Man muss und kann das nicht immer machen. Wenn man es aber tut, macht es einen Unterschied.

Wenn man jeweils nur Überschrift und den Lead der drei zitierten preisgekrönten Texte nebeneinanderhält, findet man folgende drei Gemeinsamkeiten: Es geht um einen (nicht mehrere) Helden, der spätestens im Lead schon mit Eigenschaften bzw. einem Ziel vorgestellt wird, dessen Konflikt sofort klar benannt ist, und der einen Wandel bewirkt oder selbst vollzieht.

» Jonas ist pädophil und will ein guter Mensch sein, er wird seine Sexualität sein Leben lang unterdrücken müssen und macht deshalb eine Therapie.
» Willie Parker führt Abtreibungen aus – als letzter Arzt in Mississippi – obwohl er als Monster beschimpft wird und Abtreibung früher für eine Todsünde hielt.
» „Der Mann, der die Wüste aufhielt", pflanzt einen Wald und macht den Wüstenboden fruchtbar.

Und obwohl damit der Plot der Geschichte schon gleich aus dem Sack ist, will man sie unbedingt lesen. Oder?

Dramaturgie für Anfänger – Heike Faller

Heike Faller

Heike Faller, Redakteurin im Zeit-Magazin, war zuvor freie Journalistin für GeoSaison, Brigitte und SZ-Magazin. Sie ist Gewinnerin – unter anderem – des Henri-Nannen-Preises, des Emma-Journalistinnenpreises, des Axel-Springer-Preises, sowie der Auszeichnung „Journalistin des Jahres 2011" in der Kategorie Wirtschaft.

Dramaturgie – das klingt ein wenig wichtigtuerisch, nach Theater oder dem Abspann eines Kleinen Fernsehspiels. So ganz-hohe-Schule-mäßig, nichts, was einen als Anfänger (oder Lokalreporterin mit wenig Zeit) interessieren sollte. Ist aber nicht so, finde ich. Es gibt viele gute Gründe, sich um die Dramaturgie seines Textes zu kümmern. Man kann schneller schreiben, muss den Text nicht drei Mal umschmeißen, weil die Konstruktion nicht stimmt. Vor allem aber muss man sich nicht allein auf seine Sprache oder Beobachtungsgabe verlassen, weil der Text im besten Fall so spannend ist, dass der Leser nicht mehr über die Details nachdenkt, sondern einfach nur wissen will, wie es ausgeht.

Deshalb ist Dramaturgie gerade für Anfänger ein unterschätztes journalistisches Mittel. Man kann es übrigens auch bei kurzen Texten anwenden. Auch ein Dreispalter kann spannend sein. Bei einer Reportage oder einem Porträt heißt „Dramaturgie" beispielsweise, dass ich einen Konflikt oder ein Problem an den Anfang stelle und dann im Lauf des Textes zeige, wie es gelöst wird. Konkret kann das bedeuten, dass man einem Menschen dabei zusieht, wie er ein Dilemma löst, das für sein Leben relevant ist. Man kann das in aller Ausführlichkeit durchdeklinieren, wie ich das bei meinem Text über einen pädophilen Mann getan habe, der mit aller Macht versucht, nicht zum Täter zu werden und dabei große Hindernisse überwinden muss. Bei kürzeren Texten heißt das einfach nur, dass ich das Problem meines Protagonisten an den Anfang stelle und es nicht tief im

F Welchen Plot wähle ich?

Text vergrabe, denn Probleme aller Art sind wertvolles dramaturgisches Material. Ein Artikel über, sagen wir einen Kommunalpolitiker, könnte dann beispielsweise mit dessen Konflikt beginnen: Franz Gruber wollte schon immer Kommunalpolitik machen, aber in seiner Studienzeit wurde er immer rot, wenn er vor mehr als drei Leuten sprechen sollte. Es fiel ihm schwer zu reden – aber noch schwerer fiel es ihm irgendwann, immer nur den Mund zu halten. Und schon möchte man wissen wie es weitergeht, wie Franz Gruber es schafft, seine Angst zu überwinden.

Es lohnt sich also, nach solchen Konflikten Ausschau zu halten. Das Schöne ist, dass sie so leicht zu finden sind wie Pilze nach einem verregneten Sommer. Die meisten Menschen haben welche, fast jeder, der etwas erreicht hat, musste dazu innere wie äußere Hindernisse überwinden.

Eine ganz ähnliche Dramaturgie verwende ich auch bei eher essayistischen Texten. Dort stelle ich statt eines Konfliktes eher eine Frage an den Anfang. Im Text suche ich dann Antworten darauf. Die Frage sollte dabei relativ klar und einfach sein – die Antworten dürfen dafür vielschichtig und kompliziert sein.

Das ist auch schon das Einmaleins guter Dramaturgie. Es gilt für kurze wie für lange Texte und wird wunderbar erklärt in dem Buch „Writing for story" von Jon Franklin.

F4 DER OXYMORON-PLOT

„Bittersüß" und „beredtes Schweigen": Zwei einander scheinbar widersprechende, sich gegenseitig ausschließende Begriffe werden zusammengebracht. Diese Verbindung heißt in der Rhetorik *Oxymoron* (griech. *oxys*, scharf, und *moros*, dumm). Uns ist aufgefallen, dass sehr viele erfolgreiche Geschichten nach diesem Muster gestrickt sind: Zwei Handlungsstränge laufen nicht parallel, sondern einander entgegen.

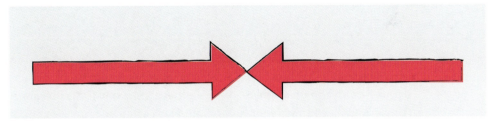

Abb. 34: Geschichten laufen gegeneinander – Widersprüche erzeugen Spannung.

Spannung wird aufgebaut, weil die Geschichten zwischen zwei Polen oszillieren. So versucht das Schweizer Boulevardblatt *Blick* mit extremen Gegensätzen Aufmerksamkeit zu generieren:

Miss Südostschweiz Carole Jäggi überlebt einen tödlichen Autounfall.

Entweder überlebt man einen Unfall oder man stirbt. Beides ist nicht möglich. Aber die Schlagzeile dokumentiert die überstrapazierte Absicht, mit Widersprüchen Dramatik zu erzeugen. Realistischer umgesetzt ist die Dramaturgie der Gegensätze bei folgenden Beispielen:

Karl Merk ist der erste Mensch, dem zwei Arme transplantiert wurden. So ganz gehören sie ihm noch nicht, selbst wenn sie ein Jahr später schon mehr können als erwartet. Der Landwirt ist fest entschlossen, ihrer ganz Herr zu werden – auch wenn es ein lebenslanger Kampf bleibt.

Abb. 35: Ein gefährliches Raubtier wird an der Leine geführt.
Widerspruch von Gefahr und Idylle – ein Oxymoron-Plot.

Kinder können Gegensätze ohne Hemmungen nebeneinanderstellen. So bringt ein Sohn die Situation und die Arbeit seiner Mutter als Schuldensanierin auf den Punkt, genauer zwischen zwei Pole:

Meine Mama ist beruflich pleite und damit hilft sie vielen Menschen.

Wir nennen diese Dramaturgie der Widersprüche *Oxymoron-Plot**. Die Oxymoron-Story verspricht von Anfang an Spannung und macht die Ambivalenz zum Thema. Im Film „Alexis Sorbas" feiert der Titelheld seinen Misserfolg: Der Grieche tanzt vor Freude, als seine soeben vollendete Materialseilbahn bei der ersten Belastungsprobe zusammenbricht. Vielleicht bleibt uns der Film deshalb so stark in Erinnerung. Widersprüche faszinieren das Publikum.

Vom russischen Autor Leo Tolstoi kann man lernen, dass Romanfiguren mit inneren Widersprüchen die Leser in ihren Bann ziehen. Für viele Leserinnen von „Anna Karenina" sind die Figuren des Buches mehr als Fiktion. Anna Karenina pflegt die Ambivalenz bis zum bitteren Ende. Sie wirft sich unter den fahrenden Zug (Tolstoi 1968: 246):

Und gerade in dem Augenblicke, als sie die Mitte zwischen den Rädern sich gegenüber sah, schleuderte sie ihr rotes Handtäschchen von sich, stürzte sich, den Kopf zwischen die Schultern einziehend, unter den Wagen auf die Hände und ließ sich mit einer leichten Bewegung auf die Knie sinken, als wolle sie gleich wieder aufstehen. Und im selben Augenblicke entsetzte sie sich über das, was sie tat. „Wo bin ich? Was tue ich? Weshalb?" Sie wollte sich aufrichten, sich zurückwerfen, aber etwas Ungeheures, Unerbittliches stieß sie gegen den Kopf und schleifte sie am Rücken weiter.

Die Leute sprechen über Tolstois Charaktere, als ob sie real gelebt hätten. Als Journalisten können wir daraus etwas lernen. Lassen wir unseren Helden ihre Ecken und Kanten und Widersprüche. So wirken sie überzeugender.

Zwischen zwei Polen bewegt sich auch die Titanic, das absolut sichere Schiff, das untergeht. Oder die Raumfähre Challenger, ein Wunderwerk der Technik, das explodiert und die Raumfahrer tötet.

Widerspruch als Motor der Dramaturgie

> **Tipp:**
>
> Das Momentum des Widerspruchs lässt sich beim Bauen einer Geschichte nutzen. Suchen Sie Gegensätze, Kontraste, Widersprüche, und arbeiten Sie diese klar heraus.

Es gibt kaum ein einfacheres Drehbuch für eine Geschichte. Sie suchen eine These und eine Antithese. Der Widerspruch zwischen den beiden Polen schafft eine Leerstelle (siehe Kapitel D1). Das regt die Fantasie an. Die Rezipienten versuchen zu verstehen, einen Sinn zu konstruieren, und bauen eine Synthese. Das Publikum wird kokreativ tätig wie bei einem Krimi. Der Leser bildet ständig neue Hypothesen: Wie geht es weiter? Wer ist das nächste Opfer? Wer ist der Täter? Es werden Kräfte geweckt, die versuchen, Getrenntes zu verbinden oder zusammenzubringen. Am Ende entscheidet der Autor, ob es zum Happy End oder zu einem tragischen Schluss kommt. Die weitere Entwicklung kann auch offenbleiben. Das Publikum sollte aber verstehen, warum es keine einfache Lösung gibt. Das dramatische Grundmuster entwickelt sich in drei Schritten: Situation, Komplikation und Lösung (Lyon 2004: 38).

Mit dem Wortschatz der Philosophie ausgedrückt, haben wir es mit Dialektik zu tun. Sophokles, Platon und Hegel beschäftigte der dialektische Dreischritt: von der These zur Antithese zur Synthese. Wir machen ihn zur dramatischen Maxime als *dramatischer Dreischritt* und illustrieren ihn am Beispiel eines Artikels von Beate Lakotta im *Spiegel*:

F Welchen Plot wähle ich?

Weil Ärzte eine Spätabtreibung ablehnten, lebt eine Familie in München mit einem Kind, das sie so nicht haben wollte. Heute ist Ludwig zwei Jahre alt und geistig und körperlich schwer behindert.

Als die Ärzte am Anfang des 9. Schwangerschaftsmonats merkten, dass der Knabe eine schwere Hirnschädigung hatte, unternahmen Reinhard und Claudia Senge alles, um das Kind legal abzutreiben. Alle kontaktierten Kliniken lehnten ab. Zwei Jahre später sagen die Eltern, sie lieben das Kind. Trotzdem würde sich die Familie auch heute noch gegen das Kind entscheiden, wenn sie die Möglichkeit hätte.

Die Textanalyse zeigt: Die Geschichte ist systematisch als *Oxymoron-Plot** gebaut. Jede neue Entwicklung der Geschichte wird als *dramatischer Dreischritt* inszeniert.

Tabelle 7: Elemente eines Oxymoron-Plots
„Spätabtreibungen. Der Ludwig lacht" von Beate Lakotta im Spiegel

These	Antithese	Synthese
Eltern freuen sich auf ein gesundes Kind.	Das Kind hat eine schwere Hirnschädigung. Die Eltern wollen es nicht.	Lösung: Abtreibung. Ist aber in der 32. Schwangerschaftswoche nicht möglich, verstößt gegen ungeschriebene deutsche Gesetze.
Eltern haben ihr Kind zu lieben, auch wenn es behindert ist.	Die Familie lehnt das Kind ab und will das Baby bis 10 Tage nach der Geburt nicht sehen.	Nach 10 Tagen akzeptiert die Familie das Kind, stellt ihr Leben um und beginnt es zu lieben.
Der Staat hat die Frau gezwungen, das Kind zu gebären.	Der Staat lehnt es ab, sich an der kostspieligen Betreuung des Kindes zu beteiligen.	Ein Anwalt erreicht, dass der Staat bezahlen muss.
Der Sohn ist 2 Jahre alt. Die Familie sagt, sie liebe ihr Kind.	Trotzdem würde sie sich auch heute noch gegen das Kind entscheiden, wenn sie die Möglichkeit hätten.	keine

Oxymorons in Überschriften

» „Todkrank in die Freiheit" – Die *Frankfurter Allgemeine Zeitung* über einen englischen Posträuber, der vorzeitig aus dem Gefängnis entlassen wurde, weil er todkrank ist.
» „Wer etwas wirklich Neues will, darf keine Angst vor dem Alten haben" – *Brandeins* über eine Anleitung für Erfindungen, die zum Erfolg führen.
» „Süße Nahrung für bittere Zeiten" – Die *Frankfurter Allgemeine Zeitung* über Schokolade.
» „Er tötete und missbrauchte die kleine Corinna (9). Dabei ist er selber Vater" – Die *Bild*-Zeitung über einen brutalen Vater

Noch eine Stufe weiter getrieben wird der Oxymoron-Widerspruch, wenn er mit ähnlichen Wörtern formuliert wird (Paronomasie):

» „Eile mit Weile, betrogene Betrüger, Rheinstrom Peinstrom, Bistümer Wüsttümer"

F Welchen Plot wähle ich?

F5 DIE KRAFT DES MYTHOS

Die Mythen sind einfach da. Sie wirken weiter. Der Mythos vom Wirtschaftswunder im Nachkriegsdeutschland hat bewirkt, dass Menschen sich handlungsfähig fühlten. Konkret bedeutete „Wirtschaftswunder": „Wir schaffen was und sind wieder wer". Das Beispiel stammt von der Literaturwissenschaftlerin Stephanie Wodianka. Sie hat ein „Lexikon moderner Mythen" mitherausgegeben. Im Interview mit der *Süddeutschen Zeitung* sagt sie: „Moderne Mythen funktionieren ganz ähnlich wie ihre antiken Vorbilder. Es sind Erzählungen, die Sinn und Identität stiften, sie stehen für Werte und Normen, die ein kollektives Selbstverständnis begründen."

Mythen sind Mittel der Weltdeutung. Damit ein moderner Mythos entstehen und Kraft entfalten kann, muss er an einen bestehenden Mythos anknüpfen. Genau das hat sich Georg Lucas mit seinem Film „Krieg der Sterne" 1977 vorgenommen. Lucas wollte einen Science-Fiction-Film schaffen, der alten Mythos und modernes Märchen verbinden sollte. „Krieg der Sterne" wurde ein Mega-Erfolg, und schließlich entwickelte sich daraus eine Saga mit sechs Folgen. Gut kämpft gegen Böse. Ein Auserwählter soll das derangierte Universum wieder in Harmonie bringen. Ein biologisches Wunder ereignet sich. „Macht" und „Midi-Chlorianer" bewirken irgendwie eine Schwangerschaft bei Shmi Skywalker, Anakins Mutter; der Knabe wird eine Jungfrauengeburt. Anakin Skywalker gibt schließlich sein Leben, um seinen Sohn Luke und das Universum gleich mit zu retten.

2015 erschien eine siebte Episode unter dem Titel „Star Wars: Das Erwachen der Macht". Lucas Wiegelmann, Feuilletonredakteur bei der *Welt*, findet darin jede Menge Bibelzitate:
„Das fängt beim Namen Skywalker an und hört bei den Lichtschwertern auf, der coolsten Verbeugung vor dem Apostel Paulus, die die Popkultur kennt. ‚Die Nacht ist vorgerückt, der Tag ist nahe', schreibt Paulus im Römerbrief. ‚Darum lasst uns ablegen die Werke der Finsternis und anlegen die Waffen des Lichts.'"

5 Die Kraft des Mythos

Der Mythos ist eine Kraftquelle, die neue Geschichten – fiktional und nicht fiktional – in einen gewaltigen *Echoraum** stellt. Und man kann Geschichten so aufschreiben, dass der Mythos in den Obertönen mitschwingt. Oder zwischen den Zeilen. Im Kino-Blockbuster und in der Lokalzeitung.

Die beiden Neuzugänge im Pflegeheim, Walter und Hildegart Göhler, 98 Jahre alt, sind ein Paar von mythologischem Rang. 75 Jahre verheiratet. Und immer noch bestehen sie darauf, dass ihre Betten nebeneinanderstehen. Dahinter steht der Mythos von der ewigen Liebe. In der griechischen Mythologie gibt es das auch: Philemon und Baucis. Die verarmten Alten erhalten Besuch von den Göttern und bewirten sie großzügig, ohne sie zu erkennen. Zum Dank erfüllen die Götter den Wunsch der beiden, sich niemals trennen zu müssen. Sie verwandeln das Paar in Bäume, Philemon in eine Eiche und Baucis in eine Linde. Den Mythos muss man nicht kennen, um von einer 75 Jahre währenden Ehe beeindruckt zu sein. Aber wenn man die Wirkung des Textes verstehen will, darf man das Kraftfeld des Mythos mitdenken.

Betty, die verrückte behinderte 73-jährige Dame, die sich sehnlich einen Liebhaber wünscht, der sie entjungfert, ist ein modernes Aschenbrödel. Sie wird von Prinz Jean, dem Schweizer Sexualbegleiter ins Separée geführt und von ihrer Jungfräulichkeit erlöst. Mamour, der Schweißer aus dem Senegal mit dem Status des Illegalen und Lena, die Lehrerin aus Bern, sind die Königskinder, die kaum zueinander kommen können. Das Wasser war viel zu tief (war es dann doch nicht). Prinz und Prinzessin müssen jedenfalls jede/jeder für sich zahlreiche Monster besiegen und Hindernisse überwinden, ehe sie glücklich leben bis an ihr Ende.

Wird eine Geschichte auf dem Hintergrund von solchen Kernthemen von Mythen erzählt wird, wirkt sie stärker. Kernthemen oder einzelne Szenen aus dem Kosmos der Mythen nennt man *Mythologeme**. Mythen sind Verknüpfungen von Mythologemen oder Ereignissen. Beispiele für Mythologeme der Aufklärung? Edward Snowden und Julian Assange. Mythologeme des starken Mannes? Wladimir Putin, Recep Tayyip Erdogan, Donald Trump. Eine Geschichte von Aufstieg und Fall ist die von Uli Hoeneß. Mit Hochmut vor dem Fall, großer Fallhöhe und sogar Wiederaufstieg in alte Würden. Mit Freunden, die zu ihm halten, was immer er tat. Mythologem von unverbrüchlicher Treue.

Sehr viel ansprechender tönt das Treue-Mythologem aus der „Schwarzwaldmelodie", dem Text von Jessica Sabasch über den Männerchor

F Welchen Plot wähle ich?

„Harmonie". Die Männer kennen sich über 40, 50 oder sogar 60 Jahre. Der Chor schrumpft, Mitglieder sterben weg. Da das auch den Chören aus anderen Dörfern so geht, kommt gelegentlich ein Übriggebliebener aus dem Nachbardorf dazu. Doch irgendwann wird es vorbei sein. Der Chorleiter verspricht seinen Männern, dass er sie dirigiert und zusammenhält, „bis dass der Tod uns scheidet".

> ⊕ **JESSICA SABASCH – SCHWARZWALDMELODIE**
> » Stuttgarter Zeitung, 03.02.2015
> » www.marielampert.de/praxisbeispiele (siehe Folge 36)
> » Der Männerchor „Harmonie" singt und trinkt im Schollacher Bierstüble.

David gegen Goliath, einer gegen alle: Gustl Mollath aus Fürth gegen die Bayerische Justiz. Oder einer gegen ziemlich viele: Lutz Fähser aus Lübeck, Förster und Verfechter der naturnahen Waldnutzung, gegen die meisten seiner Försterkollegen.

Wie viele Mythen, Mythologeme, Storymuster mag es geben? Joseph Campbell spricht vom „Heros in tausend Gestalten". Das hieße, es gibt tausend, oder tausende Varianten der Heldenreise. Christopher Booker, Autor und Kolumnist beim *Daily Telegraph,* hat in Anlehnung an die Archetypen von C.G. Jung sieben zentrale Plots destilliert: „The Seven Basic Plots: Why we Tell Stories". Ronald Tobias, Schriftsteller und Drehbuchautor, hat „20 Master Plots" zusammengetragen. Eine letztgültige Systematik in den Kanon bringen zu wollen, wäre, um im Assoziationsfeld zu bleiben, eine Sisyphusarbeit. Die muss man nicht auf sich nehmen. Aber die Lektüre von Musterbüchern kann helfen, den Blick zu schärfen für das, was wirkt.

WIE ARBEITE ICH?

G1   **228**
Den Arbeitsprozess steuern

G2   **229**
Suchen und Finden

G3   **231**
Der kreative Prozess

G4   **233**
Methoden kreativen Arbeitens

G5   **248**
Wie komme ich zur Aussage?

G6   **251**
Wie komme ich zur Form?

G7   **253**
Die Rolle der Erzählerin

G8   **259**
Wie prüfe ich?

G Wie arbeite ich?

G1 DEN ARBEITS-PROZESS STEUERN

Erfahrene Journalistinnen und Journalisten haben laut Daniel Perrin ihren Kollegen zweierlei voraus (Perrin 2001: 11): Profis …

» steuern bewusst ihren Arbeitsprozess und
» achten stärker auf Sinn und Funktion ihrer Texte.

Wir haben deshalb bewährte Methoden zur Steuerung des Arbeitsprozesses zusammengetragen, Beispiele gesammelt und Auskünfte eingeholt. Manche der zitierten Kolleginnen schreiben Magazingeschichten, große Reportagen oder drehen lange Filme.

Wir ziehen daraus nicht den Schluss, dass die Reflexion des Arbeitsprozesses bei kurzen Beiträgen überflüssig ist. Wir meinen: Wer große Stücke schreibt, ist gezwungen, die eigene Arbeitsweise zu reflektieren. Wer kleine macht, ist gut beraten, das auch zu tun. Es schreibt sich leichter, schneller, besser.

> **Tipp:**
>
> Reflektieren Sie Ihren Arbeitsprozess. Experimentieren Sie mit Ihren Schreibstrategien.

G2 SUCHEN UND FINDEN

Drei Fragen muss eine erzählende Journalistin beantworten:
1. Wo ist mein Fokus? Daraus ergibt sich in der Regel die Entscheidung für den oder die Helden, für die Handlung und den Ort.
2. Was ist meine Aussage?
3. In welcher Form bzw. Reihenfolge erzähle ich?
Das ist die Frage nach Anfang, Mitte und Ende.

Diese Fragen sind zu beantworten, wenn klar ist, zu welcher Zeit, in welchem Kontext und in welchem Medium erzählt werden soll. Erzähler bedenken die spätere Form ihres Stoffes ab dem Moment, in dem ein Thema sich in ihrem Kopf festsetzt. Schon beim Brainstormen stellen sie die Frage nach dem möglichen Verlauf, dem Bogen, der Spannung im Thema. Die Überlegungen und Recherchen mit dem Suchraster Held/Handlung/Ort (siehe Kapitel C) gewährleisten, dass beim Schreiben alles da ist, was die Geschichte braucht. Klären Sie vor der Gemeindeversammlung: Welche Themen stehen auf der Tagesordnung? Worauf könnte also ihr Fokus liegen? Wer hat etwas zu verlieren? Wer stellt einen Antrag? Wer hat welche Rechnungen offen? Wer hat möglicherweise das Zeug zur Hauptfigur? So casten Sie schon vorab zwei bis drei potenzielle Protagonisten. Dann können Sie sich überraschen lassen. Entweder der Plan geht auf – dann läuft die Geschichte. Oder der Plan geht nicht auf, weil etwas anderes wichtiger, interessanter ist. Dann disponieren Sie um. Ein Beispiel ist die Gemeindeversammlung in Lohn-Ammannsegg, eine Gemeinde im Kanton Solothurn, Schweiz, mit ca. 2.600 Einwohnern:

Um 19.50 Uhr zeigte sich Stephan Vögeli noch siegessicher.

Damit Herr Vögeli die ganze Versammlung trägt, brauchen wir weitere Szenen und Zitate. Behalten Sie also Ihre möglichen Hauptfiguren im Blick, machen Sie Notizen, sammeln Sie Schnappschüsse. Vögelis Siegesgewissheit erweist sich als Irrtum. Das ist für unsere Geschichte kein Verlust. Verlauf und Ergebnis der Versammlung lassen sich auch aus der Perspektive des Verlierers spannend erzählen.

Entscheidend ist etwas anderes. Der Erzähler lässt seine Protagonisten niemals schnöde fallen. Er führt sie weiter – als dünnen oder auch dicken roten Faden. Dünner roter Faden hieße: Auftritt am Anfang und am Ende, vielleicht auch in der Mitte. Dicker roter Faden hieße: Der Protagonist kommt öfter vor, und/oder er wird prominent in satten Farben dargestellt. Der Erzähler kann das Ereignis der Gemeindeversammlung als die Geschichte des Verlierers erzählen. Er kann aber auch im Lauf des Abends noch umdisponieren, Verlierer und Gewinner gegenschneiden oder eine Siegerstory daraus machen – mit einem anderen Helden.

Tipp:

Fragen Sie sich schon vor dem Termin: Wo könnte der rote Faden meiner Geschichte sein? Was kann ich jetzt schon dafür tun, dass ich später einen Bogen spannen kann?

Damit das alles nicht zu einfach wird, bedenken Sie aber: Die Erzählerin wirft nicht nur ihr Koordinatennetz über das Thema. Sie lässt wie absichtslos Blicke schweifen und nimmt Stimmungen auf. Die Dialektik des Erzählens heißt: zielgerichtet zu suchen von Anfang an. Held, Handlung, Ort. Aussage. Anfang, Mitte, Ende. Und dabei absichtslos Eindrücke sammeln. Vielleicht gibt es noch eine stärkere Geschichte hinter der Geschichte. Der große amerikanische Journalist Gay Talese nannte diese Arbeitshaltung: „The fine art of hanging around".

G3 DER KREATIVE PROZESS

Beim Storytelling müssen wir kreativ arbeiten. Kreative Prozesse lassen sich in mehreren Phasen beschreiben, die jeweils eigene Haltungen und Arbeitsweisen erfordern.

Diese Prozesse enthalten drei Prinzipien. Die beiden ersten sind das Verengen des Fokus, d.h. der analytische, kritische Blick einerseits und das kreativ-assoziative, chaotische Wursteln andererseits. Der Manager und das Kind kommen gleichermaßen zum Zug. Gut, wenn sie Hand in Hand arbeiten. Den rechten Zeitpunkt für das Fokussieren und Planen erfassen, den richtigen Zeitpunkt für das Umherschweifen. Und dann gehört zum kreativen Prozess noch ein drittes Prinzip, das Nichtstun. Den rechten Moment für das Nichtstun zu erkennen und auszuhalten ist eine Kunst für sich.

Frank Berzbach, der einen Ratgeber für Kreative geschrieben hat, nennt sein Buch: „Kreativität aushalten. Psychologie für Designer".

Tabelle 8: Die fünf Phasen des kreativen Prozesses

Phase des kreativen Prozesses	Haltung/Arbeitsweise
1. Aufgabe definieren	analytisch
2. Ideen sammeln Explorieren	a. kreativ, assoziativ, chaotisch, spielerisch b. halb strukturiert
3. Bebrüten / Inkubation	nix zielgerichtet tun, vor allem nicht hirnen
3. Erleuchtung / Illumination	geschehen lassen
4. Ausarbeiten / Elaborieren	a. analytisch – die Anforderungen aus 1. erfüllen b. kreativ c. analytisch

Wenn ein Beitrag entsteht, kann man die Abfolge der Teilschritte als einen kreativen Prozess auffassen. Genau genommen ist es aber so: Sie durchlaufen die fünf Phasen von der Idee bis zum fertig produzierten Stück nicht nur einmal, sondern mehrmals. Meist geht alles automatisch irgendwie ineinander über. Sie kommen vom Thema zum Fokus, zur Aussage, über den Einstieg und die Mitte ans Ende. Es soll jetzt aber nicht irgendeine, sondern DIE wunderbare Geschichte entstehen. Wir zerlegen also den Arbeitsprozess, und vielleicht entsteht der Tausendfüßler-Effekt. Sie haben immer alle Füße voreinander gesetzt, emsig und behände die Kiesel überquert und irgendwie Ihr Ziel erreicht. Jetzt gucken Sie auf die Füße und nichts geht mehr. Denken Sie an Daniel Perrin: Profis steuern bewusst ihren Arbeitsprozess. Je besser Sie die Phasen unterscheiden können, umso eher können Sie Hängepartien verkürzen und Blockaden verflüssigen. Sie gehen schneller und eleganter. Müheloser. Und bald auch wieder automatisch.

> **Tipp:**
>
> Machen Sie sich klar, wie viele Entscheidungen Sie treffen, bevor die Geschichte steht: für den Fokus, die Aussage, den Plot, die Form.

G4 METHODEN KREATIVEN ARBEITENS

Machen Sie sich die Arbeit leicht. Kreativitätsmethoden sind Werkzeuge, die Brücken bauen zwischen Exploration und Illumination. Einige eignen sich hervorragend, um journalistische Arbeitsprozesse zu befördern, Abstand zu gewinnen und zu sortieren.

Die größte Hürde dabei ist nicht der Zeitbedarf. Die Methoden sind, wenn man mit ihnen vertraut ist, oft in wenigen Minuten angewandt. Die größte Hürde ist unser innerer Kritiker, der Ideen miesmacht und verwirft, noch ehe wir sie wohlwollend prüfen und konstruktiv an die Aufgabe anpassen können. Kreativitätsmethoden zielen auf das Erzeugen von Qualität auf der Grundlage von Quantität. Sie sammeln zunächst möglichst viele Ideen mittels Mind-Map, Cluster, Brainstorming etc. In einem separaten zweiten Schritt, am besten nach einer kurzen Pause, nehmen Sie die Ergebnisse analytisch in Augenschein. Dann erst geht es um das Bewerten ihrer Qualität.

> **Tipp:**
> Sammeln Sie Ideen. Machen Sie Pause.
> Dann bewerten Sie erst Ihre Ideen.

Der Einfall liebt die Abwechslung, er schätzt es, durch eine visuelle Methode wie Skizze, Cluster oder Mind-Map stimuliert zu werden. Deshalb ist es erfolgversprechend, nicht nur die Gedanken durch die Synapsen strömen zu lassen.

Die Mind-Map des Aristoteles

Mind-Mapping ist ein Verfahren, das dazu dient, Stoffmengen zu überblicken und zu sortieren, Ordnungsprinzipien zu entwickeln, Wichtiges von Unwichtigem zu trennen. Der Engländer Tony Buzan hat es entwickelt.

Sie können es einsetzen, um einen Rechercheplan zu erstellen, um Ihr recherchiertes Material auf die Reihe zu bringen, um den Kern Ihrer Geschichte herauszudestillieren oder um einen übergeordneten Aspekt für Ihre Überschrift zu entdecken.

Mind-Maps ...
- schaffen Ordnung in Ihren Gedanken,
- aktivieren sämtliche Gehirnregionen und
- kommen der Struktur Ihres Denkens entgegen.

Sie ordnen zunächst die Aspekte Ihres Themas auf einem großen Blatt Papier – von der Mitte ausgehend. Wenn Sie auf Papier schreiben, aktivieren Sie mehr Hirnregionen als mit einem digitalen Programm. Ein Querformat unterstützt den spielerischen Zugang zur Aufgabe (notabene: Locker macht begabt – spielerisch macht auch begabt). In die Mitte schreiben Sie Ihr Thema. Die Schlüsselworte bringen Sie an Ästen an. Frei nach Aristoteles starten Sie mit drei Hauptästen: Held, Ort und Handlung. Sie können auch noch einen vierten Ast „Gegenstände/Details" hinzufügen. Da wir es bei journalistischen Texten meist auch mit Daten, Fakten, Zahlen und Hintergründen zu tun haben, fügen Sie dafür am besten noch einen fünften Hauptast an. Auf diese Weise nehmen Sie von Anfang an sowohl die Struktur der Geschichte als auch die Inhalte Ihres Themas in den Blick.

Sie können an Ihre Mind-Map anbauen, gleich oder später, sind flexibler als mit hierarchisch strukturierten Aufzeichnungen. Schon beim Aufmalen werden sich einige Begriffe in den Vordergrund schieben, Schwerpunkte andeuten.

Sind Ihre Recherchen weitgehend abgeschlossen, können Sie ein zweites Mal zum selben Thema mindmappen. Sie haben jetzt ein sehr viel differenzierteres Bild vom Feld. Wenn Sie Ihre Blicke von Ast zu Ast wandern lassen, gleichsam meditativ, sehen Sie wahrscheinlich neue Verbindungen, Motive oder Schlüsselbegriffe, kriegen aber auch Ideen für alternative Aufhänger oder Perspektiven.

Die Mind-Map hilft noch vor der Recherche beim
- Rechercheplan entwickeln,
- Assoziationen sortieren,
- Informationslücken ausmachen;

nach der Recherche beim
» Überblick verschaffen,
» Sortieren von Eindrücken und Infos,
» Muster und Zusammenhänge erkennen,
» Schwerpunkte ausmachen,
» Fokus und Perspektive wählen,
» Entwicklungen im Material sehen.

Außerdem können Sie auf diese Weise
» den spielerischen Übergang von der Recherche ins Schreiben befördern,
» Serien planen,
» Events vorbereiten.

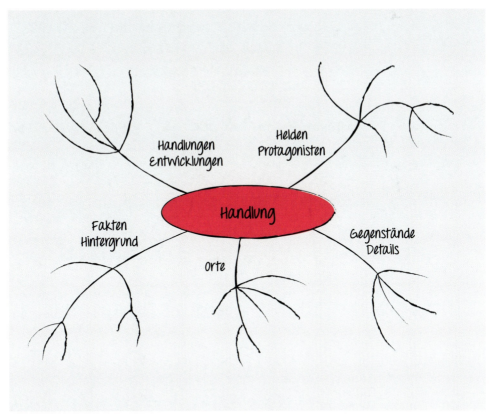

Abb. 36: Die Mind-Map zeigt, wo im Thema die Geschichten stecken.

G Wie arbeite ich?

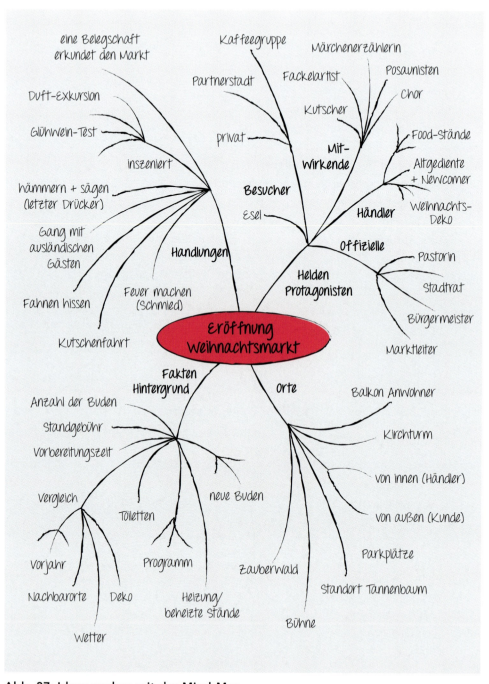

Abb. 37: Ideen suchen mit der Mind-Map

Clustern

Clustering ist ein sich selbst strukturierender Prozess. Sie beginnen mit einem Kernbegriff, den Sie auf eine leere Seite schreiben und mit einem Kreis umgeben. Lassen Sie sich treiben. Versuchen Sie nicht, sich zu konzentrieren.

Folgen Sie dem Strom der Gedankenverbindungen, die in Ihnen auftauchen. Schreiben Sie Ihre Einfälle rasch auf, jeden in einen eigenen Kreis, und lassen Sie die Kreise vom Mittelpunkt aus ungehindert in alle Richtungen ausstrahlen, wie es sich gerade ergibt. Verbinden Sie jedes neue Wort oder jede neue Wendung durch einen Strich oder Pfeil mit dem vorigen Kreis. Wenn eine Assoziationskette erschöpft ist, beginnen Sie mit der nächsten Ideenkette wieder beim Kern.

Während Sie scheinbar wahllos Wörter und Wendungen um den Mittelpunkt herumgruppieren, werden Sie – ein überraschendes Erlebnis – im Strom Ihrer Einfälle Muster entdecken. Es kommt der Augenblick, in dem Sie auf einmal wissen, wo der Schwerpunkt Ihres Textes liegen wird. Es gibt keine richtige und keine falsche Art, ein Cluster zu bilden. Es ist alles erlaubt. Das Cluster ist die Kurzschrift Ihres bildlichen Denkens und das weiß, wohin es steuert, auch wenn es Ihnen selbst noch nicht klar ist.

Das Clustern als Methode kreativen Schreibens hat Gabriele L. Rico in den 1980er-Jahren auf der Grundlage der Erkenntnisse der Gehirnforschung entwickelt.

Clustern hilft beim …
- » Reiz- und Weckworte finden,
- » Kreieren eines poetischen Feldes,
- » Sammeln von Synonymen,
- » Umkreisen und Erspüren der richtigen Tonalität/Atmosphäre,
- » Bereitstellen von Material für Überschriften und Bildunterschriften,
- » Finden von Metaphern, bildlichen oder sprachlichen Motiven,
- » Erkennen von Mustern im Thema,
- » Finden des Fokus – also der Geschichte in der Geschichte,
- » Entdecken unbewusster Wahrnehmungen,
- » Finden eines Details oder Aspekts für den Einstieg,
- » Erschließen der Schichten eines Themas.

G Wie arbeite ich?

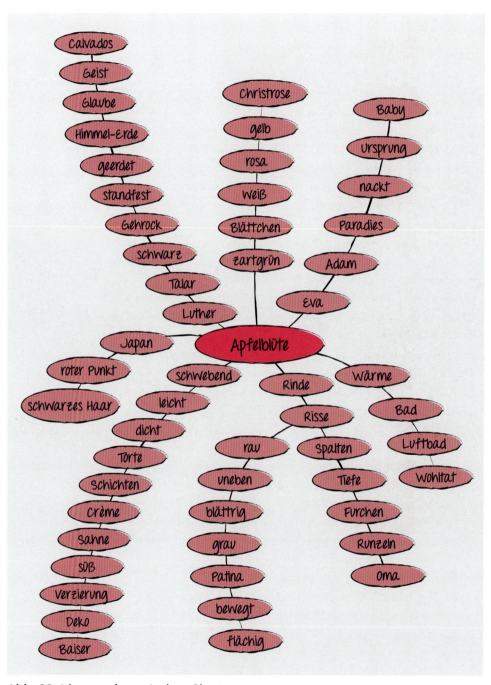

Abb. 38: Ideen suchen mit dem Cluster

„Der Verstand allein reicht nicht zur Wahrnehmung der Realität. Der Autor braucht, um Wirklichkeiten deutlicher zu machen, die Antennen der Empfindung. Der Reiz gelungener Beschreibungen liegt darin, dass ein fremder Mensch, der Autor, uns bewusst macht, was uns einmal unbewusst erreicht hat."

ERNST AUGUST RAUTER

Brainstorming

Der Sprachlehrer Wolf Schneider behauptet: „Qualität kommt von Qual."
Die Kreativitätsforschung sagt etwas anderes, nämlich: „Qualität kommt
von Quantität." Die Spielregeln fürs Brainstormen heißen entsprechend:

1. Möglichst rasch möglichst viele, auch weitschweifende und absonderliche Ideen und Assoziationen erzeugen, aufschreiben und während des Sammelns nicht bewerten.
2. Mit Blick auf die Zielvorgabe Favoriten bestimmen oder zunächst unbrauchbare Ideen aussortieren, verbleibende Optionen prüfen, priorisieren.
3. Favorisierte Ideen präzise auf die Zielvorgabe hin ausarbeiten.

Brainstorming hilft beim Themenfinden, beim Fokussieren, beim Suchen von Helden, Orten oder Handlungen. Aber auch beim Suchen von Autoren. Oder beim Überschriftenmachen. Die schwierigste Übung beim Brainstorming ist: Halten Sie Ihren inneren Kritiker im Zaum. Er soll das Bewerten zurückstellen, bis die Sammelphase abgeschlossen ist. Keine Killerphrasen wie: Das hatten wir schon, das schaffe ich nicht, den Gesprächspartner kriegen wir eh nicht. Folgen Sie der Devise: Heiter weitersammeln bis zum höheren Blödsinn. Oder bis die Sammelzeit von drei bis fünf Minuten ausgereizt ist.

Brainstorming hilft außerdem
» Assoziationen zu bilden,
» das Thema zu erschließen,
» eine Fülle von Einfällen zu generieren,
» einen originellen Zugang zu finden.

Darüber reden

Um herauszufinden, was Sie genau sagen wollen, erzählen Sie es einer Freundin oder einem Kollegen. Nach dem Motto: Ich erzähl dir jetzt mal, was ich erlebt habe, um herauszufinden, was ich schreiben will. Durch ein dialogisches Verfahren, Fragen, Gegenfragen, Zusatzfragen, kristallisiert sich Ihr Aussagekern heraus. Im Gespräch wird das Komplexe, Ungereimte plötzlich wieder einfach – Sie dröseln es auf, nacheinander, Schritt für Schritt. Und wenn Sie fertig sind mit dem Disput, fassen Sie ihn zusammen: Finden Sie das „Eigentliche" und steuern Sie es in Ihrem Text an.

Drüber reden hilft
- Eindrücke zu sortieren,
- testen, wie sich die Geschichte erzählen lässt,
- den Erzählfaden zu spinnen,
- Kernaussage erzählend zu entdecken,
- Unwichtiges abzuspalten,
- Feedback und Resonanz des „Testpublikums" zu erkunden.

Zettelwirtschaft oder „copy and paste"

Sie können die Aspekte Ihres Themas handhabbar machen, indem Sie sie verzetteln. Von Herbert Riehl-Heyse, einem großen Reporter der *Süddeutschen Zeitung*, heißt es, er habe Zettel mit den Etappenzielen seiner Reportagen an eine Wäscheleine gehängt und seine Geschichte mittels Wäscheklammern auf die Reihe gebracht (Fey/Schlüter 2006: 58). Die Zettelwirtschaft funktioniert im Prinzip wie „copy and paste". Da aber Zettel, zumal bunte oder bunt beschriebene, eine Anmutung von Spiel haben, kann es gut sein, dass sich Ihr kreatives Denken damit eher stimulieren lässt als mit markierten Absätzen auf einem Bildschirm.

1. Zettel herstellen
   - Informationen aus dem Material destillieren
   - Menschen, Handlungen, Orte verzetteln
2. Mit Zetteln spielen (auf dem Schreibtisch, dem Boden, der Wäscheleine oder im Zettelkasten)
   - Welchen Zettel zieht es wohin?
   - Welche Gruppen wollen sich bilden?
   - Welche Zettel leuchten hervor?
3. Zettel ordnen
   - eine Reihenfolge herstellen

G Wie arbeite ich?

> » Struktur für die Dramaturgie erproben
> » sich für einen Anfang entscheiden, eine Mitte und für ein Ende

Tipp:

Experimentieren Sie: Was hilft Ihnen zu strukturieren? Zettel schneiden, Zeitleisten anlegen, Textfragmente verschieben?

Entwickeln Sie aus der Fülle kreativer Zugänge Ihre eigene Methode. Kombinieren Sie wie es Ihnen passt, wandeln Sie die Methoden nach Ihrem Gusto ab. Jessica Sabasch hat in ihrer Verzweiflung über die Fülle ihres Materials mehrere analoge Verfahren angewandt, bis sie zu einer Form fand, die ihr stimmig schien, und die sich nun ganz wunderbar liest.

An der Reportageschule Zeitenspiegel hat sie „Schwarzwaldmelodie", das Porträt eines Männerchors geschrieben. Nach der ersten Chorprobe entstand ihr erster Versuch:

„Ich habe am selben Abend noch eine ganz grobe Fassung dieser Chorprobe runtergeschrieben. Dazu habe ich später noch szenisches Material gesammelt, das Konzert gehört, Gespräche geführt und ich wusste, das muss ich jetzt ordnen. Mir ist alles um die Ohren geflogen! Ich hab kleine Absätze geschrieben, wie sie dieses Lied üben, wie sie da jetzt sitzen. Das war richtig schlimm. An einem Tag hat gegenüber jemand ein ganzes Dach gedeckt und ich kam mit diesem Text überhaupt nicht voran."

Wer oder was hat Sie gerettet?

„Ich hatte von Anfang an eine Person, die mir geholfen hat, die Berliner Schriftstellerin Barbara Bollwahn, die meine Betreuerin war für diesen Text. Meine Erstfassung entstand im Zug handschriftlich auf dem Weg von Stuttgart nach Berlin. Ich habe gemerkt, dass diese Handschriftlichkeit es mir leichter macht, als wenn ich am Computer alles hin- und herschiebe und lösche und einfüge und dabei halb wahnsinnig werde."

Das wurde dann die Story, die wir aus der Zeitung kennen?

„Es gab noch fünfzehn weitere Versionen. So wie der Text jetzt in der Zeitung steht, hab ich ihn in einer Vorfassung auseinandergeschnitten und noch einmal neu zusammengesetzt. Da hat das analoge Vorgehen auch geholfen."

> **🌐 JESSICA SABASCH – SCHWARZWALDMELODIE**
> » Stuttgarter Zeitung, 03.05.2015
> » www.marielampert.de/praxisbeispiele (siehe Folge 36)
> » Der Männerchor „Harmonie" singt und trinkt im Schollacher Bierstüble.

Die Zettelwirtschaft hilft
» Szenen und Zitate auf die Reihe zu bringen,
» die Reihenfolge der Absätze zu variieren,
» gute Anschlüsse zu finden,
» Entbehrliches auszusortieren.

Bilderspaziergang

Welche Bilder haben Sie beeindruckt? Welche Töne und Sätze? So wie Sie Zettel sortieren können, können Sie auch mit Bildern oder Tönen verfahren. Sie können eine imaginäre Diashow veranstalten oder einen akustischen Film bauen.

Der Bilder- und Tönespaziergang hilft ...
» visuelle und optische Eindrücke zu filtern,
» Ideen für die crossmediale Umsetzung zu entwickeln,
» Details zu sichten und auszuwählen,
» Schlüsselmomente bildlich festzuhalten,
» Szenen auszuwählen,
» ein Drehbuch zu entwerfen.

Schlafen und andere Inkubationshandlungen

John Irving, der Schriftsteller, der ohne seinen letzten Satz nicht zu schreiben beginnen kann, schildert im Gespräch mit Klaus Brinkbäumer eine typische Inkubations-Illuminations-Phase. Er spricht über die Denkphase vor dem Schreiben seines Romans „Letzte Nacht in Twisted River":

Irving: Das Ende fehlte. […] Ich hatte nicht den Hauch eines letzten Satzes. [ ] Ich konnte es nicht greifen. Aber dann fuhr ich Auto [ ] und im Radio lief der Bob-Dylan-Song, von dem ich wusste, dass er das Motto von „Twisted River" sein würde.
Spiegel: „Tangled up in Blue".
Irving: Ich hörte zu, dachte an gar nichts, und plötzlich war es da.
Spiegel: Ihr Schluss?
Irving: Die Idee, ja.

Die Illumination besteht häufig in einer Idee, wie die Aufgabe zu lösen ist. Es ist dann meist noch einige handwerkliche Arbeit vonnöten, um diese Idee umzusetzen und sie passgenau mit der Aufgabenstellung in Einklang zu bringen.

Typisch an Irvings Illuminationserlebnis ist seine Autofahrt. In der Regel sind es automatisierte Handlungen wie Autofahren, Radeln, Joggen, Duschen, Musik hören oder Bügeln, die Einfälle begünstigen. Irvings Satz „Ich dachte an gar nichts und plötzlich war es da" ist das klassische Kennzeichen einer solchen Eingebung. Sie kommt gerne dann, wenn die Hausaufgaben eines kreativen Prozesses mit Phase 1 (Aufgabe definieren) und Phase 2 (explorieren) erledigt sind. Warum erst dann? Bevor der Auftrag an die Suchmaschine im Hirn nicht präzise formuliert ist, kann sie kein brauchbares Ergebnis liefern. Und dann muss eine wie auch immer geartete Pause folgen, die *Inkubationsphase**. Die Zeitspanne, in der wir nicht aktiv und wissentlich nach einer Lösung suchen. Inkubation bedeutet in der Vogelkunde das Bebrüten von Eiern. Und in der griechischen Mythologie den Tempelschlaf. Übergebe deine (Schicksals-)Frage den Göttern und leg dich im Tempel nieder zum Powernap. Lass die Frage los, hör auf zu suchen. Dann wird dir die Antwort geschenkt.

> **Tipp:**
>
> Nichtstun gehört zum kreativen Prozess.
> Gestatten Sie sich Inkubationsphasen.

Deshalb ist das Steuern des eigenen Arbeitsprozesses so effektiv: Wir stimulieren unser unbewusstes Know-how durch die zielgerichtete Vorarbeit und lassen „es" – die Illumination – passieren.

> **„Die Muse küsst im Grunde gern, selten aber die, die sich Ideen erhocken und erbrüten wollen, das ist ihr zu unerotisch."**
>
> STEN NADOLNY

Versuchen Sie herauszufinden, ob Ihre Schreib-Ausweich-Bewegungen nicht in Wirklichkeit Inkubationsphasen sind. Die Inkubation verlangt vor allem, dass Sie nicht aktiv an der Lösung Ihrer Aufgabe arbeiten.

Das Mühsame beim Scheiben ist mitunter der Umstand, dass wir unsere Gedanken zur Story allmählich verfertigen und die Phasen kreativer Prozesse mehrmals durchlaufen müssen, bevor alle Entscheidungen getroffen sind. Je opulenter ein Thema, je umfänglicher ein Stück sein soll, umso komplexer ist auch der entsprechende Arbeitsprozess.

Deshalb gilt vor allem für große Textsorten und Aufgaben: Zerlegen Sie Ihren Arbeitsprozess so lange in kleinere Einheiten, bis die sich handhabbar anfühlen. Hania Luczak, *Geo*-Redakteurin, erhielt den Egon-Erwin-Kisch-Preis 2010 für ihre Reportage „Ein neuer Bauch für Lenie". Darin geht es um Darmtransplantationen. Daniel Kastner hat sie für das *Medium Magazin* befragt, wie sie so eine komplexe Aufgabe meistert.

„Wenn ich an einem langen Text arbeite, trete ich jeden Morgen in einen inneren Dialog mit mir selbst. Etwa: Deine heutige Aufgabe besteht nur in der Darstellung dieser einen kleinen Szene, in diesem einen wissenschaftlichen Aspekt oder jenem winzigen Übergang. Ich fraktioniere die vor mir liegende Aufgabe in kleine Parzellen."

Die als unüberwindbar und unverdaulich empfundene Masse an Stoff führe sie sich häppchenweise zu – in homöopathischer Dosis sozusagen.

Wir ahnen den Einwand: Die haben es leicht bei *Geo*. Die können es sich leisten, einen ganzen Tag für *einen* Übergang zu brauchen. Das ist aber nicht der Punkt. Der Punkt ist, dass der Profi seinen Arbeitsprozess portioniert und in überschaubare Einzelschritte zerlegt. Das stärkt die Motivation und hebt die Stimmung. Und dann wird es auch ziemlich sicher mehr als ein Übergang pro Tag.

> **Tipp:**
>
> Zerlegen Sie Ihre Aufgabe in Einzelteile.
> Dann haben Sie mehr Lust und den besseren Überblick.

„Ich tat, was ich immer tue in solchen Momenten der Verzweiflung: Ich legte mich schlafen, mitten am Nachmittag."

Marianne Pletscher, Dokumentarfilmerin beim *Schweizer Fernsehen*, steuert ihren Arbeitsprozess – und das Sofa an. Eine Inkubationsphase ist angesagt (siehe Kapitel G3). Vorangegangen sind das Definieren der Aufgabe und das Sammeln von Ideen. Marianne Pletscher arbeitet an einem Film über Suizid.

„Ich war unfähig, an erste Gestaltungsideen und an eine Dramaturgie zu denken, notierte einfach mal alle Elemente auf, die in den Film sollten. Ich kenne diesen Prozess, er überfällt mich bei jedem Film, gehört dazu, und eine Seite von mir weiß immer, dass ich dann schon eine Lösung finden werde. Nur war diesmal noch alles etwas schwieriger. Und prompt brachte ein Traum Hilfe."

Die ausführliche Geschichte ihres Arbeits- und Verzweiflungsprozesses erzählt Marianne Pletscher am Ende des Kapitels G6.

> **Tipp:**
>
> Unterbrechen Sie bewusst. Entspannen Sie sich und lassen Sie das Unbewusste arbeiten. Und wenden Sie sich dann wieder der Aufgabe zu.

Inkubieren kann heißen: Schlafen, Joggen, Bügeln, Autofahren, Duschen, Radfahren … Inkubieren hilft:
» Abstand zu gewinnen,
» zu entspannen,

» Kräfte zu sammeln,
» „es" sich setzen zu lassen,
» im Unbewussten weiterzuspinnen.

G5 WIE KOMME ICH ZUR AUSSAGE?

Was willst du eigentlich sagen? Redakteurinnen und Journalismusdozenten wollen anständig sortierte, klar aufgebaute und spannende Geschichten lesen, hören, sehen. Und sie behaupten, dafür sei es unabdingbar, dass Sie, die Autorin, wissen, was Sie sagen wollen. Nur: Woher sollen *Sie* das wissen? Bei manchen Themen ist alles klar, von Anfang an. Bei anderen ist gar nichts klar. Um die geht es hier.

„Immer weißt du mehr, als du siehst. Immer fühlst du mehr, als du weißt." Der Satz stammt vom Spiegel-Reporter Jürgen Leinemann. In Seminaren über das Porträtschreiben sprach er über die Schwierigkeit, zum Eigentlichen eines Themas, einer Person vorzudringen. Für ihn war selbstverständlich: „Gefühle sind Rechercheergebnisse."

Sie gilt es wahrzunehmen, ernst zu nehmen und professionell zu nutzen. Zusammen mit den harten Fakten geben sie ein Bild.

> **Tipp:**
>
> Nehmen Sie wahr, was Sie berührt. Arbeiten Sie damit weiter.

Jessica Sabasch erzählt ein Beispiel aus ihrer Recherche über den Chor der alten Männer aus Schollach im Schwarzwald. Das Gefühl, das sie beschreibt, hat sie als Subtext in ihre Reportage eingewoben.

„Die Männer haben das Ritual, dass sie nach der Chorprobe jedem Kameraden, der geht und sich auf den Heimweg macht, ‚Leb wohl, auf Wiedersehn' singen. Und als ich ging, haben sie mir auch ein ‚Leb wohl, auf Wiedersehn' gesungen. Das hat mich derart gerührt. Ich hatte das Gefühl, das hat über dieses Ritual hinaus eine Bedeutung. Ich hatte im Hinterkopf, dass das die Aussage des Textes sein muss. Dass es darum geht, die Dimension des Todes immer dabei zu haben."

> **🌐 JESSICA SABASCH – SCHWARZWALDMELODIE**
> » Stuttgarter Zeitung, 03.02.2015
> » www.marielampert.de/praxisbeispiele (siehe Folge 36)
> » Der Männerchor „Harmonie" singt und trinkt im Schollacher Bierstüble.

Heike Faller, heute Redakteurin beim *Zeitmagazin* erinnert sich, wie sie lernte, ihrer Subjektivität zu trauen:

„Die ersten zehn Jahre nach der Journalistenschule hatte ich immer das Gefühl, komisch, ich komme von einer Recherche zurück und dann stehen da so vorgestanzte Sätze, und die Geschichte schreibt sich irgendwie, ohne dass ich viel Kontrolle darüber habe, weil ich konventionellen Schreib- und Erzählmustern folge. Irgendwann habe ich gemerkt, dass in meinen E-Mails an Freunde viel spannendere Sachen über meine Begegnungen standen als in den Artikeln. Es hat gedauert, bis ich mir den subjektiven Blick zugetraut habe, man braucht das Vertrauen der Redaktion und man muss wissen, du darfst das."

> **Tipp:**
>
> Wenn eine Information oder ein Ereignis Sie langweilen, nehmen Sie das als Hinweis. Dann ist es möglicherweise nicht das, worum es eigentlich geht. Und sicher nicht das, was Sie erzählen sollten. Nur wenn Sie selbst staunen, können auch die Leser staunen.

Die fünf Phasen des kreativen Prozesses können Sie auch beim Auswerten und Umsetzen Ihrer Eindrücke und Gefühle durchlaufen:

1. Die **Aufgabe definieren**: Sie wollen Ihre Eindrücke auf den Punkt bringen, ihren Schwerpunkt und ihre Kernaussage finden.
2. **Explorieren**: Sie durchstreifen mehr oder weniger systematisch Ihre Eindrücke, Gefühle und die Fakten. Systematisch heißt: Sie suchen mit Hilfe einer Kreativitätsmethode oder Ihres eigenen Systems. Weniger systematisch heißt: Sie pirschen sich durch Fragen heran. Was hat Sie berührt? Was ist besonders an diesem Thema, dieser Person? Was finden Sie am spannendsten? Was erzählen Sie ihrer Freundin sofort, wenn Sie heimkommen?

3. **Inkubation**: Sie sehen den Wald vor lauter Bäumen nicht und essen deshalb einen Apfel, gehen in die Teeküche der Redaktion, joggen, radeln nach Möglichkeit.
4. **Illumination**: Sie haben eine Idee, wo es langgeht.
5. **Ausarbeiten**: Sie arbeiten an der Formulierung Ihrer Aussage, bis sie sich stimmig anfühlt. Und behalten dabei Sinn und Funktion Ihres Stückes im Auge.

G6 WIE KOMME ICH ZUR FORM?

Sortieren Sie Ihr Material. Was sind die Filetstückchen? Die tollen Szenen, Sätze, Schlüsselmomente? Denken Sie an die Storykurve und an den Story-Punkt. An Ihre Kernaussage und die Leser oder User. Dann puzzeln Sie, bis Sie Ihre Preziosen auf der Reihe haben. Anfang, Mitte und Ende sollen die feinsten Stücke abkriegen. Und dazwischen treibt jeder Absatz die Geschichte voran. Das ist das Prinzip.

Monika Held hat ihren Text zum Thema „obdachlose Frauen" mit zwei Protagonistinnen gestaltet. Warum? „Zwei deshalb, weil es nicht nur einen, sondern viele Wege in die Obdachlosigkeit gibt und weil es nicht nur alte, sondern auch junge Obdachlose gibt. Ich möchte wissen, warum sie auf der Straße leben, die Junge und die Alte."

Das Spezifische an weiblicher Obdachlosigkeit? Frauen wollen nicht, dass ihre Armut sichtbar wird. Sie schlafen nicht gern auf der Parkbank oder im Hauseingang. Dahin führt die Autorin schon der erste Absatz. Nur wissen die Leser noch nicht, dass hier die Antwort steht auf eine Frage, die der Text sich stellt:

Sechs Gründe sprechen für das Damenklo als Nachtquartier.

> **MONIKA HELD – ARMUT, DIE MAN NICHT SIEHT**
> » Brigitte 26/1997
> » www.halem-verlag.de/storytelling-fuer-journalisten/
> » Ein Tag im Leben zweier obdachloser Frauen:
>   Edith Steimker (59) und Jasmin Kruse (17).

Oder Sie entwickeln Ihre Form aus dem Thema. Herbert Riehl-Heyse schrieb einmal über die Suche der Stadt München nach einem neuen Generalmusikdirektor. Er gliederte sein Stück in fünf Sätze, musikalische Sätze. Womöglich mit der Wäscheleine-Methode. Der Titel lautete: „Münchner Dirigentensuche – eine symphonische Dichtung in fünf Sätzen."

G Wie arbeite ich?

> **Checkliste: Story finden**
> ☐ Entscheiden Sie sich für einen Fokus innerhalb Ihres Themas.
> ☐ Suchen Sie innerhalb des Fokus nach einer Emotion. (Umgekehrt funktioniert es auch. Gehen Sie von der stärksten Emotion in Ihrem Thema aus. Fokussieren Sie entsprechend das Thema.)
> ☐ Entwickeln Sie eine Aussage mit Blick auf diese Emotion.
> ☐ Entwickeln Sie einen Bauplan.

Die Satzbezeichnungen der symphonischen Dichtung in der *Süddeutschen Zeitung*: „Präludium – Andante grave; Allegro vivace spirituoso; Andante con moto; Scherzo – molto triste; Finale – presto".

Jedes Thema hat seine spezielle Herausforderung, eine Aufgabe, die zu lösen ist. Meistens gibt es mehr als eine gute Lösung und verschiedene Wege dahin. Es gibt kein Verfahren, das für alle Themen und für alle Schreibtäter gleichermaßen funktionieren würde. Das Verfeinern des eigenen Arbeitsprozesses ist eine Never-ending-Story.

Wenn Sie crossmedial arbeiten, hilft Ihnen vielleicht das Instrument der Schweizer Journalistenschule in Kapitel C4.

G7 DIE ROLLE DER ERZÄHLERIN

Man spürt sie. Man spürt sie in der Sprache, in der Haltung, in der Stimme, im Schnitt. Die *Erzählerin** ist anwesend, ob sie „ich" sagt oder nicht. Sie zeigt sich in der Art, wie sie schaut und schreibt. Sie gibt ihrer Geschichte den Ton, die Farbe, die Stimmung.

Walter Benjamin hat dafür einen schönen Vergleich gefunden. Er kontrastiert das Erzählen mit einer – im Jahr 1936 – für ihn neuen Form der Mitteilung: „Diese neue Form der Mitteilung ist die Information. Die Erzählung legt es nicht darauf an, das pure ‚an sich' der Sache zu überliefern wie eine Information oder ein Rapport. Sie senkt die Sache in das Leben des Berichtenden ein, um sie wieder aus ihm hervorzuholen. So haftet an der Erzählung die Spur des Erzählenden wie die Spur der Töpferhand an der Tonschale." (Benjamin 1936/1991)

Die Spur der Erzählerin Ulrike Nimz in der *Freien Presse Chemnitz* findet sich in ihrem Text „Nur zu Besuch". Sie erzählt von einem 98-jährigen Paar im Pflegeheim. Ein Ausschnitt aus der Perspektive der Tochter Hannelore:

Ihre Eltern sitzen draußen bei der Eiche. Ihre Mutter trägt ein blaues Halstuch und eine schwere Strickjacke, so als würde sie dem Sommer nicht recht trauen. Ihr Vater nimmt eine Erdbeere aus der Pappschale, schaut sie an wie einen seltenen Stein, und legt sie behutsam in den Schoß. „Wie war euer Tag?", fragt Hannelore Stoltze. „Gut. Wir ham …" Walter Göhler kneift die Augen zusammen und senkt den Kopf, als hätte er zu lange in die Sonne geschaut. Er verstummt.

> **ULRIKE NIMZ – NUR ZU BESUCH**
> » Freie Presse Chemnitz, 24.07.2013
> » www.marielampert.de/praxisbeispiele (siehe Folge 25)
> » Menschen im Pflegeheim, das Pflegegesetz – ein gewöhnliches Thema, überall machbar. Ulrike Nimz macht Poesie daraus.

Natürlich hat es einen Grund, dass die beiden Alten im Pflegeheim leben. Ulrike Nimz nennt diesen Grund. Sie sagt aber nicht „Demenz". Statttdessen zeigt sie, woran man das sehen kann. Es hat Würde und sogar Poesie, wie der alte Herr staunend eine Erdbeere betrachtet und sie sich dann in den Schoß legt. Den Begriff „Demenz" gebraucht die Autorin ein einziges Mal – um damit die Pflegestufe von Walter Göhler zu erläutern. Ansonsten schreibt sie, wie sie Herrn Göhler erlebt: „Seit er nicht mehr jedes Gesicht erkennt, begrüßt er jeden wie einen Freund." Das ist zart und genau. Die Spur der Erzählerin haftet an der Erzählung.

Jessica Sabasch hat für die *Stuttgarter Zeitung* über einen Männerchor im Schwarzwald geschrieben, die „Harmonie" in Schollach. Sie erlebt mit, wie die Treffen in der Dorfwirtschaft den alten Männern Halt geben. Sie trifft sich mit Einzelnen und erfährt: Hier geht es um mehr als Tradition und Heimatpflege. Es geht um Abschied und Vergänglichkeit. Diese Stimmung nimmt sie ernst und töpfert sie in ihren Text hinein. Schauplatz ihrer letzten beiden Absätze ist die Kirche.

Die Männer des Harmoniechors singen auch zum Gedenken an einen Mitsänger, der im vergangenen Jahr gestorben ist. Es ist die feierliche Version ihres Rituals, das am Ende jeder Chorprobe steht: Jedem Kameraden, der sich auf den Heimweg macht, singen die Männer ein ‚Leb Wohl, auf Wiedersehen'. Und der Letzte, der die Tür des Bierhäusles hinter sich schließt, singt für sich selbst. Durch ein Kirchenfenster von Sankt Johann strahlt Sonnenlicht auf Alfred Schnekenburgers Hände. Helles Licht fällt auch in die Gesichter der Sänger – wie eine Aufforderung von oben weiterzumachen, weiterzusingen. Bis dass der Tod sie scheidet.

> **JESSICA SABASCH – SCHWARZWALDMELODIE**
> » Stuttgarter Zeitung, 03.02.2015
> » www.marielampert.de/praxisbeispiele (siehe Folge 36)
> » Der Männerchor „Harmonie" singt und trinkt im Schollacher Bierstüble.

Subjektiv? Ja klar. Der Reporter der *Süddeutschen Zeitung* Holger Gertz sagt: „Meine Reportagen sind subjektiv – aber total wahr." Der Mut des Reporters zur Subjektivität hilft der Geschichte. Und seine Professionalität ermöglicht ihm, diese Subjektivität transparent zu machen. Constantin Seibt, ehemals Redakteur beim *Tages-Anzeiger* und Autor des fabelhaften Stil-Büchleins „Deadline. Wie man besser schreibt", geht darüber noch hinaus. Er hat seine eigene Agenda:

> Vielen Journalisten geht es um Information. Für mich geht es darum, den Leuten unter der Maske der Information eine Geschichte zu erzählen. Mal fröhlich, mal sachlich, mal grausam. Vorgeblich schreibst du über Bankenkrise, das Parlament oder Fußball, in Wahrheit erzählst du über die Schönheit, die Dummheit, die Komik, die Vertracktheit, kurz: den Zauber der Welt. Für mich ist Journalismus ein romantischer Beruf. (von Arx 2011: 148)

In Textsorten wie der Rezension, Nachrufen oder Jubiläen kann die Subjektivität zum Bekenntnis werden, zur Schwärmerei. Willi Winkler ist ein Meister der Gattung Lobpreis. Als Bob Dylan den Literaturnobelpreis erhält, ist es wieder Zeit für eine Eloge. Winkler referiert in der *Süddeutschen Zeitung* das Erscheinen der Platte „Time Out of Mind" im Jahr 1997:

> Diese neue Platte markierte den Beginn einer großen Serie, ein Alterswerk, wie es sonst keinem Pop-oder Rockmusiker vergönnt war und ist. Im Jahr 2001 wurde ihm für ein eher beiläufiges Stück sogar der Oscar zuerkannt ... Das gesamte Hollywood erhob sich vor diesem unerreichbaren Abbild auf der Leinwand und applaudierte minutenlang im Stehen einem der größten Musiker, den das 20. Jahrhundert hervorgebracht hat.

Winkler bringt es fertig, seinen Superlativ noch zu steigern. Sein Text schließt:

> Der *song and dance man* Bob Dylan, der letzte Nachfolger Homers, wird auch den Literaturnobelpreis überleben. Seine Tournee, wie könnte sie auch, wird niemals enden.

Subjektiver geht es nicht, und das ist gut so. Jede Leserin, jeder Leser kann schließlich jederzeit überprüfen, ob er oder sie sich diesem Urteil anschließen möchte. Und das ist ja in Wahrheit das, was einer will, der so begeistert über Musik schreibt. Er will, dass sein Publikum die Ohren aufsperrt und lauscht.

G Wie arbeite ich?

Ein Autor wirbt um Leser. Er will Kontakt, er sucht den Pakt. Unausgesprochen sagt er: „Ich habe etwas erlebt, erfahren, das wert ist, geteilt zu werden. Schenk' mir deine Zeit, dann bekommst du eine Geschichte."

Manchmal sagt er das sogar ziemlich direkt: „Dies ist eine traurige Geschichte, Leser!" Oder „Dies ist eine Geschichte, an der man verzweifeln muss." Oder: „Diese Geschichte geht eigentlich nicht."

STATEMENT

Ich, die verlassene Autorin – Marianne Pletscher

Marianne Pletscher

Marianne Pletscher, „Grande Dame des Schweizer Dokumentarfilms" (Tages-Anzeiger), war DOK-Redakteurin beim Schweizer Fernsehen SRF. Sie beschreibt ihr Ringen mit dem Film „Wir Zurückbleibenden", der 2011 erstmals ausgestrahlt wurde. Für ihre Filme erhielt sie gut ein Dutzend nationale und internationale Auszeichnungen. Sie unterrichtet an der Schweizer Journalistenschule MAZ und an der Internationalen Film- und Fernsehschule in San Antonio de los Banos in Kuba. Marianne Pletscher studierte politische Wissenschaften an der Harvard University in Cambridge und absolvierte einen Nachdiplomstudiengang am American Film Institute in Los Angeles.

„Liebe Marianne, Ich liebe Dich, sei nicht traurig, Werner." Mein Mann hat seine letzten Zeilen auf einem Zettel auf einer roten Parkbank in der Nähe der Limmat hinterlassen. Jemand hat den Schuss gehört und die Zürcher Polizei gerufen. Auf der Bank fanden sie auch einen Revolver und meinen Mann. Werner hat sich selbst erschossen.

Wie gehen Menschen, die jemanden durch Suizid verloren haben, mit diesem furchtbaren Erlebnis um? Und kann eine Journalistin darüber einen Film machen, wenn sie selbst betroffen ist? Zweieinhalb Jahre nach dem Verlust meines Partners stellte ich mir diese Frage. Ich begann zu recherchieren und stellte fest, dass in Zürich bald ein internationaler Suizid-Kongress stattfinden würde. Wenn ich diesen Kongress aushalte, kann ich auch den Film machen, sagte ich mir. Ich ging hin, fuhr psychisch Achterbahn, hatte aber auch so viele Aha-Erlebnisse, dass klar war: Ich muss diesen Film machen, ich will, dass Menschen bewusst wird, was es heißt, jemanden auf diese Weise zu verlieren. Ich will, dass sie Symptome einer Suizidgefahr besser erkennen können. Und ich will vielleicht sogar, dass jemand, der an Suizid denkt, weiß, was er bei seinen Angehörigen anrichtet. Damit war auch schon der Aussagewunsch formuliert. Mir war klar, dass ich in irgendeiner Form meine eigene Betroffenheit thematisieren musste.

Die meisten Faktenrecherchen hatten sich am Kongress schon erledigt. Ich lernte interessante GesprächspartnerInnen kennen, darunter einen führenden Suizidforscher, der einen Sohn durch Selbsttötung verloren hatte. Im Kontakt mit ihm wurde mir klar: In diesem Film sollen nur Betroffene vorkommen. Ich begann „LeidensgenossInnen" zu treffen. Die ersten Gespräche warfen mich zurück in die ersten Monate meiner Trauerzeit – fast hätte ich aufgegeben. Doch die journalistische Neugier war zu stark. Es war unglaublich spannend, nicht einfach nur zu fragen, sondern Gefühle auszutauschen. Nach rund 20 Gesprächen hatte ich eine erschreckende Coolness erreicht, die mich auch wieder verwirrte. Wo waren meine Gefühle geblieben? Für einen persönlichen Ansatz brauchte ich sie. Gleichzeitig stieg die Angst, zuviel von mir selbst preiszugeben. Ich war unfähig, an erste Gestaltungsideen und an eine Dramaturgie zu denken, notierte einfach mal alle Elemente, die in den Film sollten. Ich kenne diesen Prozess, er überfällt mich bei jedem Film, gehört dazu, und eine Seite von mir weiß immer, dass ich dann schon eine Lösung finden werde. Nur war diesmal noch alles etwas schwieriger. Es ging ja schließlich auch um mich ganz privat.

Ein Traum bringt Hilfe
Ich tat, was ich immer tue in solchen Momenten der Verzweiflung: Ich legte mich schlafen, mitten am Nachmittag. Und prompt brachte ein Traum Hilfe. Ich träumte, dass ich meinem Partner allein davonsegelte, in einem kleinen, weißen Schiff. Später fand ich nur noch seine nassen, kaputten Kleider in einem Seesack – ich akzeptierte, dass er tot war. Jetzt waren die Gefühle wieder voll da, und es gelang mir innerhalb weniger Tage, meine GesprächspartnerInnen auszuwählen und Bilder und Texte für die

Titelsequenz und die Rahmengeschichte – meine eigene – zu finden. Alles sehr provisorisch, denn ein Dokumentarfilm muss lebendig und offen bleiben bis zum Schluss.

Wichtig ist, eine gute Struktur zu finden, wichtig ist, genügend Bilder bereit zu haben, damit beim Schnitt nicht plötzlich etwas fehlt. Und so stürze ich mich jetzt, wie immer mit einer Mischung aus Angst und Selbstsicherheit, in die Dreharbeiten. Alles ist geplant und alles bleibt offen. Fest steht der Aussagewunsch. Den schreibe ich mir, wie immer, auf die hinterste Seite meines Notizblocks, damit er im Aufruhr der Gefühle während des Drehs nicht verloren geht. Ich will den Zuschauern bewusst machen, was es heißt, jemanden auf diese Weise zu verlieren. Sie sollen Symptome einer Suizidgefahr besser erkennen. Denn eines ist klar: Psychisch Achterbahn fahren werde ich bei diesem Film bis zum Schluss.

G8 WIE PRÜFE ICH?

Während der Recherchen entstehen Ideen für die mögliche spätere Form des Stückes. Die folgende Checkliste unterstützt Sie dabei, diese Form zu entwickeln. Die Kriterien können Sie auch an fertige Beiträge anlegen.

Wenn Texte, Radio- oder Fernsehstücke Ihnen sehr gelungen scheinen – nehmen Sie sich die Zeit, genau hinzusehen. Welche Anforderungen des Katalogs sind gut eingelöst, besonders gut sogar? Welche sind ohne Schaden unter den Tisch gefallen – oder welche hätten das Beispiel noch geschmückt?

Die Checkliste

Was steckt in meinem Thema? Wie findet es zur Form? Mit den folgenden Fragen können Sie Ihr Thema umkreisen, um den Fokus zu setzen, die Aussage zu formulieren und Ihre Dramaturgie zu entwickeln.

Der Aufhänger oder Anlass
» Kann ich einen stichhaltigen aktuellen Aufhänger für mein Thema nennen?
» Wie muss ich das Thema wenden, damit ich ggf. lokale Bezüge herstellen kann?

Die Heldin, der Held
» Habe ich eine Hauptperson, die durch die Geschichte führt?
» Gibt meine Hauptperson eine relevante neue Perspektive?
» Welche Eigenschaften und Ziele dieses Menschen sind für meine Aussage relevant?
» Hat der Held eine erkennbare Charakteristik, die ihn aus der Masse heraushebt? In wenigen Worten: Rotkäppchen, Schneewittchen, oder das Markenzeichen Rüpel eines amerikanischen Präsidenten.

G Wie arbeite ich?

Der Ort
» Wie kann ich die Atmosphäre des Schauplatzes für meine Aussage nutzen?
» Welche Details muss ich meinen Lesern beschreiben, damit für sie ein Bild entsteht?

Die Handlung
» Kann ich eine Entwicklung zeigen, ein Vorher/Nachher?
» Kann ich eine Handlung mit Anfang, Mitte und Ende erzählen?

Die Aussage
» Ist mir klar, was ich aussagen möchte – auf der Handlungsebene und gegebenenfalls im Subtext?
» Wie lautet die Aussage, die Essenz meiner Geschichte in zwei bis drei Sätzen?

Der Aufbau
» Welche Form entspricht meiner Aussage?
» Womit fange ich User ein? Gibt es eine Szene, ein Bild in meinem Stoff, das für mein Publikum zugleich vertraut und fremd wirkt?
» Hab ich für die Mitte einen Höhepunkt oder Wendepunkt?
» Wie entlasse ich meine Leser? Welcher Schluss macht die Geschichte rund?

Die Sprache
» Welcher Ton stimmt, welche Bilder passen?
» Welches Tempo, welcher Satzbau ist angemessen?
» Kann ich mit meinen Beschreibungen verschiedene Sinneskanäle ansprechen (Sehen, Hören, Riechen, Fühlen)?

Die Erzählerin, der Erzähler
» Wie viel Präsenz der Autorin, des Autors ist dem Thema angemessen?

ANHANG

X1 **264**
Glossar

X2 **272**
Dank

X3 **273**
Literatur

X4 **277**
Links

X5 **278**
Bildnachweis

X6 **279**
Personenindex

X7 **282**
Sachindex

X Anhang

X1 GLOSSAR

» **ADAM-UND-EVA-FALLE**
„Fang immer bei den alten Römern an und gib stets, wovon du auch sprichst, die geschichtlichen Hintergründe der Sache", schreibt Kurt Tucholsky in „Ratschläge für einen schlechten Redner" (1985: 291). Auch Journalisten erliegen oft der Versuchung, bei Adam und Eva einzusteigen. Journalismus ist Gegenwart. Überlassen Sie die Vergangenheit den Historikern. Schreiben Sie aus der Gegenwart heraus und versuchen Sie Vergangenes aus dem, was Sie gerade beobachten, herauszulassen. Markieren Sie im Entwurfstext: Wie viel spielt in der Vergangenheit und wie viel in der Gegenwart? Dann korrigieren Sie zugunsten der Aktualität. Meiden Sie die Adam-und-Eva-Falle.

» **ANDEUTUNG**
Englisch spricht man von „foreshadowing". Das Wort bedeutet in diesem Zusammenhang, dass Schatten etwas ankündigen. Das Publikum hört Anzeichen, Anspielungen, die auf künftige, meist bedrohliche Entwicklungen hindeuten.

» **ANEKDOTE**
Eine Anekdote ist eine kleine Geschichte. Sie enthält eine Entwicklung, manchmal auch die Geschichte „in a nutshell".

» **ARISTOTELES**
Aristoteles (384 – 322 v. Chr.) gilt als einer der großen Philosophen des Westens. Von ihm stammt die älteste erhaltene dramatische Theorie: Poetik. Das Werk ist nur unvollständig erhalten und nicht einfach zu interpretieren. Seine Poetik vermittelt „Einsichten in den Kern erfolgreichen Erzählens von Geschichten" und lässt sich „auf alle Formen der heutigen Dramatik übertragen", schreibt Ari Hiltunen in „Aristoteles in Hollywood" (2001: 22). Er beruft sich in seinem Standardwerk der Dramaturgie auf den antiken Philosophen. Wesentliche Begriffe der Dramaturgie wurden von Aristoteles geprägt oder überliefert. Dazu gehört die *Katharsis*.

» **AUSLEITUNG**
Wir haben den Begriff Ausleitung geprägt, um zu betonen, dass mit langweiligen Einleitungen Hörer, Leser, User und Zuschauer vertrieben werden. Erst muss um die Aufmerksamkeit gekämpft werden. Erst dann ist es sinnvoll, die für das Verständnis nötigen Informationen nachzuliefern. Wenn Sie das Publikum gewonnen haben, können Sie zusätzliche Informationen auch in der Ausleitung liefern (siehe Kapitel A 4).

» **BAUPLÄNE**
Für den Aufbau von Geschichten können Baupläne, erprobte Erzählmuster genutzt werden: Chronologie, Rahmengeschichte, Gondelbahngeschichte, Rückblenden, Parallelgeschichte (siehe Kapitel E).

» **CLIFFHANGER**
Der Held hängt über einer steilen Klippe, versucht sich an Grasbüscheln festzuhalten

und droht abzustürzen. Der Zuschauer fiebert mit, will wissen, wie es weitergeht, aber er muss warten. Spannung wird aufgebaut. Es folgt eine andere Szene, eine Werbepause, oder die Auflösung folgt in der nächsten Ausgabe der Zeitung oder Zeitschrift. Der Schriftsteller Thomas Hardy hat laut Wikipedia im Roman „A Pair of Blue Eyes" (1937) zum ersten Mal einen Helden an den Klippen Cornwalls über dem Kanal von Bristol hängen lassen. Zahlreiche Filme haben die Idee nachinszeniert.

» **DISPERSES PUBLIKUM**
Die große Herausforderung für den Journalisten liegt darin, dass er seine Botschaften nicht einem klaren Zielpublikum mit ähnlichen Biografien, Vorstellungen und Interessen vermitteln. Vor dem Fernsehapparat sitzen der Polizist und die Psychoanalytikerin, der Putzmann und die Politikerin. Einem Massenpublikum eine Botschaft zu vermitteln, stellt hohe Ansprüche an das Storytelling. Der Begriff „disperses Publikum" stammt von Gerhard Maletzke. Ihm zufolge richtet sich Massenkommunikation an ein inhomogenes, unstrukturiertes Publikum. Es teilt keine gemeinsame Sitten, Traditionen, Verhaltensregeln oder Riten.

» **ECHORAUM**
Eine gute Story hat mehrere Schichten. An der Oberfläche finden wir die aktuelle Erzählung. In einer tieferen Schicht schwingen ewige Themen mit. Das kann ein mythologisches Thema sein (siehe Heldenreise und Mythologem). Jon Franklin setzt auf Echos universeller Themen wie „die Liebe überwindet alles, Vernunft setzt sich durch, Vorurteile vernichten, Kinder reifen, Krieg zerstört" (Kramer 2007: 110).

» **EINSCHALTQUOTE**
Werbekunden, aber auch die Rundfunkanstalten wollen wissen, wie viele Leute am Radio und im Fernsehen eine Sendung verfolgen. Je größer die Zahl der Zuschauer, umso teurer die Werbung. Mit elektronischen Geräten wird aufgezeichnet, welche Sendungen die Leute verfolgen. Die Resultate werden hochgerechnet. Die Quote ermittelt, wie viele Zuschauer ein bestimmtes Programm verfolgten. Quoten werden von den Sendern ausgewertet. Sie erlauben Rückschlüsse darüber, ob eine Geschichte so erzählt wird, dass die Zuschauer dabeibleiben. Bei Mängeln im Storytelling zappen die Zuschauer auf einen anderen Sender.

» **ERZÄHLERIN, ERZÄHLER**
Die Erzählerin bietet eine Beziehung an, winkt ihr Publikum in die Geschichte, gibt Orientierung und ein Versprechen. Sie ist implizit oder explizit präsent. Implizit heißt, ihre Präsenz ist eingeschrieben in Beobachtungen, in einen Sprachstil, in die Tonalität. Die explizite Präsenz der Reporterin macht den Text extrem eindringlich. In den Medien Film und Radio und in Onlinemedien kann der Erzähler ebenfalls explizit auftreten – als Ich- oder Wir-Erzähler. Implizit zeigt er sich in der Auswahl seiner Protagonisten, in der Atmo und in O-Tönen. Und im Schnitt.

» **GERÜMPELTOTALE**
Zu den häufigsten Fehlern beim Storytelling gehört das Erzählen aus der Totale, eben der Gerümpeltotale. Gerümpel heißt, es liegt viel überflüssiges, nicht brauchbares

Material herum. Man will zu viel. Der Journalist ist auf der Jagd nach der Nahaufnahme, nach dem vielsagenden Detail, nach der spezifischen Szene. Er beobachtet genau wie Sherlock Holmes und überlässt es dem Publikum, seine Schlüsse zu ziehen. Welche Szene, welches Detail bringt das zum Ausdruck, was ich vermitteln will? Gefragt ist das Heranzoomen, der Fokus auf das Charakteristische (siehe Pars pro Toto). Der Amateur schwelgt in der Totale, der Profi konzentriert sich auf eine Szene, auf ein Detail. Ein guter Journalist ist Kind und Manager zugleich. Er fokussiert vorerst nicht und nimmt die Welt verspielt wie ein Kind wahr. Dann aber entscheidet er wie ein Manager hart und mutig, lässt vieles weg und wählt einen bestimmten Aspekt aus.

» **HELDENREISE**

„The Hero's Journey" ist ein Erzählmuster, das älter ist als Stonehenge und die Pyramiden. Man findet es in allen Kulturen. Die Menschen kennen es und verfügen über eine entsprechende Erwartungsstruktur, um neue Geschichten zu verstehen. Joseph Campbell (2009) hat dieses Urmuster, diesen Monomythos, identifiziert und in seinem Buch „Der Heros in tausend Gestalten" 1949 erstmals beschrieben (siehe Kapitel F 1). Teile dieser Erzählstruktur sind in vielen modernen Erzählungen zu finden. Kurzformel: Eine Heldin bricht auf, folgt einer Berufung, dem Ruf einer Aufgabe oder des Abenteuers. Sie besteht Prüfungen, überwindet Hindernisse, sie trifft auf Feinde und Verbündete. Schließlich erreicht sie ihr Ziel. Wichtig: Die Heldin wird durch ihre Erfahrungen geläutert.

Sie wandelt sich. Das ist ein Merkmal einer guten Geschichte. Vogler (1987: 15) nennt Campbells Muster den „Geheimcode der Story" an sich.

» **INKUBATION**

Das lateinische Wort incubare heißt übersetzt „bebrüten". Im Zusammenhang mit Storytelling bezeichnet Inkubation eine Phase des kreativen Prozesses, nämlich das Ausbrüten einer Idee im Unbewussten. Von außen sieht die Inkubation aus, als geschehe nichts Konstruktives, innerlich ist sie häufig verbunden mit dem Gefühl der Ungeduld und Entmutigung. Das Unbewusste verarbeitet während einer Inkubationsphase die vorangegangene Denk- und Recherchearbeit und kreiert eine Idee zum Lösen der Aufgabe. Wer seinen Arbeitsprozess so anlegt, dass die Inkubation gut vorbereitet ist, kann auf ein kooperatives Unbewusstes zählen (siehe Kapitel G 4).

» **KATHARSIS**

Eine Tragödie bringt Zuschauer in einen Zustand von Mitleid und Furcht, eine merkwürdige Mischung von Schmerz und Lust. Auf die Erregung folgt auf dem Höhepunkt der Handlung die Katharsis. Der Begriff stammt aus der Poetik von Aristoteles. Wörtlich übersetzt bedeutet Katharsis Reinigung. Je mehr Emotionen im Stück aufgebaut werden, umso größer ist auf dem Höhepunkt, bei einem Umschlag der Glücksumstände, die erlösende Wirkung. Die Spannung weicht und macht Raum für Läuterung der Seelen, für Jubel und Freude. Am größten ist die Anteilnahme der Zuschauer, wenn der Held, wie beispielsweise das Aschenbrödel in Grimms Märchen, unverdient leidet und erlöst wird. Am Schluss wird die bedrohte Grundordnung der Welt wiederhergestellt. Auf diesem Grundmuster sind beispielsweise auch James-Bond-Filme aufgebaut. Die Lehre für das Storytelling: Jede Geschichte, auch eine kurze Meldung, wird auf einen Höhepunkt hin geschrieben.

» **KÖRPERTEST**
Christopher Vogler, Schüler von Joseph Campbell (siehe Kapitel F1) und Drehbuchberater in Hollywood, empfiehlt den Körpertest, um herauszufinden, ob eine Erzählung funktioniert: „Gute Geschichten wirken mindestens auf zwei meiner Organe gleichzeitig. Vielleicht beginnt mein Herz schneller zu schlagen, würgt es mich in meiner Kehle aus Sympathie für den Tod eines Charakters. […] Je mehr physische Reaktionen ich fühlte, umso besser war die Story. Vielleicht müssten idealerweise alle Organe des Körpers durch eine gute Geschichte stimuliert werden. […] Mein Motto als Konsultant von Drehbüchern lautet wie folgt: Wenn es nicht mindestens zwei Organe meines Körpers berührt, ist das Drehbuch nichts wert" (Vogler 2007: 360, übersetzt vom Verfasser).

» **KONFLIKT**
Konflikte erzeugen Spannung, weil sie Fragen aufwerfen und Leerstellen eröffnen. Wie ist es wirklich? Wer hat welche Gründe? Wie geht es weiter? Gibt es Sieger und Verlierer? Die Spielarten sind vielfältig. Häufig lassen sie sich einem von vier archaischen Grundmustern zuordnen: Der Mensch bekämpft einen menschlichen Gegner, er kämpft gegen die Natur, gegen die Gesellschaft – oder gegen sich selbst.

» **KONTRAST**
Wie passt zusammen, was als Kontrast erscheint? Wenn wir uns das fragen, sind wir dem Autor schon in die Falle gegangen – wir wollen mehr wissen. Wir lesen, hören, sehen weiter.

» **KRISTALLISATIONSKEIM**
Wenn ein Forscher eine Flüssigkeit dazu bringen will, Kristalle zu bilden, braucht er *Kristallisationskeime*. Ähnliches geschieht im Prozess des Aufbaus der Aufmerksamkeit. Was können wir tun, damit die Aufmerksamkeit nicht flüchtig (oder eben flüssig) bleibt? Wir müssen dem Publikum einen Keim, einen Aufhänger, einen Punkt anbieten, um den sich das Interesse kristallisieren kann. Oder anders gesagt: Der Schauspieler, die Rednerin tritt auf die Bühne. In den ersten Sekunden entscheidet sich: Höre ich zu oder nicht? Wie wecke ich das Interesse? Forscher impfen Flüssigkeiten mit Kristallisationskeimen, um den Prozess in Gang zu bringen. Impfen Sie abstrakte Botschaften mit konkreten, greifbaren Minigeschichten.

» **LEERSTELLE**
Der Autor schafft einen Spielraum und der Leser füllt ihn. Der Leser wird zum Koautor. Der Ausdruck stammt von Wolfgang Iser (1974). Er spricht von der Unbestimmtheits- oder Appellstruktur der Texte (siehe Kapitel D1).

» **LEITER DES ERZÄHLERS ODER DER ERZÄHLERIN**
Wie schafft man es, abstrakte Themen in erzählbare Geschichten zu verwandeln? Die Leiter hilft, von der abstrakten Landwirtschaftspolitik zum Stall, zum Bauern und zur Kuh hinunterzusteigen (siehe Kapitel A2).

X Anhang

» **MAGISCHE MOMENTE**
Authentische Szenen, emotionale Höhepunkte, die von der Kamera eingefangen werden können. Das sind magische Momente für Fernsehjournalisten und Dokfilmer. Marianne Pletscher filmt für ihre Sendung „Glück im Vergessen?" demenzkranke Menschen. Ein erkrankter Mann macht im Gespräch vor laufender Kamera seiner Ehefrau und Begleiterin spontan eine Liebeserklärung. Das ist ein magischer Moment. Man kann ihn nicht im Drehbuch planen.

» **ME TOO**
Das Publikum hat das Gefühl: Das kenne ich auch – „me too"! Der Erzähler beschreibt eine Szene, ein Ereignis so griffig, dass Leser unmittelbar mitempfinden können. Unsere Erinnerung an den eigenen sinnlichen Eindruck geht in das Leseerlebnis ein. Die Erfahrung der Leserin verbindet sich mit der Erfahrung des Autors. Es entsteht ein Bündnis zwischen Autor und Leserin.

» **MYTHOLOGEM**
Ein Mythologem ist ein einzelnes Element oder Motiv aus der Mythologie. Kindermord ist so ein Mythologem. Es entstammt dem Mythos der Medea. Mythen sind Archetypen, dramatische Grundmuster von Geschichten. Wenn bei Erzählungen die Kraft solcher Urgeschichten mitschwingt, stoßen sie auf besondere Resonanz beim Publikum. Manchmal überlagern sich die Motive.

» **NIEMAN FOUNDATION**
Die Nieman Stiftung an der Harvard-Universität fördert das Storytelling. Sie organisiert jedes Jahr eine Tagung. Jeweils 1.000 Autoren und Redakteure diskutieren über die Kunst und das Handwerk von „narrative nonfiction". Die Ergebnisse einer Tagung sind in Buchform erschienen (Kramer/Call 2007). Tom Wolfe, Gay Talese und ein Dutzend Pulitzer-Preisträger geben ihre Erfahrungen mit dem Storytelling weiter. (http://nieman.harvard).

» **OXYMORON PLOT**
Zwei Handlungsstränge laufen nicht parallel, sondern einander entgegen. Widersprüche werden als Motor der Erzählung genutzt. Spannung wird aufgebaut, weil die Geschichten zwischen zwei Polen oszillieren (siehe Kapitel F4).

» **PARS PRO TOTO**
Ein Teil (lateinisch: pars) steht für das Ganze (toto). Das Teil kann ein Detail sein oder ein Ausschnitt. Das Wesentliche herauszufiltern und das Unwesentliches wegzulassen ist für journalistisches Erzählen unerlässlich. Weniger ist mehr, oder „reduce to the max".

» **POP-UP-TEST**
Es gibt Kinderbücher, die klappt man auf und es richten sich Figuren auf, die im geschlossenen Buch durch komplizierte Falttechnik verborgen waren: Pop-up-Bücher. Genau so sollten dem Publikum die Hauptfiguren einer Geschichte entgegenkommen. Protagonisten, die nur mit Namen, Doppelpunkt, Anführungszeichen und direkter Rede auftreten, sind für Leser schwer einzuordnen. Sie treten auf wie Stimmen aus dem Off. Anders machen das die Märchen. Die Figuren haben sofort eine Identität und prägen sich ins Gedächtnis ein: Rotkäppchen, Schneewittchen oder Zwerg Nase. Es gilt, die Figuren mit einer Eigenschaft zu

skizzieren. Es kann auch ein charakteristisches Kleidungsstück sein: Der Mann mit der weißen Weste. So kennzeichnet Charles Dickens eine der Figuren in „Oliver Twist".

» **READERSCAN**
Ausgewählte Leser haben einen elektronischen Stift in der Hand und markieren jene Stelle eines Artikels, bei dem sie aussteigen. Oft ist das schon nach wenigen Sätzen der Fall. Erfunden hat die Anwendung Readerscan Carlo Imboden. Damit können die Zeitungen ähnlich wie das Fernsehen mit der Einschaltquote, ermitteln, wie stark ihre Texte beachtet werden. Laut Imhof entscheidet der Leser in Sekundenbruchteilen. Was er nicht versteht oder nicht interessant findet, ignoriert er. „Falsches Storydesign vertreibt die Leser", sagt Imhof (Jahrbuch 2009: 20). Genutzt werden jene Artikel, die als Geschichten weitererzählt werden können. Die Methode Readerscan ist teuer. Sie hat aber laut Imboden einigen Zeitungen dazu verholfen, die Ansprache des Lesers zu verbessern und die Zeitungsarchitektur attraktiver zu gestalten.

» **REPORTER-FORUM**
Das Reporter-Forum ist eine Initiative von Reportern, die sich 2007 in Hamburg formierte, um die Kultur des journalistischen Erzählens zu fördern. Das Reporter-Forum unterhält eine fabelhafte Homepage (www.reporter-forum.de), auf der sowohl gute, oft preisgekrönte Geschichten zu lesen sind als auch Texte und Interviews zum Handwerk des Erzählens. Das Forum organisiert jährlich einen Reporter-Workshop in Hamburg, Feedback-Seminare in mehreren Städten und vergibt seit 2009 einen Reporterpreis. Die Keimzelle des Reporter-Forums bildeten *Geo*- und *Spiegel*-Reporter. Auf der Homepage des Forums steht der Satz: „Wir wollen den Qualitätsjournalismus stärken, indem wir ihn verbessern, das Reporter-Forum versteht sich als Selbsthilfegruppe und Zukunftslabor.."

» **SCHROTFLINTENREGEL**
Wenn am Anfang eines Stückes eine Schrotflinte über dem Kaminsims hängt, muss spätestens am Ende des dritten Aktes damit geschossen werden. Die Anweisung stammt von Anton Tschechow. Der Dramatiker verlangt, dass jedes Detail im Rahmen einer Geschichte Arbeit verrichten müsse (Kramer/Call 2007: 236). Alles andere sei wegzulassen.

» **SCHWELLEN-PLOT**
Zentrales Motiv ist eine Schwelle, ein Bruch, das Überwinden einer Grenze oder ein Wendepunkt. Das kann eine Flucht, eine Heirat, Geburt, Tod, ein Unfall, eine Gewalttat sein. Die Erzählung pendelt zwischen Vorher und Nachher. Für das Publikum hat die Story einen klaren Orientierungspunkt. Der Erzähler kehrt immer wieder zum Schwellen-Ereignis zurück (siehe Kapitel F2).

» **SPANNUNG**
„Wenn eine versteckte Bombe unter einem Tisch, an dem mehrere Leute frühstücken, plötzlich explodiert, ist dies ein Schreck und unterhält 20 Sekunden lang; wenn der Zuschauer die Lunte jedoch lange brennen sieht und die Figuren nichts davon ahnen, ist dies Suspense und fesselt fünf oder zehn Minuten lang." So hat Alfred Hitchcock,

X Anhang

"Master of Supense", gemäß Wikipedia den Aufbau von Spannung geschildert. Der Zuschauer weiß mehr als der Protagonist, er sieht seinen Helden ins Verderben rennen und möchte ihn warnen. Suspense strahlt für Hitchcock auch der Sex-Appeal von Grace Kelly aus: „Auch wenn ich mich auf der Leinwand mit Sex befasse, vergesse ich nie, dass der Suspense die Hauptsache ist. Wenn der Sex zu dick aufgetragen ist, gibt es keinen Suspense mehr" (Truffaut 2003: 220).

» **SCHLÜSSELERLEBNIS**

Menschen erzählen ihr Leben als eine Folge von Wendepunkten. Ein Wendepunkt ist eher ein äußerer Anlass, eine äußere Veränderung. In der Regel aber natürlich verbunden mit einem inneren Erleben, einem Schlüsselerlebnis.

» **SPIEGELNEURONEN**

Hirnforscher machen die Spiegelneuronen dafür verantwortlich, dass wir uns in die Lage anderer versetzen können. Es sind Nervenzellen des Gehirns, die im Körper Handlungen oder Empfindungen steuern. Sie werden auch aktiv, wenn wir eine Handlung oder Empfindung anderer beobachten. Deshalb können uns gute Filme, tolle Texte, spannende Sendungen überhaupt emotional mitnehmen. Wir fühlen nicht nur, was wir selbst erleben, wir können dank der Spiegelneuronen auch fühlen, was wir medial vermittelt erleben. Journalisten können durch gelungene Beschreibungen die Spiegelneuronen ihres Publikums aktivieren. Das gefühlte Miterleben macht Geschichten spannend und eindrücklich.

» **STORYKURVE UND STORYPUNKT**

Am Anfang mit der Tür ins Haus fallen, in medias res gehen, mit einem Appell an die Emotionen, an die Amygdala, das emotionale Zentrum im Hirn. Es gilt, ohne Einleitung direkt zur Sache zu kommen. Erst mit Erlebnisdramaturgie die Aufmerksamkeit des Publikums gewinnen, dann die nötigen Erläuterungen liefern. Der Storypunkt soll auf der Emotionsachse (siehe Grafik Kapitel A4) hoch oben sein und Lust machen, in die Geschichte einzusteigen. Dann die erforderlichen Hintergründe erzählen und wieder ansteigen zum zweiten Höhepunkt.

» **SUBTEXT**

Der Subtext ist das, was zwischen den Zeilen steht. Der Gegensatz zum Subtext ist die explizite Aussage. Beides hängt zusammen: Der Subtext enthält einen Kommentar, eine Deutung des explizit erzählten Geschehens.

» **SYMBOL**

In der Dichtung ist das Symbol ein „sinnlich gegebenes und fassbares, bildkräftiges Zeichen". So sagt es das Sachwörterbuch der Literatur. Das bildkräftige Zeichen schmückt auch journalistische Texte.

» **VERGLEICH**

Der Vergleich erhöht die Anschaulichkeit. Im Vergleich bringt der Erzähler seine Haltung zum Ausdruck.

» **VERSPRECHEN**

Jeder Anfang enthält ein Versprechen, explizit oder implizit. Und sei es nur mit einer Andeutung. Das Publikum erwartet, dass das Stück im Ganzen einlöst, was der Anfang verspricht. Deswegen ist streng verboten: Leser neugierig zu machen und die Neugier nicht zu befriedigen, oder: mit interessanten Protagonisten aufzumachen und sie fallenzulassen, oder: ein Thema aufzublähen und für den Verlauf kein Futter mehr zu haben.

» **WENDEPUNKT**
Der Wendepunkt ist eine zentrale Stelle in der Kurve einer Geschichte oder in einer Lebensgeschichte. Eine Veränderung, eine Wandlung tritt ein. Warum ist der Wendepunkt so wirkungsvoll? Die Psychologin Kate McLean hat sich 134 Lebensgeschichten erzählen lassen. Und herausgefunden, dass Menschen die eigene Biografie in der Regel als Abfolge von Wandlungen rekonstruieren. Die Biografie wird so zur Geschichte von Todesfällen, unverhofften Karrieresprüngen oder Wohnort-Wechseln (Developmental Psychology, Bd. 44, 2008).

» **WORTSPIEL UND WORTSCHÖPFUNG**
Wortspiele und Wortschöpfungen schaffen Aufmerksamkeit – und sie kommentieren das Geschehen. So werden Autoren spürbar: „Ihr Händedruck ist fest, ihr Deutsch tulpenrein", schreibt Siggi Weidemann über Königin Beatrix von den Niederlanden.

X Anhang

X2 DANK

Ein Buch zu schreiben ist vergleichbar mit einer Heldenreise. Haben die Helden den Ruf gehört und von Mentoren ermutigt die Schwelle überschritten, begegnen ihnen Herausforderungen und Verbündete. Krisen gab es auch. Wir danken unseren Mentoren, Verbündeten und Wegbegleitern:

» Lektor Rüdiger Steiner, der Marie Lampert gecastet und zusammen mit Rolf Wespe losgeschickt und begleitet hat;
» Marlene Lampert fürs Korrekturlesen auch der vierten Auflage;
» Brigitte Seibold (www.prozessbilder.de) für die Rechte an ihren Illustrationen;
» für Textbeiträge: Martin Beils, Detlef Esslinger, Heike Faller, Carlo Imboden, Marianne Pletscher, Simone Schmid, Alexandra Stark, Jens Radü, Beat Rüdt, Peter Züllig.

X3 LITERATUR

- **Aristoteles (1994):** Poetik, Stuttgart
- **Arx, Ursula von (2011):** Ein gutes Leben. 20 Begegnungen mit dem Glück, Zürich-Berlin
- **Aschinger, Richard/Campiche, Christian (2010):** News-Fabrikanten. Schweizer Medien zwischen Tamedia und Tettamanti, Zürich
- **Benjamin, Walter (1991):** Der Erzähler. Betrachtungen zum Werk Nikolai Lesskows (1936/37), in: Gesammelte Schriften, Frankfurt am Main
- **Benke, Dagmar (2002):** Freistil. Dramaturgie für Fortgeschrittene und Experimentierfreudige, Köln
- **Berzbach, Frank (2010):** Kreativität aushalten. Psychologie für Designer, Mainz
- **Bichsel, Peter (1997):** Der Leser. Das Erzählen. Frankfurter Poetik-Vorlesungen, Frankfurt
- **Bleicher, Joan Kristin/Pörksen, Bernhard (Hrsg.) (2004):** Grenzgänger. Formen des New Journalism, Wiesbaden
- **Blum, Roger/Bonfadelli, Heinz/Imhof, Kurt/Jarren, Ottfried (Hrsg.) (2011):** Krise der Leuchttürme öffentlicher Kommunikation. Vergangenheit und Zukunft der Qualitätsmedien, Wiesbaden
- **Borwin Bandelow (2013):** Wer hat Angst vorm bösen Mann? Warum uns Täter faszinieren, Reinbek
- **Boynton, Robert S. (2005):** The New New Journalism. Conversations with America's best nonfiction writers on their craft, New York
- **Buzan, Tony/Buzan, Barry (1997):** Das Mind-Map-Buch. Die beste Methode zur Steigerung Ihres geistigen Potenzials, Stuttgart
- **Campbell, Joseph (1987/2009):** Der Heros in tausend Gestalten, Frankfurt
- **Clark Roy, Peter (2009):** Die 50 Werkzeuge für gutes Schreiben. Handbuch für Autoren, Journalisten & Texter, Berlin
- **Developmental Psychology**, Bd. 44, 2008
- **Egli von Matt, Sylvia/Gschwend, Hanspeter/Peschke, Hans-Peter/Riniker, Paul (2008):** Das Porträt, Konstanz
- **Eick, Dennis (2014):** Digitales Erzählen. Die Dramaturgie der Neuen Medien, Konstanz
- **Fey, Ulrich/Schlüter, Hans-Joachim (2006):** Reportagen schreiben. Von der Idee bis zum fertigen Text, Berlin
- **Field, Syd (2007):** Das Drehbuch. Grundlagen des Drehbuchschreibens, Berlin
- **Flath, Herbert (2012):** Storytelling im Journalismus. Formen und Wirkung narrativer Berichterstattung, Dissertation, Ilmenau
- **(Franck, Georg (1998):** Ökonomie der Aufmerksamkeit, München
- **Franklin, Jon (1994):** Writing for Story, New York
- **Frey-Vor, Gerlinde/Siegert, Gabriele/Stiehler, Hansjörg (2008):** Mediaforschung, Konstanz
- **Friedl, Christian (2013):** Hollywood im journalistischen Alltag. Storytelling für erfolgreiche Geschichten. Ein Praxisbuch, Wiesbaden

X Anhang

- **Fuchs, Werner T. (2009):** Warum das Gehirn Geschichten liebt, Freiburg
- **Genazino, Wilhelm (2006):** Die Belebung der toten Winkel, München
- **Gesing, Fritz: (2005):** Kreativ Schreiben. Handwerk und Techniken des Erzählens, Köln
- **Geyh, Kathrin (2011):** Das Helle braucht das Dunkle. Der biblische Sündenfall in „Brokeback Mountain", Konstanz
- **Gilbert, Daniel (2008):** Ins Glück stolpern. Suche dein Glück nicht, dann findet es dich von selbst, München
- **Gruber, Peter (2011):** Tell to win. Mit Storytelling beeindrucken, überzeugen und ans Ziel kommen, Heidelberg
- **Haas, Hannes (1999):** Empirischer Journalismus. Verfahren zur Erkundung gesellschaftlicher Wirklichkeit, Wien
- **Haller, Michael (2008):** Die Reportage, Konstanz
- **Häusermann, Jürg (2005):** Journalistisches Texten, Konstanz
- **Held, Monika/Lampert, Marie (2001):** Werkstatt Kreatives Schreiben, Medium Magazin, Salzburg
- **Herbst, Dieter (2008):** Storytelling, Konstanz
- **Herbst, Dieter/Musiolik, Thomas Heinrich (2016):** Digital Storytelling. Spannende Geschichten für interne Kommunikation, Werbung und PR, Konstanz
- **Herrmann, Friederike (2012):** Geschichten erzählen, Medium Magazin, Salzburg
- **Herrmann, Friederike (Hrsg.) (2006):** Unter Druck. Die journalistische Textwerkstatt. Erfahrungen, Analysen, Übungen, Wiesbaden
- **Hermann, Kai/Sprecher, Margrit (2001):** Sich aus der Flut des Gewöhnlichen herausheben. Die Kunst der Großen Reportage, Wien
- **Hiltunen, Ari (2001):** Aristoteles in Hollywood, Bergisch Gladbach
- **Iser, Wolfgang (1974): Die Appellstruktur der Texte:** Unbestimmtheit als Wirkungsbedingung literarischer Prosa, Konstanz
- **Iser, Wolfgang (1984):** Der Akt des Lesens. Theorie ästhetischer Wirkung, München
- **Jahrbuch für Journalisten 2009,** Salzburg
- **Jahrbuch 2010. Qualität der Medien.** Schweiz – Suisse – Svizzera, Zürich
- **Jakubetz, Christian (2011):** Crossmedia, Konstanz
- **Jakubetz, Christian/Langer, Ulrike/Hohlfeld, Ralf (2011):** Universalcode. Journalismus im digitalen Zeitalter, München
- **Kahnemann, Daniel (2012):** Schnelles Denken, langsames Denken, München
- **Knauss, Sibylle (1995):** Schule des Erzählens. Ein Wegweiser, Frankfurt am Main
- **Kramer, Mark/Call, Wendy (2007):** Telling true stories. A nonfiction writer's guide, London
- **Lämmert, Eberhard (1955/2004):** Bauformen des Erzählens, Stuttgart
- **Lampert, Marie (1992):** Erzählfilme. Eberhard Fechner und seine Arbeitsweise, Medium, Jg. 22, H. 4, S. 24 ff.
- **Lampert, Marie (2007):** Werkstatt Storytelling, Medium Magazin, Salzburg
- **Lampert, Marie (2013):** Werkstatt Storytelling. Werkzeug für Lokaljournalisten, Medium Magazin, Salzburg
- **Lampert, Marie (2017):** Journalistenwerkstatt Besser schreiben mit Spannung, Medium Magazin, Salzburg

- **Lahn, Silke/Meister, Jan Christoph (2013):** Einführung in die Erzähltextanalyse, Stuttgart
- **Leanne Shel (2009):** Say it like Obama. The power of speaking with purpose and Vision, New York
- **Linden, Peter (2008):** Wie Texte wirken, Berlin
- **Loetscher, Hugo (1983):** Der Waschküchenschlüssel und andere Helvetica, Zürich
- **Luik, Arno (2009):** „Wer zum Teufel sind Sie nun?" Sechzig Jahre Bundesrepublik. Gespräche über uns, München
- **Lyon, Elisabeth (2003):** A Writer's Guide to Nonfiction. London
- **Lyon, Elisabeth (2004):** A writer's Guide to Fiction, New York
- **McClanahan, Rebecca (1999):** Schreiben wie gemalt. Ein Workshop für die Kunst der Beschreibung. Frankfurt
- **McKee, Robert (2008):** Story. Die Prinzipien des Drehbuchschreibens, Berlin
- **Message, Internationale Zeitschrift für Journalismus; Medienpraxis (2007):** Werkstatt I/2007, Die Macht des Erzählens, Hamburg
- **McLuhan, Marshall (1964):** Understanding Media: The Extension of Man, London
- **McLuhan, Marshall, Fiore, Quentin (1967):** The Medium is the Message. An Inventory of Effects, Harmondsworth
- **Mixtvision (Hg) (2016):** Story: Now. Ein Handbuch für digitales Erzählen, München
- **Morgenstern, Soma (2001):** Kritiken, Berichte, Tagebücher, Lüneburg
- **Nadolny, Sten (2001):** Das Erzählen und die guten Ideen. Die Göttinger und Münchener Poetik-Vorlesungen, München
- **Overath, Angelika (2010):** Alle Farben des Schnees. Senter Tagebuch, München
- **Perrin, Daniel (2001):** Wie Journalisten schreiben. Ergebnisse angewandter Schreibforschung, Konstanz
- **Rauter, Ernst August (1978):** Vom Umgang mit Wörtern, München
- **Reiter, Markus (2012):** Schlaue Zellen. Das Neuro-Buch für alle, die nicht auf den Kopf gefallen sind, München
- **Rico, Gabriele L. (1996):** Garantiert schreiben lernen. Sprachliche Kreativität methodisch entwickeln. Ein Intensivkurs auf der Grundlage der modernen Gehirnforschung, Reinbek
- **Riehl-Heyse, Herbert (2008):** Das tägliche Gegengift. Reportagen und Essays 1972–2003, München
- **Sauer, Christian (2007):** Souverän schreiben. Klassetexte ohne Stress. Wie Medienprofis kreativ und effizient arbeiten, Frankfurt am Main
- **Schnibben Cord (2010):** Wegelagerer. Die besten Storys der Spiegel-Reporter, Frankfurt am Main
- **Schwiesau, Dietz/Ohler, Josef (2003):** Die Nachricht, München
- **Seibt, Constantin (2013):** Deadline. Wie man besser schreibt, Zürich
- **Sittner, Gernot (Hrsg.) (2007):** Süddeutsche Zeitung. Die Seite drei. Reportagen aus fünf Jahrzehnten, München
- **Spitzer, Manfred (2002):** Lernen. Gehirnforschung und die Schule des Lebens, Heidelberg/Berlin
- **Steiner, Verena (2009):** Exploratives Lernen, Zürich
- **Sturm, Simon (2013):** Digitales Storytelling.

Eine Einführung in neue Formen des Qualitätsjournalismus, Wiesbaden

- **Talese, Gay (2009):** Frank Sinatra ist erkältet. Spektakuläre Storys aus vier Jahrzehnten, Berlin
- **Taugwalder Mattthias (2015):** Die Suche nach der Wahrheit. 150 Jahre Erstbesteigung Matterhorn vom 14. Juli 1865, Zermatt
- **Tobias, Ronald B. (1999):** 20 Masterplots. Woraus Geschichten gemacht sind, Frankfurt
- **Tolstoi, Leo (1968):** Anna Karenina, Band 3, Zürich
- **Truby, John (2008):** The Anatomy of Story. 22 Steps to Becoming a Master Storyteller, New York
- **Topiwala, Gita (2009):** Das Andockmodell. Zur Verständlichkeit eines neuen Nachrichtenmodells. Lizentiatsarbeit Fribourg CH
- **Truffaut, François (2003):** Mr. Hitchcock, wie haben Sie das gemacht?, München
- **Tucholsky, Kurt (1985):** Gesammelte Werke, hrsg. von Mary Gerold-Tucholsly und Fritz J. Raddatz, Band 8, Hamburg
- **Vogler, Christopher (1987):** Die Odyssee des Drehbuchschreibers, Frankfurt; Englisch: Vogler Christopher (2007): The writer's journey. Mythic Structure for writers, Studio City
- **Wenders Wim (1997):** The Act of Seeing. Essays and Conversations, London
- **Wespe, Rolf (2012):** Schreibwerkstatt Storytelling. Drei Wege zur Geschichte, Beilage von Edito + Klartext, Basel
- **Wolfe, Tom (1973):** The New Journalism, New York
- **Zindel, Udo/Rein, Wolfgang (2007):** Das Radio-Feature, Konstanz
- **Züllig, Peter (o.J.):** Ausbildungsunterlagen des Schweizer Fernsehens, nicht publiziert
- **Züllig, Peter (1998):** Geschichten erzählen. Vorlesung an der Universität Freiburg (CH), Manuskript, nicht publiziert

X4 LINKS

» **www.maz.ch/storytelling-tool**
Leitfaden für Multimediales Erzählen

» **www.drehscheibe.org**
eine Plattform für den Austausch von Themen und
Ideen für Lokaljournalisten

» **www.leichtlesbar.ch/html/fleschformel.html**
Geben Sie einen Text ein. Die Flesch-Formel rechnet ihnen aus,
wie verständlich er ist.

» **www.marielampert.de**
Praxisbeispiele gut erzählter Zeitungstexte, analysiert, kommentiert
und mit Schaubildern versehen

» **www.reporter-forum.de**
ein Muss für Reportageleser und Theoretiker
Mit beeindruckenden Texten, handwerklichen Tipps und
fabelhaften Workshops

» **www.reportagen.com**
Newsletter bestellen, wöchentlich drei gute Reportagen erhalten und lesen.

» **www.liesmich.me**
Slogan: Die besten Reportagen im Netz

» **www.krautreporter.de**
Krautreporter ist ein Magazin für Politik, Wirtschaft und Gesellschaft-
unabhängig, werbefrei, und von seinen Mitgliedern ermöglicht.

» **www.republik.ch**
DAS digitale Magazin mit Zukunft

X Anhang

X5 BILDNACHWEIS

- Foto Marie Lampert: Claudia Becker
- Foto Rolf Wespe: Georg Anderhub

- Abb 1: Fullmoon Communication
- Abb 2: Marie Lampert/Rolf Wespe
- Abb 3: Marie Lampert/Rolf Wespe
- Abb 4: Marie Lampert
- Abb. 5: Schleswig-Holsteinischer Zeitungsverlag
- Abb 6: Lampert/Wespe/Züllig
- Abb 7: Marie Lampert/Rolf Wespe
- Abb 8: Franz Wespe
- Abb 9: Franz Wespe
- Abb 10: picture alliane/AP Images/Nick Ut
- Abb 11: Contept360/Matthias Taugwalder
- Abb 12: Contept360/Matthias Taugwalder
- Abb 13: Marie Lampert
- Abb 14: Marie Lampert
- Abb 15: Marie Lampert
- Abb 16: Enrique Muñoz García
- Abb 17: Marie Lampert
- Abb. 18: Stuttgarter Zeitung/Uli Reinhardt
- Abb. 19: MAZ – Die Schweizer Journalistenschule
- Abb. 20: dpa/Paolo Salmoirago
- Abb. 21: Brigitte Seibold
- Abb. 22: Marie Lampert
- Abb. 23: Marie Lampert
- Abb. 24: Marie Lampert
- Abb. 25: Marie Lampert/Rolf Wespe
- Seite 172: dpa/Popular Science Magazin
- Abb. 26: Marie Lampert/Rolf Wespe
- Abb. 27: Marie Lampert/Rolf Wespe
- Abb. 28: Marie Lampert/Rolf Wespe
- Abb. 29: Marie Lampert/Rolf Wespe
- Abb. 30: Marie Lampert/Rolf Wespe
- Abb. 31: Brigitte Seibold
- Abb. 32: Marie Lampert/Rolf Wespe
- Abb. 33: Brigitte Seibold
- Seite 215: Die Zeit/Moritz Küstner
- Abb. 34: Marie Lampert/Rolf Wespe
- Abb. 35: Emanuel Ammon
- Abb. 36: Marie Lampert
- Abb. 37: Marie Lampert
- Abb. 38: Marie Lampert

- Tabelle 1: Marie Lampert
- Tabelle 2: MAZ – Die Schweizer Journalistenschule
- Tabelle 3: Rolf Wespe
- Tabelle 4: Rolf Wespe
- Tabelle 5: Marie Lampert
- Tabelle 6: Marie Lampert
- Tabelle 7: Rolf Wespe
- Tabelle 8: Marie Lampert

X6 PERSONENINDEX

Die Personen mit farbigen Seitenzahlen werden im Glossar erwähnt.

A
Altman, Robert 181
Aristoteles 28, 100, 168, *264*, 266
Armstrong, Neil 20

B
Balzac, Honoré de 46
Becker, Jurek 127
Beils, Martin 171
Benjamin, Walter 253
Beyer, Susanne 162
Branch, John 111
Brandi, Sabine 147, 154, 170
Braun, Peter Leonhard 68, 198

C
Campbell, Joseph 190, 198, 224

D
Dahlgrün, Malte 162
Demir, Nilüfer 48
Dickens, Charles 269
Dietrich, Andreas 16

E
Esslinger, Detlef 56

F
Faller, Heike 76, 89, 95, 148, 203, 215, 249
Fechner, Eberhard 87
Frank, Charlotte 148
Franklin, Jon 203, 216

G
Galka, Debby 29
Galliker, Dominik 155, 185, 201
Genazino, Wilhelm 50
Gertz, Holger 254
Glauser, Friedrich 20

H
Haller, Michael 154
Held, Monika 83, 138, 183, 251
Himmer, Nina 193
Hitchcock, Alfred 270
Höhler, Gerd 82

I
Imboden, Carlo 39
Irving, John 144, 243

J
Jeska, Andrea 209

X Anhang

K
Kazmierska, Natalia 150
Kennedy, John F. 38
Knust, Helen 161
Koch, Erwin 135, 153
Krättli, Nicole 86
Kraume, Lars 208
Krogmann, Karsten 206

L
Lakotta, Beate 219
Leinemann, Jürgen 248
Leuthold, Ruedi 86
Lucas, Georg 222
Luczak, Hania 245
Luik, Arno 164

M
Marías, Javier 126, 181
McLuhan, Marshall 11
Meile, Gabriela 160
Meinhardt, Birk 77, 110
Mitterbauer, Roland 95

N
Nimz, Ulrike 197, 253

O
Obama, Barrack 19
Overath, Angelika 31, 37

P
Perrin, Daniel 228
Piel, Benjamin 75, 89, 137
Pletscher, Marianne 246, 256
Prousts, Marcel 185
Przybilla, Olaf 207

R
Radü, Jens 118
Relotius, Claas 208
Riehl-Heyse, Herbert 251
Ritzer, Uwe 207
Roll, Evelyn 192
Rüdt, Beat 112
Ruppel, Lars 32

S
Sabasch, Jessica 105, 223, 242, 248, 254
Schmidt, Oliver 78
Schneider, Reto U. 177
Schnibben, Cordt 86
Schregenberger, Katrin 201
Seibt, Constantin 254
Shakespeare, William 202
Sprecher, Margrit 48
Stark, Alexandra 112
Sterne, Laurence 181
Strittmatter, Kai 31
Sußebach, Henning 196

T
Talese, Gay 230
Taugwalder, Matthias 52
Taugwalder, Peter 52
Tucholsky, Kurt 33, 264

U
Ut, „Nick" 48

V
Vogler, Christopher 32, 190

W
Wagner, Peter 159

6 Personenindex

Wilke, Sina 20
Williams, Roel 24
Winkler, Willi 255
Wolfe, Tom 45

Z
Zanner, Elke 62
Züllig, Peter 31, 97
Zumbühl, Ronnie 203

X Anhang

X7 SACHINDEX

Die Begriffe mit farbigen Seitenzahlen werden im Glossar erklärt.

A

Adam-und-Eva-Falle 103, *264*
Ambivalenz 218
Andeutung *264*
Andocken 132
Anekdote *264*
Anekdotenstory 181
Anfang 100
Ausleitung *264*
Aussagewunsch 65

B

Baupläne *264*
Bausteinemodell 133
Berichten 20
Bilderspaziergang 243
Blumen am Wegesrand 122
Boulevard 97
Brainstorming 240

C

Casting 69, 84
Charakterisierung 32
Chronologie 168, 170
Cliffhanger 174, *264*
Clustering 237

D

Detail 46, 50, 52, 150
Disperses Publikum *265*

E

Echoraum 20, 223, *265*
Einschaltquote 18, 29, 42, *265*
Emotionen 64, 103
Ende 100
Epiphanie 50
Episodenerzählung 181
Erzählen 20
Erzähler 253, *265*
Erzählstränge 155

F

Flashback 185

G

Gegensätze 217
Geheimnis 141
Gerümpeltotale 45, *265*

H

Handlung 74, 100, 103, 108, 229
Hauptfigur 93

Held 74, 84, 94, 199, 229
Heldenreise 76, 190, 193, 195, 210, *266*
Hindernisse 199
Hirnkoppelung 38
Höhepunkt 129, 142

I
Identifikation 28, 74, 80
Infografik 171
Inkubation 243, 244, *266*
Inkubationsphase 246
Inseln der Verständlichkeit 42

K
Kaleidoskopstory 181
Katharsis 29, *266*
Kernaussage 65, 66, 89, 152, 251
Kernszenen 55
Klammergeschichte 174
Konflikt 203, 216, *267*
Konflikt-Lösung 209
Konflikt-Lösungs-Dramaturgie 203
Konflikt-Lösungs-Geschichte 207
Kontrast *267*
Körpertest 32, *267*
Kraftfeld 70
Kreativer Prozess 249
Kreativität 231
Krieg der Sterne 222
Kristallisationskeim 44, *267*
Küchenzuruf 39, 65
Künstlicher Held 78, 178

L
Leerstelle 126, 219, *267*
Leiter der Abstraktion 24
Leiter des Erzählers 17, 24, *267*

Leserführung 24
Leuchtturm 67

M
Magische Momente *268*
Me too 204, *268*
Mind-Mapping 233
Minigeschichte 37
Ministory 18
Mitte 100, 135
Multimedia 118
Multimedia-Reportage 111, 118
Mythologem 223, *268*

N
Nachhall 31
Nahaufnahme 46
Nebenfigur 93
New Journalism 45
News-Pyramide 134
Nieman Foundation *268*

O
Orientierung 32, 130
Ort 74, 105, 108, 109, 229
Oxymoron 217
Oxymoron-Plot 218, 220, *268*

P
„Pageflow"-Tool 121
Parallelerzählung 183, 185
Parallelstruktur 182
Pars pro Toto *268*
Peripetie 29
Perspektive 82, 88
Plot 100
Pop-up-Test *268*

„Powerful opening" 128

Q
Quintessenz 148

R
Rahmengeschichte 174
Readerscan 39, *269*
Reinszenierung 214
Reportage 118
Reporter-Forum *269*
Requisit 161
Rückblende 185

S
Schauplatz 105, 107
Schluss 146, 149, 176
Schlüsselerlebnis 270
Schlüsselort 108
Schlüsselszenen 110
Schnelles Denken, langsames Denken 26
Schrotflintenregel 53, *269*
Schwelle 196
Schwellen-Plot *269*
Schwellen-Story 201
Showing 20
Sinnsucher 130
Sozialarbeiterinnenprosa 48
Spannung *269*
Spiegelneuronen 80, *270*
Star Wars 222
Status details 46
Story 60
Storyformel 65
Storykurve 251, *270*

Storypunkt 31, 251, *270*
Storytelling-Tool 116
Subtext *270*
Symbol *270*
Szenen 54, 139

T
Tausendundeine Nacht 174
Telling 20
Thema 60
Titanic 74

U
„Unverdientes Leid" 77
Urgeschichte 190, 191

V
Vergleich *270*
Versprechen *270*
Visual Story 120, 122

W
Wallander 74
Weck-Worte 28
Wellengeschichte 184
Wende 142
Wendepunkt 62, 202, 209, *271*
Widerspruch 219
Wortschöpfung *271*
Wortspiel *271*

Z
Zettel 241
„Zöpfeln" 154

Notizen

Notizen

Notizen

Notizen